PROSTITUIDAS POR EL TEXTO

Purdue Studies in Romance Literatures

Editorial Board

Patricia Hart, Series Editor
Paul B. Dixon
Benjamin Lawton

Floyd Merrell
Marcia Stephenson
Allen G. Wood

Howard Mancing, Consulting Editor (Golden Age)
Susan Y. Clawson, Production Editor

Associate Editors

French
Jeanette Beer
Paul Benhamou
Willard Bohn
Gerard J. Brault
Mary Ann Caws
Glyn P. Norton
Allan H. Pasco
Gerald Prince
Roseann Runte
Ursula Tidd

Italian
Fiora A. Bassanese
Peter Carravetta
Franco Masciandaro
Anthony Julian Tamburri

Luso-Brazilian
Fred M. Clark
Marta Peixoto
Ricardo da Silveira Lobo Sternberg

Spanish and Spanish American
Maryellen Bieder
Catherine Connor
Ivy A. Corfis
Frederick A. de Armas
Edward Friedman
Charles Ganelin
David T. Gies
Roberto González Echevarría
David K. Herzberger
Emily Hicks
Djelal Kadir
Amy Kaminsky
Lucille Kerr
Howard Mancing
Alberto Moreiras
Randolph D. Pope
Francisco Ruiz Ramón
Elżbieta Skłodowska
Mario Valdés
Howard Young

 volume 46

PROSTITUIDAS POR EL TEXTO

Discurso prostibulario

en la picaresca femenina

Enriqueta Zafra

Purdue University Press
West Lafayette, Indiana

Copyright © 2009 by Purdue University. All rights reserved.

∞ The paper used in this book meets the minimum requirements of American National Standard for Information Sciences—Permanence of Paper for Printed Library Materials, ANSI Z39.48-1992.

Printed in the United States of America
Design by Anita Noble

Library of Congress Cataloging-in-Publication Data

Zafra, Enriqueta, 1973–
   Prostituidas por el texto : discurso prostibulario en la picaresca femenina / Enriqueta Zafra.
      p. cm. — (Purdue studies in Romance literatures ; v. 46)
   Includes bibliographical references and index.
   ISBN 978-1-55753-527-6 (alk. paper)
   1. Picaresque literature, Spanish—History and criticism. 2. Spanish fiction—Classical period, 1500–1700—History and criticism. 3. Prostitution in literature. I. Title. II. Series.

   PQ6147.P5Z25 2008
   863'.30877093552—dc22   2008043462

Índice

1 Introducción

17 Capítulo uno
Discurso prostibulario y la creación literaria de la pícara-prostituta
   17 El submundo de la picaresca femenina
   26 El mundo de la prostitución legal: La mancebía
   36 Debate moral sobre la licitud del burdel: Dinámica y evolución del discurso sobre el comercio carnal
   54 Universo de la prostitución clandestina

59 Capítulo dos
Literatura como fenómeno social ante el debate sobre la prostitución: La prostituta y su función literaria en *La pícara Justina*
   61 Vida "ejemplar" de la pícara-prostituta como modelo a no seguir
   65 Modelos de mujer: Las mártires y pecadoras arrepentidas
   74 Sátira del sector eclesiástico en *La pícara Justina*
   78 Justina y la prostitución a través del matrimonio

87 Capítulo tres
El uso literario de la prostituta y la prostitución en *Don Quijote:* Las "mujeres libres"
   88 La prostitución en *Don Quijote*
   90 Las pícaras en *Don Quijote*
      93 Las mesoneras
      96 "Aldonza soi, sin vergüenza" (Correas 50)
      100 La desenvuelta y libre Dorotea
      108 La cortesana Altisidora
   110 Cervantes en torno a la prostitución

115 Capítulo cuatro
El mundo de la prostitución en *La Lozana andaluza* y *Vida y costumbres de la madre Andrea*
   117 *La Lozana andaluza: Modus vivendi* de una pícara-prostituta
   123 Retrato y espejo de la Lozana
   129 Delicado en torno a la prostitución
   136 Apuntes del mundo de la mancebía en *Vida y costumbres de la madre Andrea*

Índice

143 Capítulo cinco
Salas Barbadillo y Zayas: Dos aproximaciones al discurso de la picaresca
144 *La hija de Celestina:* El castigo de la prostituta en Salas Barbadillo
148 La prostitución y su negocio en *La hija de Celestina*
154 María de Zayas y el discurso prostibulario de la picaresca
158 Mujer pública contra "mujer pública"
163 Elementos picarescos-prostibularios en "El castigo de la miseria"

167 Conclusión

173 Notas

199 Apéndice
Traducciones

213 Obras citadas

229 Índice alfabético

Introducción

En la España del Siglo de Oro el comercio prostibulario constituía una herramienta importante dentro del proceso de control y unificación ya iniciado por los Reyes Católicos. Las ordenanzas o leyes que establecían el buen funcionamiento de tal servicio junto con la literatura tanto médica, judicial, religiosa como de ficción nos permiten acceder hoy en día a algunas de las razones que justifican su necesidad en la sociedad. Por un lado y a primera vista, con esta medida se pretendía acabar con las pendencias callejeras, los raptos, las violaciones, la sífilis y hasta con la práctica de la sodomía. Por otro lado, existen razones latentes que afectaron profundamente a la situación de la mujer, ya que la presencia de la prostitución promovió la asociación entre la sexualidad femenina y el pecado.

En primer lugar, hay que tener en cuenta que para que el control fuera posible, el prostíbulo o mancebía debía ofrecer la exclusividad. Un espacio cerrado, separado del centro de la ciudad y vallado donde se reuniera a las prostitutas bajo la supervisión de un encargado, llamado "padre" de mancebía. Si la prostituta y sus clientes, en teoría hombres solteros y mayores de edad: jornaleros, artesanos, estudiantes o población itinerante, se comportaban según las reglas de la mancebía, el orden se cumplía. De hecho, la prostituta legal ofrecía desde las reglas de las ordenanzas un servicio seguro, barato y discreto que posibilitaría la seguridad en las calles, el honor de las doncellas y la decencia pública.

Sin embargo, la realidad—a través de la repetición de las ordenanzas, de los tratados morales, de avisos y propuestas y, también, de las obras de ficción—demuestra que las reglas no se cumplían y que las prostitutas seguían practicando su comercio por esquinas y plazas. Sus razones serían variadas; segregación

Introducción

de la sociedad, imposibilidad de mantener con ellas a sus hijos si los tenían, abusos de los padres de mancebía, pagos de impuestos y control de sus ganancias, limitación de movimientos y en general falta de lazos afectivos. De hecho, estos lazos afectivos, por muy abusivos que resultaran, vienen a ser llenados por los rufianes, como se llamaba a los proxenetas que las protegían y con los que la mayoría de las veces mantenían una relación amorosa. En efecto, como se temía, estos continuaban actuando de medianeros y provocando reyertas; los raptos seguían ocurriendo, la sífilis seguía extendiéndose y los engaños de doncellas eran moneda corriente.

A esta situación de descontento con la labor de las mancebías se viene a sumar las consecuencias que trae la Contrarreforma y la nueva pastoral que la acompaña.[1] Desde mediados del XVI se hará cada vez más frecuente y se describirá en términos más detallados cómo la prostitución no sólo no es un "mal menor," sino que es la causante de otros delitos peores. Entre ellos: corrompe a la juventud, no pone coto a la sodomía, provoca confusión entre los fieles que comprueban como su Iglesia y su Rey permiten estos lugares donde el pecar se permite con licencia.[2] Es de esta forma y a través de la nueva aproximación al comercio sexual cómo la prostitución legal amparada por la monarquía y con el beneplácito de la Iglesia llega a su fin en 1623 cuando Felipe IV proclama unas nuevas ordenanzas que dictan el cierre de mancebías en el reino de España.

A este momento le acompaña un discurso prostibulario que como comprobaremos está presente no sólo en las diferentes ordenanzas que intentaron durante años ordenar el comercio sexual, sino también en el debate que tal medida levantó entre moralistas y pensadores. Entre éstos, también debemos contar con los autores de la picaresca femenina, pues a través de la ficción pusieron a la prostituta en las calles, fuera de las mancebías y saltándose todas las reglas de éstas. Sus discursos también contribuyeron a la solución final y por lo tanto, un estudio de esta literatura de pícaras prostituidas también por el texto, aporta nuevas claves para entender la novela picaresca.[3] En efecto, este libro supone una nueva aproximación a los estudios picarescos femeninos en tanto que toma en cuenta una serie de textos, no sólo los picarescos, que representan y responden a la mujer que se aventura al espacio público y al hacerlo se la tacha de "mujer pública." De hecho, este estudio muestra la relación entre el discurso prostibulario y la actitud de control hacia la mujer, pues desde ese mismo discurso se intenta no sólo controlar el comercio prostibulario sino promover una conexión entre la sexualidad femenina y la venalidad y el pecado. De salir favorecida esta asociación, el control de toda mujer y su sexualidad quedaba justificado.

En este sentido, en *Discourse Analysis as Sociocriticism* (1993) Antonio Gómez Moriana propone que:

> we study literature as a discourse among the discourses produced and consumed by given societies, and... we investigate in textual analysis the confluence of all the agents of the literary phenomenon as a *communicative semiosis, situated at a given time and in a given society and participating of that given society's channels of verbal (and nonverbal) interaction.* (4; lo subrayado es de Gómez Moriana) [1]

Esta perspectiva ha probado ser efectiva en recientes estudios sobre la literatura picaresca—Anne Cruz (*Discourses of Poverty* 1999), Jennifer Cooley (*Courtiers, Courtesans, Pícaros, and Prostitutes* 2002), Carmen Hsu (*Courtesans in the Literature of the Spanish Golden Age* 2002)—los que parten de la idea de que la producción literaria es una práctica cultural, dentro de una cadena de otras, que permiten conocer la mentalidad de la sociedad que las crea. Esta misma idea es subrayada por Anne Cruz en la introducción de *Discourses of Poverty,* donde señala que el origen de los pícaros/as literarios responde dialécticamente a la multiplicidad de condiciones que los produjeron como la masificación de las ciudades, el hambre o las plagas. Del mismo modo, la literatura picaresca femenina provee un campo propicio para tratar temas extra literarios—sociales, religiosos, económicos—relacionados con la prostitución, que forman parte del conjunto de estrategias discursivas que, junto con leyes, sermones o hasta tratados médicos, sirven para legitimar directa o indirectamente un determinado poder dominante.

En efecto, como subraya la antropóloga Mary Douglas en *Purity and Danger*, el peligro que presenta el comportamiento anómalo de cierto sector de la sociedad, en este caso las llamadas mujeres libres o fuera del control de las mancebías, se contrarresta poniendo límites definidos que neutralicen este peligro

Introducción

(95–102). En este sentido, según señala Mary Elizabeth Perry en *Gender and Disorder*, la protección y el castigo de estas mujeres, anunciado desde las ordenanzas, posibilita el orden a la vez que señala los límites de comportamiento. Por ejemplo, se establece que las mujeres de la mancebía sigan códigos sexuales diferentes que las mujeres honradas, sin embargo por muy paradójico que parezca, al mismo tiempo deben acudir a misa los domingos y las fiestas de guardar (Perry, *Gender and Disorder* 140). De hecho, parte de nuestra investigación se centra en las contradicciones que surgieron del proceso de legitimación e ilegitimación del comercio carnal, seguido por los diferentes discursos—legal, moral y literario—que lo comentan, lo recrean, lo atacan o lo defienden.

Por lo pronto, la categorización de la pícara como mujer pública en los textos picarescos sirve para acompañar indirectamente a los tratados, memoriales y sermones en su construcción de la mujer fuera de lugar. De ambos discursos, el represivo de los sermones y el del exceso (Roper 157) de los autores de la picaresca, depende el mantenimiento del dominio del discurso patriarcal y la construcción de la mujer como un "otro" en necesidad de control. De hecho, según Michel Foucault señala en su *History of Sexuality*:

> The seventeenth century, then, was the beginning of an age of repression… Calling sex by its name thereafter became more difficult and more costly. As in order to gain mastery over it in reality, it had first been necessary to subjugate it at the level of language… the tightening up of decorum likely did produce, as a countereffect, a valorization and intensification of indecent speech. But more important was the multiplication of discourses concerning sex in the field of the exercise of power itself: an institutional incitement to speak about it, and to do so more and more; a determination on the part of the agencies of power to hear it spoken about, and to cause it to speak through explicit articulation and endlessly accumulated detail. (17–18) [2]

En el caso de España, podemos comprobar que el auge de un exhaustivo moralismo en forma de tratados o leyes, en los que se describen minuciosamente las escapadas sexuales a castigar, está ya presente en el siglo XVI y que además continua siendo un tema candente hasta bien entrado el XVII. Esta política forma parte del deseo de reformar las costumbres, sobre todo las sexuales que en la mente de algunos moralistas, incluso la del mismo rey Felipe IV, para más paradoja conocido frecuentador de prostitutas y actrices, eran las causantes del declive de España.[4]

Por lo tanto, cuando el discurso de control y descontrol es analizado en conjunto, se puede comprobar que ambos constituyen las dos caras de una misma moneda. Así, cuando se contrastan las actitudes que valoran la máxima pureza, el recato en la palabra, en el vestir y el comportarse de la mujer con las actividades de descontrol de la pícara o de la delincuente presente en los tratados de conducta, se puede llegar a la conclusión de que ambas ilustran una ideología particular. Al exponer el comportamiento transgresor de estas pícaras-prostitutas y después mostrar su control o castigo final, el autor las muestra menos peligrosas ante sus lectores. Asimismo, la subversión de estos textos es sólo momentánea, al mismo tiempo que pierden su cualidad transgresora al reproducir el sistema de valores hegemónico del que surgen y al que confirman. Esta tesis es apoyada por Peter Dunn en *Spanish Picaresque Fiction* (1993): "Even as she escapes from the institutional order into her role as parasite, the picaresque antiheroine confirms the authority of that order in fundamental ways. She has no sexual role except one that is legitimized by the institutional order" (249) [3]. Por lo tanto, el efecto deseado se produce y el orden queda restablecido al final de la narración.

Antes de empezar, es esencial subrayar la conexión entre la pícara y la prostituta. La pícara como ente literario transgrede todas las barreras de comportamiento que se le asignan a la mujer normalmente, esto es, el silencio, la castidad y la reclusión. Por lo tanto, la opción seguida por la mayoría de los autores de novelas picarescas coincide en presentar a la pícara como prostituta ilegal, ya que ésta es la transgresora por ende del orden social cuyas directrices no la detienen. Además, si la reclusión, el control y el uso ordenado de la prostituta legal obedecen a la necesidad de proteger a la sociedad de los estragos tanto sociales como de salud que pudieran devenir, la pícara por el contrario muestra la cara de una prostitución clandestina y sin control. De hecho, el dominio del hombre y la creación de su discurso hegemónico depende de la construcción de la mujer

Introducción

como sujeto/otro controlado, lo que requiere en primera instancia que se muestre a la mujer fuera de control. Irónicamente, como se confirmará al analizar distintas obras picarescas, la descripción de las pícaras como putas y alcahuetas siempre vagabundas y andariegas exterioriza una crítica incisiva hacia la prostitución clandestina, mostrando la necesidad de castigar, disciplinar y recluir a estas mujeres para el orden y el bienestar de la comunidad.

Igualmente, es necesario subrayar qué es lo que entendemos por prostitución y prostituta en este período, pues:

> To write the history of prostitution is to impose a modern category on the past. If we look to the past for commercialized sex, we will find it, but that does not mean each society understood or treated these practices in the same way... if another culture has labeled women with some word which we habitually translate as "prostitute," this does not necessarily mean that those women are what we would think of as prostitutes. (Mazo Karras 201) [4]

En este momento, no sólo se tacha de prostituta a la mujer que proporciona sexo por dinero, sino que también se asocia con el comercio sexual a la mujer habladora y elocuente, la sensual, la andariega y la promiscua:

> Si la casada no trabaja, ni se ocupa en lo que pertenece a su casa,[5] ¿qué otros estudios o negocios tiene en que se ocupar? Forçado es que... emplee su vida en los oficios agenos, y que dé en ser ventanera, visitadora, callejera, amiga de fiestas, enemiga de su rincón, de su casa olvidada y de las casas agenas curiosa, pesquisidora de quanto pasa y de quanto no pasa inventora, parlera y chismosa, de pleytos rebolvedora, jugadora también, dada del todo a la risa y a la conversación y al palacio *con lo demás que por ordinaria consecuencia se sigue, y se calla aquí agora, por ser cosa manifiesta y notoria*. (León 128; lo subrayado es mío)

De acuerdo con estos atributos, los textos literarios junto con los documentos legales proporcionan ejemplos de mujeres que sin ser putas consumadas, son calificadas con algunas de sus características. Sin embargo, estos ejemplos no coinciden siempre exactamente con la mujer empleada en la mancebía o que se entrega por caminos y esquinas.

Introducción

En efecto, podemos considerar como ángulos y vértices de la prostitución, además de la venta del cuerpo, la desenvoltura discursiva y su extremo, la truhanería y bufonería; la negociación del matrimonio con el fin de medrar; la manipulación y por supuesto la expresión sensual y sexual abierta que conlleva la promiscuidad. Esta variedad se traduce a su vez en la diversidad de términos que se usan para referirse a la prostituta. Por ejemplo, la pícara-prostituta de ínfima clase será calificada de mujerzuela, pieza suelta, mujer *libre*, mujer *pública* y mujer *común* entre otros, lo que viene también a demostrar el diferente sentido que la palabra adquiere al asociar el espacio público con el género masculino o femenino. Como comprobamos, la acepción de la palabra cambia por completo, poniendo de manifiesto las cualidades positivas que se asocian al espacio público cuando es ocupado por el hombre, frente al cariz negativo que toman cuando este espacio es ocupado por la mujer.

Asimismo, cuando la prostituta ocupa una posición acomodada, generalmente con amante estable que la mantiene, se la cataloga de mujer enamorada, de cortesana o hetaira. A veces, las características de estas mujeres refinadas, elocuentes, independientes y desenvueltas que se asocian con la prostitución de clase son reconducidas por el autor hacia un lugar más aceptable dentro de la sociedad patriarcal. Esta iniciativa pone de manifiesto los cambiantes puntos de vista que coexistieron y contribuyeron a delimitar, aunque en el caso de Cervantes y Zayas, también a ensanchar, el espacio y el comportamiento que se asocia con la mujer "pública."

Fundamentalmente y, aunque la caracterización de la pícara varía en las distintas novelas picarescas con personaje femenino tales como *La Lozana andaluza* (1528),[6] *La pícara Justina* (1605), *La hija de Celestina* (1612), *La niña de los embustes, Teresa de Manzanares* (1632), "El castigo de la miseria" inserto en *Novelas amorosas y ejemplares* (1637),[7] *La garduña de Sevilla y anzuelo de bolsas* (1642), y *Vida y costumbres de la madre Andrea* (ca 1650), el criterio que hemos seguido en la elección de las obras ha sido el hecho de que la pícara sea descrita principalmente como prostituta. Además, que ejerza el comercio en sus diferentes variantes, esto es, prostituta en su momento de alce o ya en su ocaso como alcahueta. También, que ésta sea utilizada por su autor, con más o menos virulencia,

Introducción

como un ejemplo que atestigua la necesidad de la comunidad de atajar las escapadas sexuales de estas mujeres y no tanto sus robos o comercio de otro tipo, como en el caso de *La niña de los embustes* o *La garduña*.

En *La Lozana andaluza*, pionera del género picaresco, el mundo puteril de Roma es mostrado como ejemplo sublime de la degeneración a la que se había llegado hasta en los lugares más sagrados de la cristiandad. En el retrato de la prostitución hispanorromana Francisco Delicado subraya las consecuencias del comercio meretricio con todas sus variantes—la enfermedad, la corrupción y el libertinaje—a la vez que supone una toma de postura política y moral. Es así, porque al apuntar con su narración al sentido providencial del Saco de Roma, el castigo de Roma/ramera se convierte en designio divino y metáfora, que señala a la mujer libre/Roma como la causa de la enfermedad y castigo del hombre/mundo cristiano que simboliza Roma. Sin embargo, y a pesar de la vida de la andaluza, el arrepentimiento redime a Lozana que al final de la obra sale de Roma hecha una Magdalena bastante pragmática, para seguir su vida en compañía de su amante Rampín en la isla de Lípari.

Muy al contrario, en *La hija de Celestina*, la ligereza de Elena recibe la máxima pena, el castigo de la muerte, después que ella asesinó a su marido-rufián con la ayuda de su nuevo amante. Alonso Salas Barbadillo condena la prostitución clandestina desde el punto de vista legal, social y moral a través de su pícara, ya que ésta nunca sigue los preceptos de la prostitución organizada. Con sus andanzas y engaños, Elena demuestra que los intentos de control prostibularios resultan un fracaso y que por sus ranuras se escapan las bases que sustentan a la sociedad: en el caso de esta obra, el honor de la clase privilegiada y la institución del matrimonio. Sin embargo, con el castigo de la pícara ese orden queda reestablecido y confirmado, al ser cada elemento devuelto al lugar que le pertenece. Ambas obras, separadas en el tiempo por más de ochenta años y escritas por autores de muy distinto carácter—la primera, un religioso, médico y editor un tanto chocarrero y la segunda un cortesano—presentan como comprobaremos en el transcurso de este estudio, importantes puntos de contacto.

Otro de los ejemplos más novedosos lo presenta el personaje titular de Francisco López de Úbeda's *La pícara Justina*, quien,

Introducción

a pesar de proclamar siempre su virginal estado, es en realidad una prostituta encubierta. Justina pone de manifiesto el peligro en potencia que representa cada mujer pues, según su autor, todas son hijas de Eva y por naturaleza parleras, engañosas, avariciosas y lascivas. No es éste el caso de las mujeres libres en Cervantes, quien a pesar de no escribir una obra picaresca "pura," recoge en *Don Quijote* y en otras obras como *El coloquio de los perros*, *Rinconete y Cortadillo* y la *Ilustre fregona* ciertos aspectos del género que nos interesan.

En efecto, la razón por incluir a Cervantes en este estudio, a pesar de que no haya escrito una obra picaresca femenina en el estricto sentido de la palabra, es su profunda meditación sobre la mentalidad de su tiempo. En su más célebre obra, no sólo se puede encontrar un comentario sobre los géneros literarios del momento, sino que también existe una profunda reflexión sobre el contexto social del que éstos surgen. *Don Quijote* es por lo tanto un ejemplo importante con el que contrastar las obras de la picaresca femenina en sus consideraciones del género tanto literario como sexual, tan importantes en las obras que nos ocupan. Cervantes no muestra a la mujer como buena o mala, pura o impura, sino que posibilita otra vía de comportamiento donde ésta pueda realizarse más libremente. Este lugar, que se presenta como contrapartida a la solución de las novelas típicamente picarescas, está en el convento y sobre todo en el matrimonio, un matrimonio principalmente negociado por la mujer.

De hecho, personajes como Maritornes, Dorotea o Altisidora son ejemplos de la meditación por parte de Cervantes de la mujer fuera de lugar y la prostitución. Con Maritornes, Cervantes explora los cauces que llevan a una mujer humilde a convertirse en moza de mesón y prostituta; con Dorotea, las rígidas estructuras sociales que dictan los comportamientos de las diferentes clases, y que pueden llevar a una mujer en casos extremos a la prostitución. Altisidora, que es en realidad quien más se parece a la pícara, es la peor parada en la crítica cervantina, ya que es una truhana/pícara/cortesana que a pesar de sus éxitos iniciales, en los que despunta por su brillantez y erotismo, es castigada y devuelta a su lugar por el texto.

Por otra parte, frente al discurso mayoritariamente masculino presente en la picaresca femenina contraponemos el mensaje de María de Zayas con su novela "El castigo de la miseria" donde

Introducción

la autora, sin ser subversiva ni despegarse del mensaje general de la picaresca femenina, ofrece una alternativa al castigo solitario de la pícara-prostituta. En su caso, comprobaremos cómo aunque se adhiere también a la condena de la prostituta sin embargo, ofrece una perspectiva diferente. La autora señala a la prostituta como un elemento desestabilizador, pero no lo hace desde el punto de vista propiamente masculino, didáctico a la vez que titilante, sino que apunta a éstas como las culpables de la desgracia de las buenas y honestas mujeres, las "perfectas casadas" que son las verdaderas protagonistas de sus novelas.

También se explora el mundo de la prostitución y las mancebías en la poco conocida *Vida y costumbres de la madre Andrea*, en que la protagonista, prostituta casi de nacimiento y madre de mancebía, se retira finalmente arrepentida. El autor anónimo pone de manifiesto que las mancebías como lugares de control, contrario a lo que se pensaba, resultan nefastas, pues ni se controla ni se ataja el problema del desorden que supone el negocio carnal. Además, la inclusión de un estudio sobre esta breve pero jugosa obra dentro del tema de la prostitución supone, como comprobaremos, un elemento novedoso en los estudios sobre la picaresca.

Entre los textos primarios de carácter extraliterario he consultado leyes y ordenanzas,[8] sobre todo las de Sevilla, ya que posteriormente cobraron carácter nacional,[9] y establecieron los límites de la legalidad con respecto al comercio de la prostitución. Igualmente, he estudiado las obras de diversos moralistas y religiosos contemporáneos a las obras picarescas entre ellas, *La conversión de la Magdalena* (1588) del fraile agustino Malón de Chaide, vista por algunos críticos como Alexander Parker y Thomas Hanrahan, como modelo del que parte la picaresca femenina. En efecto, las arrepentidas prostitutas y la tradición celestinesca complementan y contribuyen a la creación de la pícara la cual se nutre de ambas.

También contribuyen a este discurso moralistas como Francisco Farfán, que en sus *Tres libros contra el pecado de la simple fornicación* (1585) se plantea legitimar moralmente la decisión de los dirigentes por permitir el comercio carnal. A pesar de lo que pueda sugerir el título de la obra, Farfán abogará por la legalización y buen uso de las casas públicas, al mismo tiempo que ilustrará al lector de las confusiones que

Introducción

tal uso puedan causar. Años más tarde y, en vista de que estas confusiones seguían planteando un problema, religiosos como Gabriel Maqueda (*Invectiva en forma de discurso contra el uso de las casas públicas*), Gerónimo Velázquez (*Información teológica y jurídica... para que mande quitar de todo el Reino las casas públicas de las malas mujeres*) y Alfonso Rubio (*Discurso del Padre... Dirigido al Rey nuestro Señor, suplicándole que prohíba las casas públicas de las Meretrices*) publicaron en meses consecutivos del mismo año de 1622 tratados que planteaban probar la ineficacia de las casas públicas para mantener el orden.

Por otra parte, y como paso intermedio entre esta postura—de total desacuerdo con los beneficios de las mancebías—y la anterior—que plantea los beneficios de ésta apoyados en la tradición—la memoria del padre Pedro de León resulta esclarecedora. Pedro de León desempeñó su labor como religioso con la Compañía de Jesús en Sevilla donde visitó durante treinta y ocho años la cárcel real, el barrio de la mancebía en el Arenal de Sevilla y a los ajusticiados y galeotes enfermos del puerto. En esta obra profundamente práctica, escrita en el transcurso de los años 1578–1616 y recogida modernamente por Pedro Herrera Puga en 1971, se registran muchas de las divergencias que la existencia de tales casas produjo. Por esta razón resulta un documento incalculable a la hora de analizar como los religiosos del momento se enfrentaron con la ambivalencia moral del comercio sexual y sus contradicciones.

Asimismo resulta esclarecedor el *Tratado contra los juegos públicos* (1609) de Juan de Mariana, quien en el apartado dedicado a las casas de prostitución documenta la ambigüedad que la existencia de éstas provocaba. Aunque en su tratado comentará los argumentos tradicionales de san Agustín y santo Tomás para apoyar la existencia y necesidad de la prostitución, también subrayará la discrepancia que estos argumentos presentaban cuando se tomaba en cuenta que este comercio no se permitía en otros pueblos—el judío por ejemplo—que no tenían tantas ayudas de Dios como el cristiano, según Mariana. De este modo, aunque su argumento defiende que sería mejor cerrar las casas de prostitución, Mariana terminará recordando las leyes que se debían seguir para el buen funcionamiento de la sociedad que las crea. Para esto recomienda: "Pónganse todos

Introducción

estos capítulos, escritos en una tabla, en la casa y en parte donde puedan ser vistos de todos" (449) y además subraya: "Hasta aquí son las palabras de la ley, la cual, si como es sanctísima, se guardase deligentemente, grandes inconvenientes se quitarían, porque *por demás son las leyes si no se guardan*" (449; lo subrayado es mío). Esta cita pone de relevancia la ineficacia que tales leyes habían tenido y la poca esperanza que Mariana albergaba de que éstas contribuyeran a su seguimiento.

Resultan también productivas para esta investigación las soluciones presentadas por doctores como Cristóbal Pérez de Herrera en cuya obra dedicada a Felipe III, *Discurso de la reclusión y castigo de las mugeres vagabundas* (1608), plantea diversas estrategias para tratar el problema de las mujeres que escapaban a las medidas de control. Entre las disposiciones propuestas por Pérez de Herrera se encontraba la necesidad de cambiar el tipo de castigo que se suministraba a estas mujeres. Según el doctor, los castigos públicos por delitos de sensualidad, como emplumar, no sólo no servían para nada, sino que publicaban las habilidades de tales mujeres, cuya consecuencia revertía en un aumento de la clientela, que ahora con más claridad sabía a quién dirigirse:

> que assi como las plumas por ser livianas se pegan a la miel, de la misma suerte se llegan los hombres livianos y sensuales a las alcahuetas. Y assi, siendo conocidas serán más buscadas y avrá más delitos y ofensas de Dios, pues sólo les sirvió el castigo de que tengan más provecho. (320)

De esta forma, podemos comprobar que el proceso recogido por Foucault en *Discipline and Punish* en cuanto al cambio que se produjo en el XVIII respecto al castigo y la disciplina de los reos se registró en el caso español, en particular en referencia a los castigos de mujeres, con anterioridad:

> By the end of the eighteenth century and the beginning of the nineteenth century, the gloomy festival of punishment was dying out... Punishment, then, will tend to became the most hidden part of the penal process... it is the certainty of being punished and not the horrifying spectacle of public punishment that must discourage crime. (9) [5]

Así por ejemplo, en las "casas de trabajo y labor" (320) que proponía Pérez Herrera ya se planteaba suprimir el castigo

Introducción

público como espectáculo por otro tipo en que el trabajo, el enclaustramiento y la disciplina sirvieran para reformar a las mujeres más rebeldes. Del mismo cariz, aunque más radical en sus medios, es la propuesta de la monja Magdalena de San Jerónimo también de 1608 y titulada *Razón y forma de la galera*. En este tratado dedicado al nuevo rey Felipe III, la monja venía a confirmar y subrayar "las razones de la importancia y necessidad desta galera" (307) cuyas medidas, como se verá más adelante, también promovían el encierro, la vigilancia, el trabajo y el castigo.

Los manuales de confesión constituyen otro espacio idóneo para analizar las cambiantes posturas con respecto a la política sobre el comercio carnal, al mismo tiempo que documentan el proceso de justificación que estas posturas requieren. Entre las fuentes que hemos consultado y que trataremos con detenimiento más adelante se encuentran el *Manual de confesores y penitentes* de Martín de Alpizcueta impreso en 1553 y luego ampliado en 1569 siendo esta fecha, después del Concilio de Trento, significativa para la evaluación moral del comercio carnal. También es útil el trabajo de Francisco Alcocer, *Confesionario breve* (1568, reeditado múltiples veces en años sucesivos 1594, 1598, 1619) donde se recogen definiciones que servían para aclarar posibles dudas en cuanto a la delgada línea que separaba ciertos delitos, a la vez que proveía un formulario que el pecador tenía que recitar para pecados específicos como el de fornicación. Uno de los más novedosos lo constituye el *Manual de confesores* del padre Villalobos (1622 con reimpresiones que se remontaban a cinco en 1628), documento que continúa redefiniendo la naturaleza y los límites de los pecados sexuales para mejor funcionamiento de la confesión tanto para los confesores como para los pecadores. De éstos y algunos otros tratados del momento, como el de conducta de Juan de la Cerda titulado *Vida política de todos los estados de mujeres* (1599) o sobre los afeites de Fray Antonio Marqués, *Afeite y mundo mujeril* (1617), nos ocuparemos en nuestro estudio en más detalle, porque junto con las obras literarias formarán parte del discurso de la época sobre la mujer pública.

Esta cantidad de obras escritas sobre la prostituta o la prostitución ponen de manifiesto la importancia que este tema ocupó en los siglos XVI y XVII. Al mismo tiempo, expresan el cambio

Introducción

de política moral en cuanto al tratamiento y uso de la prostituta, que va a pasar de constituir un servicio público tolerable y preferible a convertirse en una amenaza al orden social. No obstante, si bien la prostitución no es un elemento nuevo en la historia, ni tampoco lo es el vituperio y la tradición misógina, es sin embargo en este momento que la prostituta es declarada peligrosa e incluso diabólica para la sociedad. Esto es así, a menos que se arrepienta como el caso de las santas pecadoras que se convierten entonces en auténticos símbolos de control.

En el primer capítulo, "Discurso prostibulario y la creación literaria de la pícara-prostituta," analizaremos qué elementos caracterizan el submundo de la picaresca femenina a través de la crítica literaria que más se ha ocupado de este personaje. Al mismo tiempo, este capítulo constituirá un repaso del discurso prostibulario tal como se lee en tratados de moralistas, manuales de confesión y de conducta, ordenanzas e incluso en libros que tratan sobre el arreglo personal y los cosméticos o la moda. En estos discursos se registran generalmente dos posturas, no siempre bien delimitadas, respecto al comercio carnal: una que lo considera un mal necesario que contribuye al orden de una comunidad y otra que lo condena como causante de la decadencia moral de esa misma comunidad. Este debate ideológico y su evolución concluyen con el triunfo de la segunda postura sobre la primera. Al repasar la literatura que este debate produjo en forma de tratados y manuales, este capítulo propone insertar la literatura de ficción picaresca como perteneciente al mismo proceso, y por lo tanto relacionada dialógicamente con él.

Para comprobar estos mecanismos, en el segundo capítulo nos concentraremos en el texto de *La pícara Justina*. Se analizará la vida y recorrido de la pícara como un ejemplo del proceso de control—físico, social y textual—al que ésta es sometida por su autor. En el capítulo tercero, pasaremos a examinar el comentario sobre la prostitución tal como aparece en el *Quijote*. A través de los personajes de la mesonera-prostituta, como Maritornes; de la cortesana-truhana Altisidora; y de Dorotea, personaje particularmente interesante porque representa ciertos valores de la hetaira clásica. Como comprobaremos, aunque Cervantes no contradiga abiertamente los presupuestos ideológicos que condenan a la pícara-prostituta, el autor presenta una postura menos reprobatoria que la de la novela picaresca

Introducción

propiamente dicha. En efecto, la postura de Cervantes se puede considerar una respuesta al mensaje de este tipo de ficción y a la actitud que se desprende de éstas. De hecho, su narración constituye una réplica ante los supuestos de la novela picaresca en cuanto al castigo moral y social de la mujer. Esta respuesta de Cervantes se sitúa en una posición intermedia desde la que analiza en más profundidad algunas de las causas—raptos, abandonos, seducciones—que llevan a estas mujeres a comportarse como lo hacen. Por lo tanto, su actitud es menos condenatoria y más comprensiva.

En el capítulo cuarto, dedicado a *La Lozana andaluza*, *La hija de Celestina* y la *Vida y costumbres de la madre Andrea*, se recogerán las diversas formas en las que el discurso literario ofrece un espacio donde ensayar y testificar el libertinaje—sexual, de movimiento y de costumbres—de estas pícaras, para luego devolverlas al lugar que según sus autores les pertenece. Como se comprobará en este capítulo, a primera vista, cajón de sastre que incluye ejemplos de la picaresca femenina separados del primero al último por más de un siglo, los resultados a los que se llegan, de hay la decisión de agruparlos, son similares.

Y en el quinto y último capítulo analizaremos la aportación al discurso de la picaresca femenina de María de Zayas y las estrategias discursivas que la autora emplea para hacerse sitio en un ambiente masculino en el que la mujer pública es evaluada negativamente. Pues como Teresa Langle apunta: "A una mujer que se decidía a escribir se le planteaba un problema esencial: que las dos cosas más estimadas y pregonadas por la cultura de su tiempo, la castidad y la pasividad en el amor, eran ideológicamente incompatibles con hacer públicos sus escritos" (31). Para conseguirlo, Zayas tendrá que defender su propia situación de "mujer pública," es decir escritora que publica y cuya elocuencia es celebrada, y luchar contra la imagen negativa de la otra mujer pública, la prostituta.

Finalmente demostraremos, como se puede vislumbrar por este breve repaso sobre el comercio carnal, cómo la picaresca femenina formará parte de este conglomerado discurso, en el cual sus autores se encargarán de delimitar y comentar la situación de la mujer del Siglo de Oro. Como bien señala Jennifer Cooley:

Introducción

> The softening of the boundaries that have traditionally separated literary texts and the group of related verbal practices that surrounded textual production in Renaissance and Baroque Spain has made it possible to consider literary productions as one among many faithful registers of early modern mentalities, as well as a determinant factor in their creation. (1) [6]

De hecho, en sus novelas, los autores no sólo dejaron registrado su punto de vista respecto al valor social de la prostitución, sino que también recogieron diferentes estrategias narrativas que revelan otras formas en las que la sociedad patriarcal creadora del discurso hegemónico controla a la mujer fuera de lugar.

Capítulo uno

Discurso prostibulario y la creación literaria de la pícara-prostituta

El submundo de la picaresca femenina

Hasta hace relativamente poco, se tendía a englobar la picaresca femenina dentro de la picaresca en general, relegando a la pícara a un segundo lugar respecto a sus homólogos. Críticos como Peter Dunn, Edward Friedman, Anne Cruz o Antonio Rey Hazas han insistido en la diferencia que conlleva el ser literario de la pícara. En principio, entre las diferencias con el pícaro, que ya venían perfilando Jonas A. Van Praag en "La pícara en la literatura" (1936), Thomas Hanrahan en *La mujer en la novela picaresca española* (1967), o Antonio Rey Hazas en "Precisiones sobre el género literario de la *Pícara Justina*" (1989), se pueden señalar que la pícara generalmente ni pasa hambre, ni es moza de muchos amos, ni casi nunca viaja sola.

Además, una característica que parece repetirse en el caso de la mujer es la transgresión sexual. En este caso, la mujer está mucho más determinada sexualmente que el hombre, pues se la describe siempre con relación a su sexo. Si conserva su virginidad será doncella casadera o monja, y si no, le quedan dos opciones dentro de los márgenes prescritos: madre de familia o puta de mancebía. La primera practica su sexualidad dentro del matrimonio, y la segunda sirve a la comunidad dentro de los muros de la casa pública. La última opción posible, ya al margen de la legitimidad, es el uso de su sexo fuera del matrimonio o del burdel. Tal elección la coloca fuera de los límites establecidos y la señala como alimaña peligrosa en la comunidad de la que no forma parte. Esta figura pasa a convertirse en un paria, exponiendo con su comportamiento las ranuras por las que se escapan los intentos de la sociedad por mantener el orden dentro de la comunidad.

Capítulo uno

La protagonista de la picaresca femenina generalmente va a formar parte de este grupo catalogado como paria por una sociedad. La pícara, para ser pícara, necesita colocarse al margen de las restricciones que como mujer la sociedad áurea le exige, esto es, silencio, castidad y obediencia. Así leemos en la introducción de *Upstarts, Wanderers or Swindlers*:

> Since Spanish society at that time did not allow women the mobility essential to a true pícaro, these heroines are then, strictly speaking, not "pícaras" but primarily whores trying to live by their wits. (Rodríguez-Luis 11) [1]

De hecho, al asociar la movilidad y la libertad de la mujer con el aspecto amoral de la vida de la prostituta se estaba condenando a toda mujer que no siguiera los dictámenes de los libros de conducta de la época, o lo expresado por moralistas acerca de la buena o mala mujer. Por lo tanto, el hecho de que un autor atribuyera el papel de prostituta a su protagonista, conllevaba algo más, esto es, una agenda que intentaba someter y callar a la mujer o colgar el sambenito de ramera a toda mujer que se saliera de los límites establecidos para ella:

> The task of the "I" [frente al "otro" que es la mujer] is to maintain control over the forces that threaten to engulf it... Cultural insistence—through sermons, educational treatises, courtesy books, and drama [añadimos novela picaresca]—on the silence and obedience required of women reflects the collective effort to head off the conflicts with the outer (female) other whose dissent or self-expression might throw her husband, father, or other male superior into rage or disorientation. Women, as in the myth of Pandora, became the containers in which the toxic wastes of collective rage, fear, and desire were stored. Their release threatened the stability of the whole culture. (El Saffar, "The 'I' of the Beholder" 185) [2]

En efecto, la pícara en casi todas las ocasiones se mostrará como un elemento fuera de lugar que pone en peligro la estabilidad de la sociedad y el orden de ésta. Comerciará con su cuerpo o lo utilizará como mercancía de canje en su instrumentalización del matrimonio con el objetivo de medrar. Así, como observaremos en las distintas obras picarescas, no es que la protagonista sólo se gane la vida con su cuerpo y pretenda ser quien no es, ya que

Discurso prostibulario

se harán pasar por doncellas y damas en apuros, ni que estafe, ni robe, es que además se resiste al encerramiento y a la aceptación de la naturaleza que le corresponde.

Por consiguiente, a esta mujer se la incluirá en las obras picarescas bajo el rótulo de mujer libre, es decir literalmente como prostituta o representando ciertas características de éstas. A una mujer así, se la ve como una fuerza devastadora, capaz de desequilibrar el sistema "natural" de valores, y por lo tanto, es acusada de utilizar su sexualidad como herramienta de atracción y decepción de hombres honrados. Asimismo, los autores de las obras picarescas muestran explícitamente la desviación de las mujeres libres o perdidas y al hacerlo dejan patente la actitud de esa misma sociedad hacia la mujer. Es muy ilustrativa en este respecto, la conexión hecha por Lyndal Roper en el apartado "Drinking, Whoring and Gorging" en particular, sobre el comportamiento sexual de exceso y la política de represión en Europa. Esta estudiosa subraya que la literatura que narra el exceso está conectada al auge de un exhaustivo moralismo que, en forma de tratados, discursos, sermones u ordenanzas, aflora en este momento y de cuya forma y contenido se apropian ciertos escritores:

> Now the moralist stratagems of repetition, piling up of adjectives and employing *animal comparisons were employed to devastating effect*. Johann Fischart's famous litany of drunkards... is a celebration of drunkenness which draws from the moral literature against drinking... *The repressive literature and the literature of excess are two sides of the same coin.* (Roper 157; lo subrayado es mío) [3]

Ambas formas de literatura—la picaresca y las ordenanzas o tratados morales—suponen una diatriba contra la mujer que no se comporta según su estado, y al no hacerlo, se convierte en prostituta. De hecho, comprobamos que estos discursos se complementan; veamos como ejemplo en primer lugar el discurso de Magdalena de San Jerónimo contra estas mujeres, y seguidamente la puesta en práctica del engaño por parte de Justina, en *La pícara Justina*:

> Digo... que ay muchas mugeres moças que... llegada la noche, salen *como bestias fieras* de sus cuebas á buscar la caça; pónense por essos cantones, por calles y portales de casas,

combidando a los miserables hombres que van descuidados, y hechas laços de Satanás, caen y hazen caer en gravíssimos pecados. (308; lo subrayado es mío)

Frente a:

Entré baja, encobardera y devotica, que parecía *abejita* de Dios. Entonces eché de ver lo que sabemos disimular las mujeres y con cuánta razón pintaron a la disimulación como doncella modesta, la cual debajo del vestido tenía un *dragón* que asomaba por la faldriquera de su saya. (156; lo subrayado es mío)

Por lo tanto, proponemos una lectura de las obras picarescas en las que sus principales protagonistas son mujeres fuera de lugar, cuyas escapadas son utilizadas como forma de exponer las debilidades de la comunidad, y al mismo tiempo, ofrecer una forma de control. Esta actitud ante el peligro que supone la sexualidad incontrolada de la mujer, demostrada en ambos textos, pone de manifiesto que:

As a discursive practice, literature is a historical product as well as a symbolic construct, and encodes one locus of gender relations which, when compared with other social discourses, distinguishes and reveals both the dominant male as well as the muted female attitudes. (Cruz, "Studying Gender" 205) [4]

Consecuentemente, al mostrar un ejemplo de la vida de estas mujeres, el autor reconoce el estado de desorden y de debilidad que ha llevado a este extremo y ofrece una solución: matrimonio como en *Don Quijote*; arrepentimiento como en *La Lozana andaluza*; castigo y muerte como en *La hija de Celestina*; o simplemente deja, como en el caso de *La pícara Justina*, que ese estado de confusión y desorden domine la narración.

De la misma forma Zayas, único ejemplo de autoría femenina en este discurso predominantemente masculino de la picaresca, también ofrece su solución: la restauración de los valores que hacen al hombre realmente noble—por ejemplo, el respeto y protección debido a la mujer—y el castigo de las malas mujeres. No obstante, aunque esta literatura no pueda ser considerada un mero reflejo de la realidad histórica y de las opciones que estas mujeres tenían, sin embargo constituye un valioso ejemplo de lo generalizado y omnipresente de las actitudes de la sociedad hegemónica en que esta literatura se crea.

Un repaso por los cauces de la literatura picaresca nos confirma que el papel más representado por la mala mujer será el de prostituta y sus variantes como la alcahuetería.[1] En el caso de las obras principales del género de personaje central masculino como *Guzmán de Alfarache* (1599), la madre y la mujer del protagonista son prostitutas.[2] Además éste, aconsejado por su madre, ya alcahueta cuando Guzmán está en edad de casarse, se convertirá en cornudo por sentar tienda donde vender los encantos de su esposa. También era meretriz la Grajales, que acompaña a Pablos, protagonista del *Buscón* (1626), en su destino a las Indias, ya convertido en rabí de los rufianes. Tampoco se escapa Lazarillo (1554) de la infame situación en la que vive, a la que él sin embargo llama "cumbre de toda fortuna" (135) ya que accedió a casarse con la amancebada del arcipreste de Sant Salvador, convirtiéndose en el vértice de un triángulo amoroso del que ahora tiene que dar cuentas y por cuya causa relata la historia de su vida.[3]

De la misma forma, es evidente el lugar tan importante que ocupa el comercio sexual en la picaresca de personaje central femenino, del que nos ocuparemos en el transcurso de este estudio, pues si en las anteriores obras la presencia de la mujer implicaba escapada sexual, ahora esta escapada pasa a formar el centro de la narración. Críticos como Edward Friedman, Peter Dunn o Anne Cruz lo confirman. Dunn en *Spanish Picaresque Fiction* (1993) y su apartado sobre la pícara pone de manifiesto que una de las características más representativas de ésta es la explotación de su sexo para engañar al hombre. Sin embargo subraya que, a pesar del éxito de tal empresa, la pícara es finalmente condenada por las estructuras de poder, ya que de no ser así, los valores por los que se rige la sociedad se verían invalidados. El castigo supone entonces, una validación del orden "natural" que la actuación de la pícara había desestabilizado momentáneamente: "Even if she escapes from the institutional order into her role as parasite, the picaresque antiheroine confirms the authority of that order in fundamental ways" (Dunn, *Spanish Picaresque* 249) [5].

También apuntaba Edward Friedman en *The Antiheroine's Voice* (1987) que al colocar en el centro de la narración a una mujer, su cuerpo y su sexo van a cobrar una importancia que no existía en el pícaro, ya que de él van a depender muchos de los engaños y tretas que la pícara trama. De estas aventuras la pícara casi siempre saldrá triunfante. Sin embargo, y al término de la narración se la devuelve a su lugar, pues: "society at large, if not the individual, avenges their deviation from behavioral norms. The *pícaras* face despair, unhappy marriages, and even death for their tricks and their rebellion" (Friedman, *The Antiheroine's Voice* 71) [6]. No obstante, Friedman ve en la picaresca femenina una puerta que se abre a la futura heroína, pues aunque la antiheroína fracasa, finalmente triunfará en las narraciones venideras:

> The silenced voice bears a message of repression and a sign of hope... Every act of defiance is double-edged, for crime and punishment keep the antiheroine's identity alive. Losing the battle may be a first step toward winning the war. (*The Antiheroine's Voice* xi) [7]

Otra de las aportaciones recientes al campo de la picaresca femenina la constituye el libro de Anne Cruz, *Discourses of Poverty* (1999), en cuyo apartado "*Pícaras* as Prostitutes" propone que:

> The female picaresque offers an opportune site... both to analyse the genre's severe critique of women's corporeality, and to investigate more broadly the Spanish patriarchy's castigation and confinement of early modern prostitutes. (135) [8]

La conclusión a la que llega Cruz es que, al identificar al personaje de la pícara con el de la prostituta, los autores están exponiendo sus puntos de vista sobre la prostitución. El pertenecer a esta institución le permite a la protagonista moverse y hablar libremente por una sociedad que la ve como transgresora, aunque necesaria siempre que se mantenga en su lugar, esto es, los burdeles establecidos. Pero la pícara casi nunca lo hará y por eso, el autor y su texto "demonstrate that women's bodies must be dominated and disciplined for the public good" (Cruz, *Discourses* 159) [9]. Así, mientras el pícaro es un ser angustiado que va a culpar a la sociedad de su mala fortuna, la pícara le echará la culpa de su conducta a su naturaleza femenina, no a

Discurso prostibulario

las circunstancias adversas en las que ha nacido, como el pícaro, rodeado de pobreza, delincuencia o falta de caridad, sino a como ha nacido, es decir, mujer.

El hecho de ser mujer, sin tener en cuenta sus circunstancias, la ha predeterminado. Esto es mucho más grave que la acusación del pícaro, pues de esta forma toda mujer está en peligro de convertirse en una pícara-prostituta, o peor aún, toda mujer en potencia es una prostituta que necesita de la sujeción y control del hombre. El legado de Eva, cuyas consecuencias se encarga de recordar y ejemplificar la literatura religiosa o laica, así como también el púlpito y el confesionario, se convierte en una maldición que persigue a toda mujer que no se atenga a unas reglas. A la pecadora, sin embargo, le queda el arrepentimiento.

Consecuentemente, resulta ilustrativo comprobar cómo al final de la Edad Media y durante el siglo XVI, Europa experimentó la vuelta al culto de la mujer caída.[4] Con el ejemplo de la vida de ésta y la redención final, se probaba que la escapada sexual de la débil mujer podía lograr el perdón y la gracia con la ayuda del hombre. Esta popularidad explica que entre la colección de cartas del obispo Antonio de Guevara donde se tratan temas de actualidad y, que en forma de libro se publicaron bajo el título de *Epístolas familiares* (1543), se encuentre la epístola 42 fechada en Granada en el 1531. Aquí, el obispo repasa las cualidades y vicios de tres famosas prostitutas de la antigüedad: Lamia, Flora y Laida. Guevara escribe esta carta a petición de un amigo, Enrique Enríquez, quien le ha enviado unas pinturas de estas tres mujeres a las que él venera como a santas.

Esta confusión de Enríquez es producto del lugar que en la época clásica ocupaban las *hetairae* o cortesanas, las cuales eran poderosas tanto política como espiritualmente.[5] En el transcurso de la carta, Guevara se encargará de establecer las diferencias entre el poder espiritual típico de una santa y el de una cortesana políticamente influyente. De esta forma, expone los vicios de estas mujeres, pero al mismo tiempo recupera algunas de sus cualidades, como su capacidad de consejo en los asuntos relativos al amor, su inteligencia, buen juicio o retórica. Sin embargo, y a pesar de que la carta de Guevara posee cierta ambivalencia con respecto al valor espiritual de estas mujeres, sus virtudes son oscurecidas cuando el autor recuerda al lector que estas mujeres son prostitutas. Por lo tanto, al separar de la

Capítulo uno

imagen de la hetaira los valores físico-sexual y espiritual que estaban unidos en ella en la antigüedad, el obispo aleja estas dos cualidades que tenían confundido a su amigo. Al mismo tiempo, hace una distinción que aclara el estado de ambigüedad que permitía a las hetairas escaparse de los límites que separaban a las santas de las cortesanas.

Otro ejemplo de la popularidad de la imagen de la cortesana arrepentida es la obra del agustino Malón de Chaide, *La conversión de la Magdalena* (1558), en que el autor hace repaso en detalle de todas las etapas, desde el pecado al estado de gracia que supone el rechazo del comercio carnal y la dedicación a Dios. Chaide considera que la narración de la historia de la santa en su faceta de pecadora es necesaria, pues si no se conoce el estado depravado de la vida de pecado en la que vivía y cuán lejos se encontraba de la gracia de Dios, no se tendrá en cuenta el valor tan grande que su redención supone para el que busca el perdón. Siguiendo este criterio, el autor arguye que al predicar los pecados de la Magdalena no hace sino engrandecer su nombre y valorar su figura. Es posible, como apuntó Alexander Parker en *Literature and the Delinquent,* que las obras picarescas de protagonista femenino sean una respuesta sarcástica a este tipo de literatura que mezcla lo sagrado y lo profano. Al elegir el estado pecaminoso de las protagonistas, estos escritores subrayan la separación entre lo espiritual y lo mundano, a pesar de las justificaciones de moralistas como Chaide.

Al contrario de este procedimiento, en la mayoría de las obras picarescas, la parte de la vida de la pícara que interesa es la del pecado. Las conversiones quedan sólo mencionadas, o irónicamente anunciadas y cuando tienen lugar en el libro, ocurren rápidamente y sin un desarrollo psicológico que las acompañe. A la pícara-prostituta, a la inversa que la Magdalena y sus modelos, se la tiende a mostrar fuera de control y en plena vida de pecado. Por lo tanto, en la literatura picaresca el autor se encarga de propagar y mantener la imagen de la mujer fuera de lugar, la que como bien hace entender el texto, necesita ser identificada, castigada, separada y controlada por las estructuras de poder. Si en parte del texto se presenta a la mujer en una posición de dominio, burlando valores patriarcales o superando en astucia a los hombres, al final, la autoridad es generalmente reestructurada devolviendo a las pícaras al lugar que según esta autoridad se les ha atribuido.

De esta manera, estos textos literarios reafirmarán las propias estructuras de poder que los autores de la picaresca parecen desestabilizar. Así, la pícara literaria será generalmente una mujer pública, ya que la prostituta, al haber transgredido todos los límites aceptados por la sociedad honrada, cobrará una posición especial que le permitirá, ahora ya sin preocupaciones, saltarse todos los códigos de conducta y hablar y comportarse abiertamente. Ahora bien, como apuntan Cruz, Dunn o Friedman, este hecho no las hace libres, sino que las condena finalmente, pues después de una vida de pecado y transgresión las pícaras son castigadas, y más que una declaración de libertad, su vida es una exposición de los demonios que la sociedad tiene que combatir, para restablecer finalmente el orden.

A nivel histórico-social, la desordenada experiencia de la prostitución crea la necesidad de algunas curiosas soluciones, como son su legalización e institucionalización, con lo cual lo que en un principio podía constituir una conducta desordenada se convierte en un comercio establecido, con normas, castigos y leyes perfectamente ordenadas, donde cada elemento—prostituta, cliente o casa pública—tiene un lugar designado. Desde el punto de vista antropológico, Mary Douglas lo expresa con claridad: "ideas about separating, purifying, demarcating and punishing transgressions have as their main function to impose system on an inherently untidy experience" (4) [10]. Así la prostituta que se mueve por las mancebías del Siglo de Oro no es precisamente un elemento fuera de lugar, sino que tiene un espacio de acción necesario para el orden de la sociedad en la que vive, el cual está caracterizado por la sujeción y la segregación de estas mujeres frente al resto de la sociedad. Mientras las normas se cumplan y las mujeres se encuentren identificadas, la transgresión sexual será permitida, aunque no moral, sí legalmente. En el momento que las reglas no se cumplan, la mujer y la escapada sexual estarán fuera de lugar, y por lo tanto condenadas por la justicia.

Este hecho no es del todo negativo respecto a la situación de la mujer, pues si seguimos los estudios de Natalie Davis, sobre el caso de Francia, que igualmente se puede aplicar a España como lo demuestran las investigaciones de Mary Elizabeth Perry en *Crime and Society in Early Modern Spain*, el desorden de la mujer "on top" o fuera de lugar produce dos mensajes. En uno, el desorden y posterior subyugación engendran un discurso

Capítulo uno

de reafirmación y apoyo del orden establecido, pero al mismo tiempo, existe un segundo mensaje que ofrece la posibilidad de sugerir alternativas a ese orden existente, a pesar de que éstas fracasen. De esta forma, aunque el discurso de la picaresca confirme la sujeción a la que la mujer se debe someter, también constituirá un cierto elemento de disidencia. Pues, a pesar de que la justicia y la voz del hombre estén siempre en control, y a la pícara se la castigue o se la muestre arrepentida, los textos consiguen capturar ciertos aspectos del mundo de la mujer. Entre ellos, su determinación basada en su sexo y el confinamiento que esto conlleva, que sentarán las bases para textos futuros dónde la situación de la mujer será expuesta y reivindicada. Al mismo tiempo, este proceso de control textual documenta la existencia de un descontrol real que la picaresca pretende neutralizar.

El mundo de la prostitución legal: La mancebía

A mediados del siglo XV, uno de entre los muchos instrumentos de control que los Reyes Católicos consolidaron con su reinado fue una progresiva ordenación y clasificación del comercio meretricio, lo cual dio lugar a la creación, mantenimiento y explotación de recintos dedicados al comercio carnal, conocidos con el nombre de mancebías. Por muy paradójica que pueda parecer tal medida por parte de tan católicos monarcas, en realidad responde a un plan perfectamente coherente con la política uniformadora de éstos, dado que la creación de tales casas públicas protegía y mantenía las estructuras de poder y honor del proyecto iniciado por la monarquía. Éste requería la implantación de una moral y una ideología, difundida a través de todo tipo de discursos del que también formaba parte la producción literaria, que promoviera la homogeneidad en todos los sentidos, ya fuese religiosa, racial, lingüística o sexual.

En este sentido, la literatura contribuye con su mensaje a la legitimación o ilegitimación de ciertas disposiciones tomadas desde el ámbito del poder, por lo tanto estamos de acuerdo con Anthony Cascardi en que:

> the task of historicizing the Golden Age involves an investigation of the ways in which literature is shaped by tensions that are focused at the level of social structure; it is also,

> however, to investigate the ways in which literature is itself a social force, actively proposing solutions to historical conflicts that seem unresolvable by any other means or, conversely, resisting solutions to those conflicts. (1) [11]

En efecto, entre algunas de las medidas que se tomaron para alcanzar el orden en la comunidad en cuanto a la sexualidad de sus conciudadanos fueron la creación y ordenación de mancebías. Estos establecimientos bien estructurados y con unos límites definidos podían ser parte integrante de los instrumentos de control de esta política uniformadora, ya que contribuirían al orden social. Con su uso se evitarían reyertas callejeras entre rufianes por su control sobre mujeres,[6] y también disminuirían los altercados que tenían como víctimas a mujeres, como raptos o violaciones,[7] y se evitarían prácticas como la sodomía, la barraganía, el concubinato o la gran cantidad de hijos naturales,[8] sobre todo entre las clases altas, nacidos fuera del matrimonio. El estado de orden perseguido por los monarcas necesitaba cambiar las costumbres de sus ciudadanos y acabar con las disputas que el sexo sin regularizar estaba provocando,[9] tales como el problema que una hija cuyo honor una vez perdido tenía que ser defendido por padres o hermanos,[10] o la inconveniencia que para los herederos era la aparición de un hijo fuera del matrimonio que con su presencia desestabilizaba el orden familiar. Por no decir los problemas que los amancebamientos de los religiosos traían consigo para la ya mal parada reputación de la Iglesia.[11]

Esta desorganización conlleva numerosos problemas en una sociedad estamental en que los pactos matrimoniales aseguradores del intercambio de bienes requerían la pureza de sus mujeres como condición sin la cual no se podría asegurar la continuación del nombre de la familia. Hijas sin honor, esto es, sin virginidad, podrían suponer la ruina de una familia, que ahora se vería inservible para negociar con otras familias el canje de sus bienes. A esta situación de inutilidad por parte de la mujer, se podía llegar bien por decisión propia de las doncellas, que se entregaban a sus pretendientes sin mediar casamiento,[12] o bien, por engaño, rapto o violación. Es necesario subrayar el hecho de que estos escenarios, de engaños y agresiones,[13] se estaban haciendo cada vez más reales a medida que la creación y crecimiento de las ciudades daba paso a una nueva coyuntura

Capítulo uno

histórica, con lo cual se hacía necesario el establecimiento de unas pautas que preservaran los pilares que para la comunidad suponían las hijas casaderas, los hijos legítimos y los votos de castidad de los religiosos.

La coyuntura histórica a la que nos referimos coincide con el paso de la Edad Media a la Moderna, el cual trae consigo numerosos cambios, como son el movimiento paulatino de la población del campo a las ciudades, lo que resulta en nuevas relaciones de poder y nuevas necesidades. Entre ellas, la apremiante que tenían los jóvenes, cuya aglomeración en las ciudades se había disparado, de dar salida a sus pulsaciones sexuales.[14] Al mismo tiempo agrava la situación el hecho de que se hubiera aplazado la edad en la que uno podía contraer matrimonio. Además, las nuevas relaciones económicas impiden a los jóvenes acceder a un oficio, con lo cual tienen que pasar mucho tiempo de aprendices en cualquiera de las artesanías o comercios antes de tener el suyo propio e independizarse.

Se unen a estas razones, la pobreza que tal aglomeración conlleva, pues es en estos momentos cuando la crisis agraria provoca una huida masiva del campo a la ciudad. Allí buscaban todo lo que les faltaba en su tierra, sin embargo como documentan entre otros, el médico Cristóbal Pérez de Herrera, en la ciudad se convierten en vagabundos que no dudan en robar, mendigar e incluso, en el caso de las mujeres, lanzarse a la prostitución: "porque agora ay falta muy grande en estos reynos [se refiere a los castigos], por andar todas tan libres y perdidas, haziendo mil insolencias de noche y de día, solicitando e inquietando á los lacayos y moços de caballos y otras gentes" (323).

Sin embargo, lo que Pérez de Herrera no tuvo en cuenta al describir este comportamiento, son los motivos socioeconómicos que durante los siglos XVI y XVII habían conducido a estas mujeres a esa clase de vida. La pobreza, la inmigración, el abuso de amos a sus sirvientas o el abandono de sus maridos, a veces para acudir a campañas militares, provocó la búsqueda de sustento por cualquier medio. En el caso de las sirvientas, utilizadas muchas veces como concubinas por sus amos y luego abandonadas, carecían de dinero, oportunidades y medios para la subsistencia. La prostitución era en estas situaciones una de las únicas opciones, la que a su vez inevitablemente llevaba también a cometer delitos menores como robos y engaños.[15]

Discurso prostibulario

También contribuyeron a la creación de mancebías, epidemias como la sífilis, de cariz marcadamente sexual y centrada en la mujer como su mayor foco de contaminación.[16] Si bien, en un principio el control de la sífilis es una de las razones que se aluden por mantener las mancebías, esta postura es pronto rectificada cuando se acusa a estos establecimientos de ser su causa. Esto se debe porque según Mariana, las leyes con respecto a las mancebías no se cumplen y así, a esta cita:

> Haya médico o cirujano que cada ocho días visite estas mujeres; y todas las veces que una viene de nuevo á la casa, de las que estuvieren inficionadas se dé noticia á los visitadores para que sean llevadas á los hospitales; y ninguna mujer ó inficionada de mal contagioso, ó enferma de otra enfermedad cure el padre en su casa, sino envíela á los hospitales. (448)

Le sigue: "aquí son las palabras de la ley, la cual como es sanctísima, se guardase deligentemente, grandes inconvenientes se quitarian, porque por demás son las leyes si no se guardan" (449). De este modo, las leyes con su reiteración ponen de manifiesto la falta de control sanitario y al mismo tiempo, la incapacidad de los administradores de las mancebías para controlar a las mujeres que trabajan allí. Sin embargo, a esto se llegará más tarde.

En un principio, como solución a todos estos problemas, se creará una institución en la mayoría de los centros importantes de población, controlada por el poder de cada municipalidad, que tendrá la capacidad para dar cabida a las necesidades de sus súbditos y poner coto a los males que la sexualidad incontrolada estaba provocando.[17] Así, el encerramiento de la prostituta en un espacio controlable, según las autoridades, apoyadas éstas por toda una moral que las respaldaba, acotará los males antes aludidos. Dentro del recinto de la mancebía, el cual se situará generalmente *extra muros*, es decir, a las afueras de las ciudades y separada de éstas, será posible cierta transgresión sexual, la cual admitida como un mal menor pondrá fin a otros males que constituían graves problemas para la sociedad.[18] En aras de un bien común y presentado casi como un servicio social, será posible transgredir la moral sexual dentro de un espacio de acceso fácil al sexo, sin que mediaran relaciones que desestabilizasen el orden social. Además, como comprobaremos, estas

Capítulo uno

casas se regirán de acuerdo a unas normas, cuya reglamentación será necesario cumplir para el bien de la comunidad y su buen funcionamiento.

Con este cometido, se redactarán ordenanzas que punto por punto van a regularizar la actividad de todos los componentes del burdel. Idealmente los servicios de las prostitutas serían contratados por jóvenes solteros que no tuvieran acceso a ninguna mujer para satisfacer sus necesidades sexuales por una vía lícita. Este servicio social, como lo veían sus legitimadores, requería la creación y observancia de ciertas normas de conducta que regularan horarios, precios, sanidad o criterios de aceptación de las mujeres públicas. Al principio, las ordenanzas fueron creadas por cada municipalidad con un núcleo importante de población, de acuerdo con las necesidades o abusos que se producían, pero más tarde tomaron un cariz nacional, ya que Felipe II como señalamos con anterioridad, extendió las ordenanzas de Sevilla para todo el territorio nacional en 1571. La reiteración de estas leyes, que se publicaron en numerosas ciudades en consecutivos años y que por orden explícita debían ser expuestas de manera visible en la puerta de cada mancebía, demuestra que no se seguían sus mandatos (Mariana 449).

En efecto, pensamos que la literatura muestra un ejemplo importante de esta disparidad entre la ley escrita y la práctica. Por ejemplo, así queda expuesto en el caso que se describe en *La pícara Justina* con relación a las ordenanzas del mesón que muy bien se pueden aplicar a los de las casas públicas.[19] Comparemos el consejo del padre de Justina:

> Hijas, la carta del mesón y la cédula de la postura pública de la cebada, esté siempre alta y firme. No haya junto a ella arca, banco, silla, escabel ni otro cualquier estribadero arrimadero, porque no se atreva algún bellaco a hacer cuenta sin la huéspeda. (189)

Y ahora las normas requeridas por las ordenanzas de la ciudad León que cita Rey Hazas en su edición de *La pícara Justina*:

> Otrosi ordenamos y mandamos que los dichos mesoneros tengan este arancel colgado en la pared de su mesón en parte pública, donde, finalmente, se pueda leer, el cual tenga sano y no roto, ni vicioso, ni borrado, sino que cada uno le pueda leer. (195)

Discurso prostibulario

En lo que se refiere particularmente a las mancebías, tenía que ser alguien como Quevedo el que hiciera pública observación de lo absurdo de tan detallado cúmulo de preceptos para tan mal llevado comercio. En su "Pragmática que han de guardar las hermanas comunes," inserta en *Prosa festiva y satírica,* imita el lenguaje oficial de este tipo de documentos:

> Nos, el hermano mayor del Regodeo, unánime y conforme con los cofrades de la Carcajada y Risa.... A vosotras, las busconas, damas de alquiler, niñas comunes... Y porque ya que se peca, se peque con gusto, orden y concierto, atento a las quejas de los represados coléricos, a quienes hacéis aguardar, os mandamos que no podáis dormir siestas solas, porque no se detenga el despacho, y no os acostéis hasta la una, ni durmáis hasta las siete, que son muchos los alterados que pasan extrema necesidad. (86–87)

Quevedo pone de manifiesto la precisión con que el pecar es delineado en las ordenanzas y cómo éstas, a pesar de su minuciosidad, no se cumplen, lo cual en última instancia va a ser subrayado por teólogos y juristas para acabar con la existencia de tales establecimientos, los cuales ni protegen ni preservan la moral de sus súbditos sino que los hacen transgredir aún más los límites de lo moral y socialmente transgredible. Pero antes de llegar a esta conclusión, es necesario rastrear los márgenes por los que se escapó la tan práctica como lucrativa idea de la creación de mancebías públicas.

Desde el período de los Reyes Católicos hasta Felipe IV, las casas públicas creadas en pro del orden social podían depender bien de los ayuntamientos, o bien de alguna casa nobiliaria, a la cual se le entregaba el beneficio de explotación.[20] Ambas entidades arrendaban el lugar a un segundo, el cual se hacía cargo del negocio entregando una suma estipulada, y se encargaba directamente de la explotación y administración del negocio de las meretrices. Existían ciertas normas que las ordenanzas estipulaban, entre ellas las obligaciones del administrador, también llamado padre de mancebía si es hombre y madre si es mujer, de proveer a sus protegidas con lo necesario para su trabajo. Esto es: una habitación con cama, también llamada botica, sábanas, velas y comida a cambio de una suma ya preestablecida por día que la mujer tenía que pagar por el alquiler de éstos.

Capítulo uno

Se estipulaba también que la mujer que se entregaba a este oficio tenía que hacerlo voluntariamente, ser mayor de doce años, huérfana o no tener padres conocidos en la ciudad y por supuesto no ser virgen. Junto con estos requisitos, a la candidata a prostituta se le daba un breve discurso, puramente formulario, por parte de la autoridad municipal antes entrar a la dicha mancebía con el objetivo de convencerla de sus intentos, y después de este procedimiento, la mujer pasaba a convertirse en mujer pública de la mancebía. Asimismo, ésta se comprometía a trabajar exclusivamente para y en el burdel, ya que de la exclusividad del recinto dependía el buen funcionamiento del negocio. Con este motivo, se dictaron órdenes específicas dentro de las ordenanzas para evitar que estos negocios sexuales se llevaran a cabo en fondas o mesones, por lo cual se prohibía explícitamente a mesoneros que dieran de comer en sus recintos a mujeres del partido, o emplearan a mujeres jóvenes.[21] El hecho de prohibirlo demuestra que la práctica existía y la repetición consecutiva de la orden, que ésta generalmente no era cumplida.

Sin embargo, el negocio era tan bueno que pronto cuando los concejos de las ciudades ponían a subasta los burdeles o procedían a su creación, a los pequeños empresarios, generalmente artesanos, comerciantes, oficiales reales y hasta miembros del gobierno local, se les unieron otros inversores como los cabildos catedralicios—caso de Córdoba—cofradías y hasta hospitales. Pero el afán de lucro, sobre todo por parte de los padres, hizo que no se siguieran los dictados de las ordenanzas, ya que a pesar de la prohibición explícita de este uso, los padres cobraban excesivamente a las mujeres y les hacían préstamos que las empeñaban de por vida en la mancebía. Esto ocurría, a pesar de que existía una cláusula especial que estipulaba que no se le podían hacer préstamos fuera de lo que se establecía en las ordenanzas, y que además la prostituta que quisiera arrepentirse quedaba libre de todas sus deudas.[22] Es ilustrativo en este respecto, además de por su escasez en los documentos existentes, el oír la voz de las propias mujeres que se quejan al Municipio de Carmona de la situación de débito en la que estaban con el padre de la mancebía:

> Muy virtuosos señores. Las mujeres del partido… humildemente suplicamos plega saber cómo ay muchas de nosotras que a dos e tres años que estamos empeñadas en poder de

> Cuenca por lo que hemos comido e gastado, e no vemos sol ni luna, y estamos peor que cabtivas en poder de ynfieles... a vuestra merced humildemente suplicamos... les plega mandarnos sacar deste pecado en que estamos, mandando descontar a Cuenca lo que a cargo le somos... porque queremos fazer penitencia de nuestros pecados e apartarnos de bivir y estar en pecado mortal, que ay muchas de nosotras que estoviéramos fuera dél, sino que no podemos a cabsa de estar empeñadas. (citado en *El concejo de Carmona* por González Jiménez 194–95)

Esto prueba que no era tan fácil salirse de la mancebía una vez que las mujeres amontonaban sus deudas. Además, éstas a su vez se lanzaban a la calle en busca de clientes para incrementar su salario, bien por iniciativa propia o empujadas por sus rufianes, y no respetaban la exclusividad que demandaba la mancebía, de forma que lo que se quería evitar no se evitaba.

Al mismo tiempo, la existencia de esta prostitución clandestina llevada a cabo por las mismas prostitutas del burdel no atajó la presencia de los rufianes que pululaban alrededor de las meretrices. Éstos eran los protagonistas de altercados que desestabilizaban el orden social, cuando no eran los mismos que empeñaban a las mujeres en el burdel y las arrastraban de una ciudad a otra para sacarles el máximo partido.[23] Además, este desorden hizo que la sífilis se extendiera aún más, pues las mujeres públicas infectadas que eran llevadas al hospital se lanzaban a la calle en busca de trabajo para poder sustentarse. Esto cuando eran detectadas por los cirujanos que visitaban el burdel periódicamente pues si éstos no las diagnosticaban, seguían su trato infectando al personal que requería sus servicios dentro y fuera de las casas públicas.[24] Tampoco ayudó el hecho de que los escritos médicos que se ocupaban de la sífilis tendían a asociar a la prostituta con la enfermedad:

> In most stories about the origin of the disease, prostitution plays a central role. For example, one popular theory was that a Valentian prostitute contracted the pox by having sex with a leprous knight. She in turn, slept with a number of king Charles VIII's soldiers, who were passing through Valentia on their way to Naples. (Cady 172) [12]

De hecho, si la prostituta no permanecía en el recinto de la mancebía y no se sometía a revisiones periódicas, el peligro

Capítulo uno

para la "víctima" que es el hombre incrementaba, pues: "Any man placing his member in so diseased vessel (the womb) and applying heat (sex) was bound to become infected. The surest defense, therefore, was fidelity in marriage or chastity, depending on one's marital state" (Naphy 60) [13]. Estaba claro que en este punto, la efectividad de la mancebía empezaba a presentar problemas.[25]

A este hecho se une una nueva moral más austera y ortodoxa producto de los ecos del Concilio de Trento (1543–63), cuyo precedente pondría fin al negocio de las mancebías y en última instancia provocaría la proliferación del comercio carnal, ahora ilegal y punible, por las calles de la ciudad. Los intentos fallidos de Felipe II[26] y Felipe III[27] por poner orden en el negocio carnal—las galeras de mujeres, las leyes contra los vagabundos y las prohibiciones repetidas para que las prostitutas y mujeres enamoradas no vivieran fuera del recinto de mancebía—son usados por los nuevos moralistas para apoyar la necesidad del cierre. Felipe IV hará gala en los primeros años de su gobierno de esta moral regenerativa que se verá cristalizada en la prohibición de la mancebía pública en 1623.

El historiador J. H. Elliott apunta la relación que en este momento se hará por parte de moralistas y pensadores entre el declive de España y la inmoralidad. Además "This direct equation between national morality and national fortune was one that weighed heavily on the rulers of Spain" (Elliott 247) [14] y como consecuencia, el reinado de Felipe IV se embarcó en un programa de reformación cuyo principal objetivo consistía en conseguir el favor divino. En efecto, si por el bien del reino no se podía tener recluida a la prostituta tras los muros del burdel y su sexo institucionalizado de acuerdo a unas leyes que aseguraran el buen uso de éste, más valía no tenerlas y prohibir el comercio sexual totalmente. Para hacerlo la moral católica se debatirá en su interior sobre los pros y contras de tal decisión, a la vez que este debate mostrará los razonamientos sobre el comercio carnal de la vieja y la nueva escuela de teólogos y pensadores de la Edad Moderna. Al delimitar y definir el lugar de la mala mujer como lo opuesto a la mujer honrada, cualquier desliz hará que la mujer pase de un bando a otro con relativa facilidad. Este orden dicta que la mujer, ya sea pura o impura, se encuentre bajo sujeción masculina, la primera bajo el dominio del marido y los tratados de conducta, y la segunda bajo las ordenanzas. Si esto es así, el orden está conseguido y cada una cumple su función; sin embargo y como hemos comprobado, la realidad era otra.

De esto y mucho más se nos dará información en las obras literarias del período que junto con leyes, sermones, ordenanzas, libros de conducta y debates formarán parte del discurso hegemónico que en torno a la mujer ayudará a configurar el espacio de acción al que se la quiere relegar en el Siglo de Oro. Hablamos de discurso en el sentido que apunta Foucault, según lo interpreta elocuentemente Sara Mills: "The study of discourse does not differentiate between those texts which are designated as literary and those which are designated as non-literary" (23) [15]. Es decir, que el discurso prostibulario no sólo está formado por los textos de moralistas y tratados legales sino que además constituye parte importante de él la creación literaria.

Además, aunque hay que tener en cuenta que ambos tipos de textos tienen una relación diferente con la "realidad" o la "verdad," y que la historia ocupa una posición privilegiada respecto a ésta, los textos literarios proveen no obstante, una "realidad" sobre la condición humana—sus prejuicios, deseos o temores— aunque lo estén haciendo desde una ficción. Mills alude a que a pesar de esta diferencia y:

> for the discussion of the construction, say, of the discourses of femininity and masculinity, it is possible to discuss literary texts alongside other texts, such as works of history and autobiography, and even more ephemeral texts, such as cookery books, advice manuals and so on, in order to reveal the similarities these texts display across generic boundaries. Discourse is therefore useful in that it can allow us to analyse similarities across a range of texts as the products of a particular set of power/knowledge relations. (23) [16]

En este sentido, es obvia la similitud de objetivos y tácticas que el discurso prostibulario, tanto legal como moral, guarda con respecto a la literatura picaresca. Es más, un repaso conjunto pone de manifiesto cómo todos ellos forman parte del mismo discurso.

Capítulo uno

Debate moral sobre la licitud del burdel: Dinámica y evolución del discurso sobre el comercio carnal

Durante los siglos XVI y XVII tiene lugar un debate en torno a la prostitución que si bien en un primer momento asume una actitud tolerante con respecto a este comercio más tarde evoluciona y cambia a una posición más conservadora a tono con los nuevos tiempos producto de la Contrarreforma:

> Y así de la república Christiana, que permite la casa pública por estorbar el vicio nefando, se podría decir con Platón: *Fumu fugiens in ignem incidi*: Huyendo del humo caí en el fuego. (Velázquez 12)

Todos estos procesos y sus respectivos argumentos tienen una literatura—en forma de documento legal, moral y también literario—que los complementa, produciéndose en algunas instancias acalorados enfrentamientos entre los defensores de una u otra postura. Es de notar que generalmente la postura tolerante o intolerante en materia sexual por parte de la Iglesia viene acompañada del apoyo más tarde o más temprano de la monarquía.

Uno de los asuntos que requiere el consenso de monarquía e Iglesia es la constitución de mancebías regidas y controladas por las municipalidades. Con esta solución la Iglesia, a pesar de considerar la simple fornicación un pecado mortal, pretende poner freno a otros males mayores.[28] Éstos, repetidos hasta la saciedad por los defensores del burdel y, según los habían interpretado de los escritos de san Agustín y santo Tomás,[29] eran principalmente cuatro: pecado nefando; peligro que correrían las mujeres honradas y virtuosas de ser asediadas, violadas o raptadas; incesto; y el cúmulo de barraganas o amancebamientos de que estaría lleno el mundo, si faltasen las mancebías. Por lo tanto, la moral que respalda algo tan inmoral como lo que a primera vista podría parecer la prostitución, pretende acabar con otros males más graves, para lo que se crea todo un cúmulo de ejemplos y razones prácticas que prueban los bienes que se siguen de lo que en un principio es considerado algo malo.

En primer lugar se propone llevar a cabo una reforma desde el interior de la Iglesia que se dirige a acabar con la costumbre del amancebamiento entre ciertos sectores de ella que están

Discurso prostibulario

poniendo en entredicho su muy debilitada moralidad. Pero es ahora, más que nunca, cuando le conviene restaurarla para hacer frente a la ola de protestantismo y ortodoxia que está invadiendo Europa. La influencia de Erasmo y sus ideas reformadoras también se dejan notar en un sector que empieza a revisar las prácticas por las que se ha regido la Iglesia hasta el momento. Entre sus obras se puede encontrar la preocupación por el tratamiento de la prostitución y las prostitutas, que el holandés discute en su diálogo "El joven y la prostituta" (1523) incluido en sus *Coloquios* (1496–1533).

En él, Erasmo reproduce el caso del abad Panucho y la cortesana Tais, representados en el coloquio bajo los nombres de Sofronio y Lucrecia. Tais fue una cortesana procedente de Egipto que llevada al arrepentimiento quemó todas sus pertenencias y después se hizo emparedar en la celda de un monasterio, dejando abierta sólo una pequeña ventana por la que pudiera entrar alimento. Allí estuvo encerrada por tres años, ayunando a pan y agua, hasta que le fue revelado que ya había hecho bastante satisfacción de sus culpas (Farfán 399). En el coloquio Erasmo pone en tela de juicio los preceptos aludidos por los moralistas para la existencia de las mancebías como mal menor, entre ellos el pecado mortal que supone para el alma y su salvación el comercio carnal, ante lo cual Sofronio comenta lo que aprendió en el *Nuevo testamento*:

> En ese libro, san Pablo, que no sabe mentir, me enseñó que ni las rameras ni los libertinos entrarán en el reino de los cielos. Después de leer esto me puse a reflexionar: "Poca cosa es lo que espero de mi herencia paterna y, sin embargo, preferiría renunciar a todas las prostitutas antes que ser desheredado por mi padre. ¡Con cuánta más razón he de cuidar que el Padre celestial no me deje sin su herencia! Por su parte, las leyes humanas ofrecen recurso contra el padre... pero contra un Dios que deshereda no hay recurso alguno." De este modo me prohibí a mí mismo inmediata y absolutamente todo comercio carnal con las prostitutas. (153)

Siguiendo la Biblia, Erasmo expone cómo es necesario acabar con un mal que induce al pecado mortal, y más aún entre "varones reverendos" (153) como define la cortesana a algunos de sus clientes, los que critican a Erasmo y lo tildan de hereje, cuando

Capítulo uno

ellos mismos según Sofronio "Roban a las mujeres honestas su dinero para gastarlo en mujeres de mala vida" (153). Con ello, la crítica clerical se hace obvia y subraya el mal ejemplo que los clérigos dan a la comunidad con su comportamiento, del que Sofronio ha sido testigo en Roma.

Al mismo tiempo, pone de manifiesto el tema importante del carácter de pecado mortal que la fornicación fuera del matrimonio supone para el alma del cristiano. Lo que el holandés subraya es que, no se peca por necesidad, sino por elección, con lo cual el alegado mal menor no es más que una máscara que encubre un pecado capital del cual no se puede eludir responsabilidad. Así que para Erasmo, al que no pueda ser casto, le queda la salida del matrimonio.[30] Lo mismo se aboga desde el protestantismo: el sexo no tiene más salida que el matrimonio, en que la mujer, por naturaleza lasciva, se encuentra bajo la sujeción del hombre, cuya voluntad "por naturaleza" es más fuerte que la de ésta.

Ahora bien, esta nueva reforma moral aboga por un cambio ante el cual lo que pasa a tener general aceptación no es la protección de lo externo, la honra, sino lo interno, el alma: "la pureza del alma prima sobre la limpieza de sangre en un código cuyo objeto de preocupación es la conciencia moral, la interioridad del sujeto antes que su reputación externa" (Vázquez García y Moreno Mengíbar 56). Para combatir las mancebías, los nuevos teólogos aducirán el hecho de que este mal, considerado menor anteriormente, sea muy al contrario un motor que ponga en marcha la búsqueda de más deleites y la completa perdición del individuo.

Sin embargo, el diálogo sobre los pros y los contras que la actividad legalizada de la mancebía conllevaba estaba muy lejos de zanjarse en este momento y los teólogos y juristas seguían analizando un hecho que empezaba a mostrar síntomas de cambio. Pues, si bien en un principio mostraban los beneficios que ofrecían los servicios reglamentados y legalizados de las prostitutas, más tarde se enfrentaban con la tarea de formular una respuesta doctrinal que explicara las fronteras de licitud de la prostitución. Esta tarea se presentaba sumamente conflictiva y sería finalmente la causa de numerosas confusiones que, al final acabarían con la prostitución legal pues: "quienes desde la moral o el derecho reflexionaron sobre el asunto durante el último tercio del siglo XVI fueron hallando cada vez mayores contradicciones a la hora de sostener la conveniencia de consentir el consabido mal menor de la prostitución tolerada" (Jiménez Monteserín, "Los moralistas" 141).

Es lógico, como apunta Antonio Domínguez Ortiz que hubiera dudas en el terreno del comportamiento sexual, ya que si bien no era delito tener trato con prostituta, sí era pecado (218). La confusión surge, como comprobamos en un sermón del dominico después santificado Vicente Ferrer, al comparar delito y pecado: "Lícito es para remedio de la lujuria el lupanar, aunque por ello se condenan las meretrices y pequen mortalmente cuantos las buscan. Pero pecan menos que si lo intentasen con otras mujeres" (citado por Domínguez Ortiz 218). En este sentido, la Inquisición se tomó muy en serio, sobre todo a mediados del XVI y principios del XVII, perseguir a los que decían no ser pecado la simple fornicación.

En estos casos, la gente acusada en procesos inquisitoriales repetía que no era pecado el trato carnal con prostitutas pues la ley lo permitía. Así una vecina de Antequera en 1580 acusada ante la Inquisición por este motivo respondió: "que era verdad que había dicho que echarse los hombres con las mujeres de la mancebía no era pecado, y que por entonces lo creyó ansí, pues el rey permitía que hubiese aquellas casas" (citado por Galán Sánchez 162). O el caso del joven labrador Gonzalo García, el que en 1612, dice que: "no era pecado mortal echarse un hombre con una mujer soltera, queriendo decir que más pecado era echarse con una burra" (citado en *Crónica* por Moreno Mengíbar y Vázquez García 21). Ante estos ejemplos se hacía necesaria una aclaración que resolviese la confusión entre la ley del hombre y la divina, y que al mismo tiempo excusase la actuación de los reyes cristianos.

Con este cometido entre otros, surgió la obra: *Tres libros contra el pecado de la simple fornicación* (1586) de Francisco Farfán, canónigo penitenciario de Salamanca, quien alude a que los designios de Dios a veces son misteriosos y que aunque parezcan injustos o malos, tienen lugar para evitar males mayores. Por lo tanto: "los que gobiernan no sólo no pecan en no prohibir las casas públicas... pues no lo hacen para que sus súbditos ofendan a Dios que esto sería malo; si no porque no cometan otros mayores delitos, lo cual es santo e bueno" (Farfán 736). Entonces, a pesar de lo que sugiere el título de la obra, Farfán

Capítulo uno

aboga por la legalización y buen uso de las casas públicas, al mismo tiempo que ilustra al lector de las confusiones que entre el vulgo existen a la hora de catalogar el pecado que la fornicación simple constituye.

Ahora bien, en su obra también existen contradicciones, que se repetirán no sólo en su libro sino también en el curso de este diálogo sobre la licitud de la prostitución, y que serán en última instancia las responsables de que el debate sobre el comercio carnal tome otros cauces y finalmente se prohíba. Esta prohibición vendrá a paliar las diferencias entre leyes divinas y humanas, pues al vedarse la prostitución pública legal se salvan estas diferencias, las cuales quedan subrayadas por el canónigo:

> Desengáñese el pecador carnal, y no eche de ver solamente lo que permiten las leyes humanas, como súbdito, sino lo que mandan o vedan los preceptos divinos y naturales como cristiano y hombre de razón, no lo que disimula la justicia sino lo que es bueno y virtuoso. (738)

Pero todavía esta síntesis que la prohibición traería quedaba lejos y por lo que se abogaba en el siglo XVI desde el ámbito teológico y jurídico eran las ventajas sociales, por no decir también los beneficios materiales, que el comercio meretricio reportaba a la sociedad a pesar de los inconvenientes morales.

Si el burdel era un espacio dedicado a mantener el orden social que contaba con la aprobación de los reyes cristianos, dentro del cual se podía transgredir la conducta sexual con el cumplimiento de ciertas normas, fuera se hacía necesaria la custodia de la moral. Y para ello se idearon instituciones como la galera de mujeres,[31] delineada por la monja con el nombre significativo de Magdalena de San Jerónimo en su *Razón y forma de la galera* (1608), dedicado al nuevo rey Felipe III, en la cual, con el beneplácito de Felipe II con el que ya contaba la monja, se organiza el castigo de las mujeres que no se atengan a las leyes del burdel.[32]

Así para las que se lancen a la calle y vivan vagabundas entregadas al negocio de la carne por las esquinas les será administrado el castigo que según su calidad merezca. El objetivo es mantenerlas recluidas, ya en el prostíbulo o ya en la galera, reformando los locales existentes.[33] Pero sobre todo se pretende evitar como apunta la monja en su *Razón*, que: "llegada la

Discurso prostibulario

noche... [se pongan] por essos cantones, por calles y portales de casas, combidando a los miserables que van descuidados, y echas laços de Satanás, [caigan] y [hagan caer] en gravissimos pecados" (308). Para las que lo hacen, queda el castigo que se irá recrudeciendo con la reincidencia o la gravedad de sus ofensas para así acabar con el tumor, que según la monja está causando la presencia en las calles de las malas mujeres. Del mismo modo, pone de relevancia la necesidad de reclusión de la mujer desobediente de una forma organizada, la cual espera a aquellas que no cumplan con los preceptos de las ordenanzas en lo relativo a las mancebías.

En el mismo año pero meses antes de la obra de la madre Magdalena, se redacta la obra del doctor Cristóbal Pérez de Herrera, *Discurso de la reclusión y castigo de las mugeres vagabundas y delinquentes destos reynos* (1608) dirigida también a Felipe III, a quien urge para que se ponga remedio a tanto inconveniente que resulta de las mujeres que andan vagabundas por las calles. Pues de esto se siguen grandes problemas ya que las mujeres, según Pérez de Herrera,

> andan todas tan libres y perdidas, asiendo mil insolencias de noche y de día, solicitando é inquietando a los lacayos y moços de cauallos y otras gentes deste jaez y de su ygual, haziendo que no siruan bien, ni perseueren con sus amos, y que hagan cosas mal hechas y de poca fidelidad. (323)

Reduciendo a éstas a un espacio controlable se reducirían considerablemente los problemas de corrupción que causan, revirtiendo el beneficio en las clases privilegiadas, las cuales se verían mejor servidas si estas mujeres estuvieran fuera de circulación. Esto reportaría no sólo beneficio, sino también el control del desorden que estas mujerzuelas provocan, el cual repercutiría en la imagen que se tiene de España:

> se seguirán grandes prouechos; y en particular será negocio de mucha importancia, porque viéndonos los infieles enemigos de nuestra santa fee cathólica, bien gouernados en lo natural y moral, más facilmente de aficionaran a ser christianos. (323)

Conviene que los gobernantes pongan orden y dispongan el lugar que pertenece a la mujer clasificada de mala, para que o

Capítulo uno

bien sea puesta en la mancebía o bien se la castigue y reforme en pro del bien común.

A este objetivo responden las obras de Pérez de Herrera y Magdalena de San Jerónimo,[34] las cuales se enfocan en la sanción y corrección de aquellas mujeres que no se atenían a las vías de licitud sexual que eran permitidas dentro del burdel. Al mismo tiempo, las galeras documentan un paso hacia una forma diferente de castigo llevado a cabo en privado frente a las manifestaciones públicas. Según las dos propuestas comentadas, los emplumamientos, encubamientos, destierros y azotes—el consabido centenar—son ineficaces y no hacen sino publicar el negocio de los castigados y hacerlos más accesibles ante los supuestos consumidores, pues "siendo conocidas serán más buscadas y avrá más delitos y ofensas de Dios" (Pérez de Herrera 320). El programa de Pérez de Herrera y Magdalena de San Jerónimo se completa con la devolución de estas mujeres a la maquinaria social, donde ahora deben funcionar como parte de ella y no como elementos hostiles que amenazan su funcionamiento. Así, ambos abogan porque una vez reformadas, se las redirija hacia la reintegración en la sociedad por medio del trabajo en casa honrada, el matrimonio, el convento o la permanencia en la institución hasta que se regeneren.

En este momento también se organizan grupos dentro de la Iglesia con el cometido de hacer cumplir las ordenanzas a los burdeles de los diferentes municipios. Uno de ellos, la Congregación del Espíritu Santo, apoyada por los jesuitas, se agrupó para supervisar que los negocios de la casa pública siguieran los dictados de las ordenanzas. Este hecho trajo repercusiones que fueron expuestas por los padres de las mancebías. Entre ellas, aludían que la intervención cada vez más intrusa de los congregados en las casas públicas estaba provocando el mal funcionamiento de éstas, pues los religiosos no respetaban las horas de trabajo de las prostitutas y espantaban a los clientes.[35] Esto incitaba a las trabajadoras a llevar su negocio a la calle donde estarían más tranquilas, lo que no era bueno ni para los padres ni para las instituciones municipales que controlaban el negocio.

El rey tuvo que tomar cartas en el asunto y restringir las horas de visita y acción de los congregados. Estos casos se repiten aún en 1620, sólo tres años antes del cierre de las mancebías, cuando Juan Ruíz de Estremera y Juan Ruíz de Galera, ambos padres de mancebía, presentan unas quejas al concejo de la ciudad de Sevilla.[36] Alegan que la actuación no siempre pacífica de los congregados y de los jesuitas había causado que algunas de las meretrices se echaran a la calle y abandonaran los recintos de la mancebía, con lo cual el control del comercio no se hacía posible y provocaba numerosos peligros y escándalos que la autoridad civil quería evitar.

El pragmatismo que esta conducta de doble filo origina a la hora de establecer una moral que la respalde se hace explícita en la obra del padre Pedro de León (1545–1632), jesuita quien recogió su labor con los presos en las cárceles y con las mujeres de las mancebías. El padre recorría estos lugares recordando y pidiendo la observancia de las ordenanzas en lo tocante al pecado de fornicación simple que estaba permitido por ley. Se convirtió así en custodio, no siempre pacífico, del cumplimiento de las ordenanzas para lo cual hacía numerosas visitas a la casa pública. Sirva el ejemplo del episodio ocurrido al padre León con otro padre, éste de mancebía, como muestra de la moral a dos bandos que la existencia legal del prostíbulo requería, ya que al preguntarle este último sobre la posibilidad de salvar su alma dedicándose a un oficio como el suyo, el padre responde:

> Yo le dije que si guardaba las ordenanzas justas y santas (que lo son, cierto como de santos Reyes) que sí podría... Pues todas estas cosas que mandan las leyes y pragmáticas de las casas públicas, guardaba este buen padre, y por su medio se convirtieron muchas y él vivía tan bien que se confesaba cada ocho días. (Herrera Puga 41–42)

La índole pragmática de los escritos del padre Pedro de León no era compartida por otros religiosos, sobre todo por sus correligionarios de la Compañía de Jesús, los que van a desplegar una labor de desprestigio de las casas públicas en las cuales no se siguen ortodoxamente los preceptos de las ordenanzas.

Esta ola de pensamiento que exigía una mayor moralización de la vida pública expone el fracaso de las razones aducidas tiempo atrás sobre el beneficio social que los burdeles proveerían. La experiencia demostraba que la existencia de burdeles no aminoraba el pecado sexual ni acababa con las reyertas entre criminales por el monopolio de prostitutas; muy al contrario,

Capítulo uno

este establecimiento propiciaba la relajación de las costumbres y el desenfreno erótico.[37] Ejemplo de este clima que se viene desarrollando desde mediados del XVI es el *Manual de confesores y penitentes* de Martín de Alpizcueta, también conocido como el doctor Navarro, publicado en 1553 y luego ampliado en 1569. En la primera versión alude a que la prostituta no cometía pecado al cobrar después de proveer sus servicios; sin embargo en la revisión de 1569 apunta que al margen de la ley humana, tanto la prostituta como el cliente cometen un delito de conciencia ante la ley divina. Este hecho sirve para ilustrar el momento de contradicción que produce el regirse a dos bandas y pretender recubrir moralmente el mal menor bajo una capa de necesidad. Además, su obra sirve de ejemplo para notar la mudanza en el pensamiento doctrinal que presenta mayores reservas a la hora de aceptar el consabido mal menor y pone en marcha toda una serie de trabajos que van encaminados en esa dirección.

En este sentido, resulta singular el *Confesionario breve* (1568) de Francisco Alcocer por su estilo práctico donde se establecen concisa aunque minuciosamente los límites del pecado. Por ejemplo, se muestra sumamente práctico en lo relativo al cobro de la paga por el intercambio de favores sexuales, no evaluando en sí lo pecaminoso de la acción sino la transacción que de ella resulta:

> Lo que se recibe en este torpe vicio… no hay obligación de lo restituir… no sólamente cuando la mujer está en el lugar público, o tiene esta deshonesta manera de vivir, más también aunque no use de esto, y sea de otro estado, o casada; tengo por más probable no ser obligada a lo restituir… Porque ninguna injusticia comete contra quien se lo dio, pues se aprovecha de ella como si fuera libre. (73)

Estructuralmente, el *Confesionario* está dividido en capítulos que coinciden con los mandamientos y proveen información detallada ante ciertas dudas para que el pecador y el confesor puedan contrastar sus acciones y penitencias respectivamente.

También constituye un importante documento el *Manual de confesores* (1622) del padre Villalobos, escrito con el triple objetivo de resolver dudas al que no es un entendido en la materia, servir de memoria al confesor que en casos de viaje no tiene acceso a otros libros de consulta y ofrecer un compendio breve para aquel que tenga que hacer un examen en pocos días. Villalobos hace notables aclaraciones con respecto al matrimonio y a los casos en los que éste es nulo —clandestinidad, engaño, diferencia social muy aguzada entre los cónyuges— a los que convendrá volver más adelante. También confirma la postura defendida todavía, aunque por poco tiempo, de que: "es lícito permitir las rameras en la República, por evitar otros mayores males" (363).

Este mismo asunto fue ya anteriormente tema de debate en la obra del padre Juan de Mariana *Contra los juegos públicos* (1609) en cuyo apartado sobre "Si conviene que haya rameras" (445) discute los preceptos defendidos por sus coetáneos sobre la necesidad de la existencia de rameras, escudados éstos en la autoridad de san Agustín y santo Tomás. Ante este hecho Mariana apunta que si bien el principio del mal menor es plausible, existen otros argumentos no menos fuertes que podrían aludirse para prohibir las mancebías. Entre ellos señala la costumbre entre los judíos de no permitir rameras por orden divina:[38] "¿Por ventura tenían ellos más fuerzas para pasar sin deshonestidad que los cristianos, los cuales tienen del cielo tantas ayudas, los sacramentos, la sangre de Cristo, los ejemplos de los sanctos mártires?" (445). El poner a los judíos como ejemplo de moralidad respecto a la prostitución se repetirá en obras posteriores para detrimento de la costumbre cristiana que permite tal cosa.[39] Otro de los argumentos presentados por Mariana es el hecho probado de que la existencia de estas mujeres no refrena el pecado nefando, sino que muy al contrario lo promueve, pues según el padre "en las provincias o ciudades donde más se usa aquella maldad haber en ellas mayor número de rameras, y el apetito de la deshonestidad va creciendo de una cosa en otra sin reparar ni tener algún término" (446). Por lo tanto, para él las meretrices son germen y motivo de más problemas y no traen más que destrucción.

Mariana parece decir que los nuevos tiempos requieren otra forma de enfrentarse al problema, pues si ya se ha sido testigo de que la existencia del mercado no ha paliado los males que se pensaban sino que los ha multiplicado, entonces el cambio es necesario. Y lo subraya diciendo que en la obra del mismo san Agustín se deja ver un cambio de actitud hacia este asunto y que, por lo tanto no hay que tomar la autoridad de éste como un asunto de fe sino como algo práctico que el cambio de los tiempos requiere revisar. Consecuentemente y ya a la altura de 1609, es de la opinión de que "sería muy provechoso a la república cristiana destruir en todos los lugares las casas públicas" (446). Es también objeto de su observación las malas costumbres que estos tratos traen a los jóvenes, ya que éstos según Mariana pierden las fuerzas encendidos por el torpe deseo. Tales jóvenes se van haciendo cada vez más desvergonzados y deshonestos, perdiendo la hacienda, la salud, y la edad de hacerse hombres de provecho.

No sólo esto, las putas, ya viejas, se convierten en terceras que les enseñan todas sus malas costumbres a las jóvenes, con lo cual concluye que es necesario que los reyes cristianos pongan fin a este desorden que ni el pueblo judío consiente. A pesar de todo esto, y como estas casas son aún lícitas, el padre Mariana reproduce las ordenanzas de 1571 que Felipe II promulgó, con la esperanza de que se guarden, aunque de esto no está muy seguro, pues apunta que los padres cobran excesivamente a las mujeres, las buscan en grado hermosas para que los jóvenes se pierdan más rápidamente y con más gasto. Además las prostitutas no dejan de trabajar los días establecidos, con lo cual el desorden está cada vez más extendido, emponzoñando a la comunidad e inundándola toda de lujuria,[40] muy perjudicial para una nación que se precia de estandarte del cristianismo.

Es importante destacar cómo tanto el discurso de censura como el de aprobación siguen los mismos cauces de pensamiento. Ambos toman su base ideológica de la necesidad del orden y del beneficio social que se consigue con su existencia o prohibición. Así, el discurso de reprobación de los prostíbulos retoma el mismo curso de pensamiento que antes hizo posible, con el beneplácito de Iglesia y monarquía, la existencia y explotación de los prostíbulos públicos. Por lo tanto, si antes se discutía que la existencia de estos antros protegía el honor de las doncellas o evitaba la sodomía, al poder acceder a los servicios de una mujer, ahora se apunta que la lujuria lleva a éstas a practicar todo tipo de desviaciones *contra natura,* con lo cual no se evita sino que se promueve. Tampoco se pone freno a la sífilis ni se evitan las reyertas callejeras sino que se multiplican y finalmente todo

Discurso prostibulario

lo que se quería evitar, no hace más que desbordarse por el desenfreno que estas casas públicas proveen.

El ambiente de reformación moral producto de la Contrarreforma, propulsado por numerosos autores cristianos además de con la labor infatigable de la Compañía de Jesús, totalmente opuesta al comercio meretricio, van creando un clima de reorganización que finalmente modificará las premáticas sobre el comercio carnal. En este espacio se suscribe la obra *Invectiva en forma de discurso contra las casas públicas* (1622) de Gabriel Maqueda, clérigo de la Congregación del Espíritu Santo de Granada, ciudad particularmente militante, cuyo principal cometido era que se cumpliesen las ordenanzas con respecto a la mancebía. El tono que van tomando estos nuevos discursos es cada vez más virulento y apremia a los dirigentes a que acaben con este mal que está causando tantos daños en la población:

> Hará Dios juicio durísimo de aquellos que gobiernan: porque como dijo San Pablo: dignos son de muerte, no solamente los facinerosos, sino quien los consiente… la potestad grande y poderosísima que puede estorbar grandes maldades, si sabiéndolas no lo hace, parece que casi las consiente… porque el que tiene poder para prohibirlas, y no lo hace, es visto consentir en ellas, y un como mandar que se hagan. (26–27)

Maqueda alude a que no sólo peca el que cae en los pecados que la mancebía promueve sino que también es responsable el que apoya la existencia de tal lugar sin hacer nada, como están haciendo, con lo que tal acusación conlleva, los dirigentes.

Para este clérigo, los peligros no son pocos: sodomía, pecado de molicie, lesbianismo, malcrianza de los jóvenes que roban, los llenan de bubas y los convierten en fornicarios y homicidas. En esta valoración, como ilustra la evaluación de los problemas que siguen a los jóvenes que usan de tales servicios, apenas si se tienen en consideración las razones que llevan a la mujer a prostituirse; es el hombre el que sopesa desde su punto de vista los beneficios o problemas que devienen del uso de prostitutas para sí mismo. Inclusive subraya que la "herejía" por muchos repetida que la fornicación simple si se paga no es pecado está cada vez más extendida y es necesario que se acabe con tal confusión, la cual no sería problema si no existieran estos antros de

Capítulo uno

perversión. Finalmente concluye el autor que, de la clausura de las casas públicas:

> Ha de haber general reformación de costumbres, aumento de las virtudes, frecuencia de sacramentos, menos ocasión de pecados, y mayor para librarse de ellos; acrecentará Dios la corona real de España, daréle prósperos y felices sucesos en sus empresas, acabará las calamidades del Reino, y hará célebre su nombre por todas las naciones del mundo. (34)

Se unen a este grito de reforma moral como precursora de unos tiempos mejores para la gloria de España, las voces de otros clérigos que tan sólo meses más tarde, en el mismo año de 1622 publican sus obras. Uno de estos religiosos es el padre Alfonso Rubio que en su *Discurso... Dirigido al Rey nuestro Señor, suplicándole que prohíba las casas públicas de las Meretrices*, continúa subrayando los puntos ya expuestos que hacen de la casa pública no un mal menor, sino un mal peor, del cual los que lo apoyan no quedaban libres de pecado. Pues Dios aunque permite el libre albedrío, no deja sin castigar las malas acciones y condena por herética la doctrina de Maquiavelo, el cual señalaba que se podría en algún caso romper la Ley de Dios, por no faltar a las reglas del gobierno o al bien común de la sociedad. No se puede esperar, dice el clérigo, que haya "hombre tan corto de discurso, que se persuada de creer que sean a propósito ladrones para guardar tesoros, lobos para defender ovejas, enemigos para guardar reinos, ni fuegos para apagar el fuego" (7).

Si en el mes de agosto se pronunciaba así Maqueda, en octubre del mismo año aparecía la obra *Información teológica y jurística* del congregado del Espíritu Santo, Gerónimo Velázquez, quien apoyándose en las autoridades y mencionando a sus coetáneos Rubio y Maqueda, da uno de los últimos coletazos al debate suscitado por la legalización de la mancebía que concluirá al unirse finalmente la ley divina y la humana y al hacer ilegales en todos los ámbitos a los prostíbulos. Repite Velázquez todos los males que se siguen del comercio y añade ciertos elementos particulares e interesantes. Entre ellos destaca la mención de otros pueblos no cristianos que se comportan más virtuosamente que ellos, además de los judíos, y los romanos, que no permitían que la hija de un ciudadano romano practicara esta profesión en la ciudad de sus padres.

También es notorio el cariz diabólico que en este momento se le quería infundir a la labor de las meretrices, caracterizándolas como agentes del diablo que pretendían ganarse almas para el infierno.[41] Pongamos como ejemplo la observación de Maqueda que califica a las prostitutas de: "palomas ladronas que atraen y llevan a sus burdeles (que son escuelas de Satanás, y palomares diabólicos) a los muchachos" (21) o la anécdota también significativa por su colorido y efectismo contada por Velázquez del caso ocurrido en Sevilla donde murió una mala mujer:

> quedó su cuerpo tan negro, que vino mucha gente a verla, y no parecía sino un tizón del infierno; y la sala donde fue expuesto el cuerpo, olía a alquebrite y piedra azufre, para significar Dios el fuego infernal que su alma padecía. (14)

De esta forma la polémica sobre la prostitución iba tomando tintes marcadamente condenatorios para lo cual se hacía necesaria su erradicación total y su castigo para que España no cayera en más pecado y se pusiera fin a la actual situación de relajación moral insostenible para el pueblo cristiano. Esta relación de la prostituta con el diablo la acercaba a la bruja, como parte del grupo de mujeres fuera de lugar. Ya que, por haber desobedecido los límites lícitos de su comercio se convirtió en promotora de lo mismo que con su presencia se quería evitar: los pecados *contra natura*.

Es importante subrayar hasta qué punto, ahora la descripción del comportamiento de la prostituta se asemeja al construido por la sociedad para la imagen de la bruja: "If heterosexuality is the extolled norm, then homosexuality will be seen as witch-like, and if chastity is the ultimate condition of holiness then obviously one should expect witches to engage in sexual orgies" (Brain 16) [17]. Comparemos esta afirmación con la descripción que acompaña y sigue al cierre de las mancebías, el cual describía el espacio de las casas públicas como el del desorden, donde éstas están por su lascivia promoviendo la sodomía o el lesbianismo: "las rameras de pura malicia suelen pecar unas con otras torpísimamente, y aunque *agat ut vir in aliam fœminam patientem,* si con algún instrumento, o sin él… también es sodomía" (Velázquez 11). El mismo mensaje aparece en el libro de conducta *Vida política de todos los estados*

Capítulo uno

de mujeres (1599), libro dividido en cinco tratados, según sea el estado de las mujeres: doncellas, monjas, casadas, viudas y un cajón de sastre donde inserta "diversos capítulos de mujeres en general." En este último capítulo, el autor, Juan de la Cerda, subraya la relación de la mujer lasciva con el demonio:

> Después que pierden la vergüenza que es lo principal de su ajuar, acometen a los hombres, y salen a las plazas, y les piden ferias aunque no los conozcan, y si con las palabras piden, con el semblante prometen, porque las tales sirven al demonio de cebo, para que piquen y pequen los hombres... no dejando maldad que por su consejo y persuasión no cometan. (574)

Este discurso será letal para la mujer, cuyo legado de Eva como la gran seductora y seducida la señala como promotora del desorden sexual y chivo expiatorio de los males de la sociedad.[42]

Mientras tanto, y a la luz de este debate, en la Corte bullía un movimiento de cambio y reformación moral que ya en 1618 había dado lugar a la creación de la Junta de Reformación. Este organismo tenía como cometido "desarraigar vicios, abusos y cohechos" (Baltar Rodríguez 170) que contribuyeran a la regeneración de las costumbres entre los cortesanos y acabara con la corrupción política y moral del período de Lerma. Si bien sus principios fueron acometidos con entusiasmo parece ser que desapareció por inactividad, para luego resurgir bajo el nombre de Nueva Junta de Reformación en los primeros años del reinado de Felipe IV. Es ahora en este período de euforia que acompaña el cambio de rey cuando existe un interés en mostrar a los nuevos súbditos la atención que la reforma de la moral y las costumbres tiene en el programa de gobierno. En efecto, el espíritu reformista fue abrazado por el nuevo mando y utilizado como punto principal de su política. A los pocos días de la subida al trono, Felipe IV instauraba la nueva junta cuyas responsabilidades se concentraban en:

> la custodia y observancia de las leyes del Reino ya establecidas sobre estas materias [se refiere a vicios, abusos y cohechos]. Y concretamente, las que prohíben el juego, las que castigan y prohíben los maleficios, las que prohíben y castigan los amancebamientos y adulterios. (Baltar Rodríguez 173)

Discurso prostibulario

No obstante, parece ser que la nueva junta corrió la misma suerte que la de 1618 y sus medidas fueron cuestionadas por sus mismos constituyentes. Las discusiones en su propio seno se hacían interminables y la indecisión era la nota característica por lo cual acabó también extinguiéndose por inactividad. Sin embargo, volverá a resurgir con fuerza en 1622, bajo el nombre de Junta Grande de Reformación, con un especial empeño en combatir la inmoralidad sexual: "Y habiendo tratado de cuán extendido está el pecado de deshonestidad y amancebamientos escandalosos, se acordó que se comenzase de aquí la reformación" (citado por Baltar Rodríguez 186). El nuevo rumbo que la política estaba tomando coincidió con el período de entre 1620 y 1622 donde tuvieron lugar una serie de victorias españolas, confiriendo al nuevo reinado un notable estado de optimismo y entusiasmo. Parecía que con la ola de reforma moral con la que había empezado Felipe IV, llamado entonces "el Grande" y "el rey Planeta," se había conseguido que Dios finalmente devolviera su favor a España (Thompson 14).

Al mismo tiempo, los jesuitas, de cuya labor antimancebía hemos dado noticia, cuentan con amplia influencia en la Corte,[43] lo que propicia finalmente la promulgación de la ley que en 1623 hace extensiva la prohibición de las mancebías a todo el reino de España:

> Por la maliçia y corrupçión a que ha llegado la naturaleza a trocado la raçon y efectos de escusar mayores males, en que se funda la tolerançia y permisión de las mançebías y casas públicas, de manera que se tiene entendido que antes siruen de ocasión. Medio y disposiçión para que se cometan los mismos que se quieren escusar... [por lo cual] Ordenamos y mandamos que de aquí en adelante, en ninguna çiudad, villa ni lugar destos Reynos, se pueda permitir ni permita mançebía ni casa pública, donde mugeres ganen con sus cuerpos, y las prohibimos y defendemos y mandamos se quiten las que huuiere. (citado por Hsu 261)

Con esta orden legal, se ponía fin, al menos sobre el papel, a un debate conflictivo en torno a la prostitución, el cual terminó con las mancebías consentidas anteriormente por la doctrina oficial. No obstante, es necesario subrayar que el problema de la prostitución seguirá candente, pues es de notar que las medidas por las que abogó la junta no se llevaron a cabo exhaustivamente en todas las regiones.

Capítulo uno

Hay que constatar que España fue, por la cantidad de moralistas que se ocuparon del tema, uno de los países donde más y por más tiempo se trató de defender la conveniencia de la prostitución como mal menor. Además, merece prestar atención al hecho de que hasta 1629, seis años después de la promulgación de su cierre, todavía siguiera abierta la mancebía de Zaragoza, conocida como el Público. Allí, y en contestación a un *Memorial* anónimo que estaba circulando y que recomendaba la clausura del burdel, los carmelitas calzados de la ciudad divulgan un *Parecer*, donde se confiesan partidarios del Público, pues la depravación moral del momento exigía la presencia de un lugar donde dar salida a las pulsaciones sexuales de la población masculina:

> ¿Qué han de hacer cuando hallen cerradas esas puertas?...
> ¿Dónde despumarán estas ollas que yerven así por el fuego de su pasión mortificada como por el calor de mucho vino?...
> ¿Qué calle despoblada lo estará de raptos y de estupros?
> ¿Qué olivar no será lupanar de aquí en adelante, así de expuestas como de engañadas... ¿Qué señora por retirada que esté podrá estar sin temores de que se le arrojen en casa cuatro desenfrenados caballos *inhientes ad coytum*, que dijo no sé quién? (citado por Jiménez Monteserín en *Sexo*195)

A pesar de estos últimos argumentos por mantener abierta la mancebía legalmente, sus días estaban contados, y esta interpretación pragmática de la moral, frente a la política de reforma de las costumbres que en este momento dominaba el paisaje político, no pudo resistir el empuje de cambio que la nueva ortodoxia exigía a sus seguidores.

Finalmente, la orden que pretendía clausurar las mancebías y terminar con el problema de la prostitución no lo consiguió como se quería sino que sólo cambió la forma en la que el poder se enfrentaba a la mujer que se salía del lugar asignado. Ahora las prostitutas en lugar de prestar un servicio social, como antes habían aludido las autoridades, pasaban a engrosar la lista de parias en la que estaba todo el que no se comportaba de acuerdo con las leyes, dentro de las cuales a la prostituta sólo le quedaba el papel de delincuente legalmente hablando o de arrepentida magdalena desde el punto de vista moral.

Quede también como documento del cierre de las mancebías, la jácara, con el título de "Sentimiento de un jaque por ver cerrada la mancebía" (ca. 1623), compuesta por Quevedo, quien es también en esta ocasión uno de los mejores comentadores sociales de su tiempo:

> Pecados de par en par
> ya se acabaron contigo
> y no siendo menos son
> más caros y más prolijos. (*Poesía completa* 664)

Como apunta Quevedo, aunque el hecho de que se prohibieran las mancebías creara la ilusión de que abolida la prostitución se acababa el problema, sin embargo, el comercio sexual seguía existiendo y sin ningún tipo de control. De este mismo parecer debieron ser otros que como antaño seguían viendo la mancebía como un lugar donde el sexo organizado podía evitar otros males.

Así lo constata un documento del año 1631, siete años después de su cierre legal, en el cual el cabildo de Sevilla firma una petición a Felipe IV solicitando la reapertura de la mancebía debido al estado de descontrol y los daños que reciben sus vecinos por haberse esparcido y multiplicado las mujeres públicas por todos los barrios de la ciudad. Éste, después de enumerar todos los beneficios que se seguían de su ordenamiento en las casas públicas, sigue:

> Y esto falta en las que andan derramadas en casas que han fabricado para sólo ejecutar sus pecados en grande número en las calles más principales y barrios de mucho concurso de gente... como consta a V.M. por las informaciones que se han hecho de muchas personas graves y de cirujanos que las han curado. Con que es para que el celo santo que resplandece en V.M. remediara... mandando que el uso de estas casas públicas se continúe como se hacía antes de la suspensión. (AMS, Sec. 13)[44]

También registramos voces discordantes en un ejemplo de 1640, esta vez del doctor Juan Arias de Loyola, administrador del Hospital General, en un impreso donde describe como nulos los efectos del cierre de las mancebías: "porque aquí en Madrid, y podría ser en otras partes del Reyno, quitaron una casa en que estavan estas mugeres y dexaron un barrio entero... con los mismo daños y mayores, principalmente en quanto a la salud corporal" (citado por Domínguez Ortiz 221). Además, el doctor Arias insiste en que si bien está de acuerdo con el cierre de las mancebías:

> no se pretende ahora cesen totalmente los pecados deste genero, ni dexe de aver mujeres livianas... Lo que se pretende es, que cuando huviere de pecar, *pequen ocultamente* y con temor de castigo, *ocultamente y sin escandalo*, porque estos pecados seran solamente suyos, pero de los publicos son participes todos los que los permiten. (citado por Domínguez Ortiz 221; lo subrayado es mío)

Las opiniones son variadas: por un lado que se continúe con las casas de las mancebías como indica la petición del Cabildo de Sevilla o que se las quite del todo, o por otro lado que se permitan pero ocultamente como opina el práctico doctor Juan Arias. Otras voces aisladas también repetirán este tipo de opiniones, pero por ahora la decisión estaba tomada y la prostituta será relegada al amplio espacio de la clandestinidad.

Universo de la prostitución clandestina

> Al finalizar el siglo XVII, los españoles pudieron creer que así como la unidad religiosa era un hecho, y que no había persona en estos reinos que públicamente perteneciera a otra religión que la católica, del mismo modo, abolida la prostitución pública, no existía una mujer que no fuese honrada; desgraciadamente este último aserto no podía pasar de un buen deseo. (Manuel Carboneres, *Picaronas y alcahuetes*)

En efecto, ni antes ni después de que se diera la orden de la clausura de las mancebías se acabó con la prostitución ilegal. Ésta siempre existió en mayor o menor medida en los márgenes de la sociedad formando un núcleo proteico y multiforme del que la literatura del momento no tardó en hacer eco. Además, el desarrollo de los núcleos urbanos, los cambios económicos y de relaciones laborales hacen que se produzca una concentración de mujeres jóvenes en las ciudades. La existencia de documentos como el de la monja Magdalena y el doctor Pérez de Herrera atestiguan la existencia de una masa de mujeres que se encontraban fuera del recinto institucionalizado de las mancebías públicas practicando el comercio carnal o vagabundeando. Aquellas que podían saltearse el ser colocadas en este espacio se ganaban la vida de muy diversa manera dependiendo de sus cualidades, edades y estatus, pues no era lo mismo venderse por las esquinas como las cantoneras, que ser una cortesana con un amante estable. Así, la tan temida mujer mantenida por un hombre de posición, también llamada querida, enamorada o servida, seguía poniendo en peligro la organización tradicional de la familia, ya que la relación continua con estas mujeres ocasionaba la existencia de herederos ilegítimos que era lo que en última instancia quería evitar la legalización del uso de rameras. Además, estas mantenidas, en ciudades como en Sevilla o Valencia, donde la existencia de un núcleo de ricos comerciantes extranjeros las permitía, hacían ostentación de su riqueza y poseían casas en los centros de las ciudades junto a la de honradas familias frente a cuyas matronas competían en lujos.[45]

Es por eso que el lujo, las joyas y el maquillaje en la mujer serán criticados como una forma de proclamar la falta de moral en quien abusaba de ellos. En efecto, en libros de conducta como *Vida política* (1599) se lee con respecto a las mujeres servidas o enamoradas:

> Estas son las que con todo cuidado buscan sazonados puestos, como son las ricas y populosas ciudades y cortes… haciendo picar a los hombres con sus semblantes, meneos, ademanes, disolutos aderezos y con otra infinidad de ensayos apetitosos, de que siempre están prevenidas y muy a punto para su pesca… Por cuya razón dijo el Eclesiástico: aparta tus ojos de la mujer afeitada porque este es el fuego que más enciende la concupiscencia. (Cerda 568–69)

Tanta es la ostentación de galas y de afeites, según los moralistas, que éstos llegan incluso a igualar a la mujer llena de lujos y afeites, como en la época se llamaba al maquillaje, con prostitutas. Por ejemplo, en su libro *Afeite y mundo mujeril* (1617–26), Fray Antonio Marqués señala cómo los afeites no suelen ser honestos, al mismo tiempo que las galas y los vestidos preciosos en las mujeres, pues: "son el ramo que dice que, en la persona de quien los trae, se vende liviandad, mezclada con deshonestidad" (37). Puesto que el vestido, o la necesidad de cubrirse, fue la primera muestra del pecado del hombre, que nuestros primeros

Capítulo uno

padres experimentaron, de la misma manera, argumenta Marqués, la mujer o el hombre que sólo piense en el aderezo pondrá aún más de manifiesto su pecado y deshonestidad.

También constituía un riesgo el hecho que una de estas mujeres entablara relaciones con jóvenes de clase lo que suponía un peligro para el orden de la familia, como aluden en sus recuentos algunos viajeros franceses de la época, y recoge José Deleito y Piñuela: "Los jóvenes aristócratas que tienen dinero empiezan desde la edad más tierna (doce o catorce años) a tener manceba, es decir, una querida, y por atenderla, no sólo descuidan sus estudios, sino que se apoderan en la casa paterna de todo aquello que pueden atrapar" (22). Otro apunta respecto al gasto de los españoles que:

> todos los que han vivido en Madrid me aseguran que son las mujeres las que destruyen la mayor parte de las casas. No hay hombre alguno que no tenga su dama y que no trate con alguna cortesana... Y como no las hay en toda Europa ni más vivas, ni más descaradas, y que entienden más bien aquel maldito oficio, cuando llega a caer alguno a su red, lo despluman bellísimamente. (Deleito y Piñuela 23)

Por lo tanto, en lo que se refiere a las altas esferas, las mujeres son otra vez descritas como la causa de la pérdida de caudales y como el afán de ostentación que está asolando la reputación de España, ya que su ambición no tiene límite.

En las capas más bajas, las mujeres deshonestas que constituyen la masa de prostitutas clandestinas están formadas por una galería de mozas de mesones o fondas; de muchachas de servicio, colocadas generalmente por alcahuetas; o por el contingente de cantoneras que se lanzan a la calle a entregar su cuerpo en cada esquina. Estas mujeres seguían atrayendo el mismo foco de criminalidad—reyertas entre rufianes, raptos, violaciones, sodomía—antes que después de la ilegalización de las mancebías, porque este foco de violencia y prostitución nunca desapareció realmente.[46]

De todos estos tipos tenemos ejemplos en la literatura picaresca, dentro de cuya narración se describe en minucioso detalle todas las tretas y engaños de los que se valen tales mujeres para hacerse con la bolsa de los incautos que caen en sus redes. Con su actuación ponen de manifiesto, como ejemplo al revés, los

Discurso prostibulario

peligros de los que se tiene que guardar el hombre. Al mismo tiempo, al perfilar y enumerar las transgresiones de la prostituta, es decir, la no virgen, la habladora, la lasciva o la mujer pública que gusta de galas, se hace posible equiparar a toda aquella mujer que no se comporte conforme a las reglas establecidas con una prostituta o con características de éstas, restringiendo aún más su campo de movimiento.

En consecuencia, creemos necesario el estudio del entorno socio-cultural de la prostitución y su mundo, que incluye los diferentes tratados y sermones morales porque éste nos proporcionará los medios para poder profundizar en el discurso de la picaresca. Discurso éste, creado para no sólo describir a la pícara-prostituta, sino a toda mujer que se salga de unas coordenadas establecidas para ella. Este hecho nos lleva a afirmar que: "The recognition of the existence of commercial prostitutes... allowed the conflation of all deviant feminine sexuality with venality and the assimilation of all disorderly women with prostitutes" (Mazo Karras 201) [18]. De hecho, la prostituta se convirtió en centro y foco del control masculino porque ella representaba todo lo que el hombre temía en la mujer. Asimismo, su categorización como mala mujer permitía su castigo y su estigmatización, lo que hacía posible separarla del resto de la sociedad, para ilustración de su miembro más importante, el hombre. De todo esto tendremos ejemplos en los textos de la novela picaresca analizados a continuación.

Capítulo dos

Literatura como fenómeno social ante el debate sobre la prostitución

La prostituta y su función literaria
en *La pícara Justina*

En este capítulo, analizaremos el modo en que el discurso normativo en torno a la prostitución se compone también de manifestaciones literarias, especialmente la picaresca femenina.[1] Además, subrayaremos cómo estas producciones se adhieren a ese discurso en mayor o menor medida, asimilándose al engranaje de la máquina discursiva y represiva empleada para la acusación de la mujer libre. En efecto, estamos de acuerdo con Tatiana Bubnova en su "firme convicción de que el 'contexto' histórico y social es el que proporciona, siempre y de cualquier forma, el campo de problemas, el imaginario y hasta la fuente de fantasía para los autores de la ficción" (416). De esta forma, predicadores, moralistas y legisladores se enfrascan en la creación de un argumento que muestre la necesidad de un control social a través de las casas de recogidas, la institución del matrimonio o el convento.

En esta segunda parte, demostraremos cómo ciertos escritores que tratan el tema de la picaresca directa o indirectamente se suman a los creadores del discurso de control social antes descrito. Estos temas, tratados desde los diversos sectores antes mencionados, y estudiados con respecto a la literatura por parte de José Maravall en su *Literatura picaresca desde la historia social* (1986), prueban que la vanidad, el lujo, la lujuria y la prostitución son vistas en general como faltas típicas de la mujer que necesitan ser reconocidas a través de su descripción para poder ser erradicadas. Al mismo tiempo, la mujer debe reconocer y asimilar su pertenencia al estatus asignado: doncella, esposa, monja, puta de mancebía. Es así, como señala Maravall, que las diferentes estructuras de poder se ocupan de controlar a la mujer por medio de unas instituciones (la Iglesia, la familia,

Capítulo dos

el estado) y un discurso (sermones, leyes) al que se suma la cultura y la ideología. El objetivo fundamental es asegurar que el discurso hegemónico patriarcal prevalezca.

El sociólogo francés Pierre Bourdieu llama a este fenómeno "hábitus." En general, el hábitus es el producto de la internalización y generalización de principios culturales arbitrarios—es decir, procederes que a veces no responden a la justicia o a la razón, pero que son aceptados por conveniencia, un ejemplo podría ser la esclavitud, medida aceptada por el poder y justificada ante Dios en un momento histórico—emitidos originalmente por un poder determinado. Según Bourdieu, el hábitus se compone de modos de percepción, evaluación, clasificación y acción, es decir, de un conjunto de expectativas y aprehensiones, que en el caso del ámbito cultural determina, entre otras cosas, cómo se entienden las reglas del juego—en un momento la esclavitud se acepta como natural, después se condena, igual ocurre con la prostitución. Además, el concepto de hábitus está directamente relacionado con el de "capital simbólico" o "cultural," que para Bourdieu es un término paralelo al del capital económico del materialismo histórico. Sin embargo, la posesión de capital cultural es para el sociólogo francés mucho más importante que la del económico para la perpetuación de las desigualdades sociales, pues como podemos comprobar en el caso de la picaresca el poder material no concede el estatus que el pícaro desea.[2]

En nuestro campo concreto de estudio, podría decirse que el hábitus favorece el mantenimiento de la mujer como objeto que necesita del control masculino—el hábitus internalizado por la sociedad dicta que las mujeres son vanidosas, lujuriosas y débiles. Como consecuencia, estas características asociadas con la mujer se convierten en creencias que no necesitan ser cuestionadas. El vagabundeo de la mujer, apuntado por el doctor Pérez de Herrera, junto a la ostentación de lujo y afeites, tan criticados en la época por multitud de autores—Fray Antonio Marqués, Antonio de Guevara, Malón de Chaide y Quevedo entre otros—se convertirán en motivos de acusación a la mujer. Tales abusos serán aprovechados y explotados por los autores de la picaresca para advertir de los peligros de la mujer cuando ésta se muestra en su momento de más peligrosidad: suelta, libre, bella, cubierta de afeites y astuta.

Vida "ejemplar" de la pícara-prostituta como modelo a no seguir

La estructura del libro de Francisco López de Úbeda, *La pícara Justina,* cobra especial relevancia dado que ésta misma forma también parte integrante del sentido de confusión que se intenta provocar en el lector. Se divide en una multitud de apartados, libros, capítulos y números que añaden dificultad a su lectura ya de por sí difícil. Asimismo, son también variadas las formas de escritura presentes, que van desde la narración en primera persona, cartas, poemas de métricas diversas y hasta incluso sermones.

El texto comienza con un prólogo al lector del autor, seguido de un prólogo sumario de la pícara Justina anunciando las aventuras que el lector está a punto de encontrar. Termina este prólogo, aglomerando uno tras otro los motes que irá tomando la pícara en los diferentes episodios, no sólo de este libro que el lector tiene en su mano, sino de los futuros motes que la pícara tomará en las continuaciones que se prometen. Le sigue a esta parte una introducción general titulada: "La melindrosa escribana," en que se describe el proceso mismo de la escritura que lleva a cabo la pícara, a través de su diálogo con los instrumentos que le sirven para ello: la pluma, la tinta y la culebrilla de la marca del papel en el que escribe.

Estas herramientas de escritura la han tildado ya desde el comienzo de prostituta. Los pelos de la pluma le recuerdan que ella no tiene pelo, y que no le crecerá más, pues padece de sífilis; por lo tanto el pelo que le falta no le cubrirá las manchas, esto es, los pecados de su vida, los cuales está dispuesta a contar para que su "retrato" sea un "retrato verdadero" (55). La culebrilla del papel, después de asustarla, la hace meditar sobre los diversos significados de este animal, concluyendo que entre otros, posee la culebra el don de la sabiduría para despertar a los dormidos. Pero al contrario de la culebra del Paraíso cuyo discurso era engañador, el suyo va a ser "desengañador," resumiendo de esta forma el supuesto propósito de su obra:

> Quiero despertar amodorridos ignorantes, amonestar y enseñar a los simples para que sepan huir de lo mismo que al parecer persuado... Así que, lo primero, la culebrilla os significa *la desengañadora elocuencia mía*. (77; lo subrayado es mío)

Capítulo dos

Todas las comparaciones: con el pelo de la pluma, la mancha de la tinta, y sobre todo la culebra, ponen de manifiesto que la función de este estilo barroco es la superposición de una sintaxis laberíntica a la narración de realidades simples, como vamos descubriendo, de pecados comunes de mujeres comunes. El aprovechamiento nos reitera esta idea:

> De lo que has leído en este número primero, lector Christiano, colegirás que hoy día se precian de sus pecados los pecadores, como los de Sodoma, que con el fuego de sus vicios merecieron el fuego que les abrasó. Es, sin duda, que el mundo y el demonio, por fomentar la liga que tienen hecha con la carne, nuestra enemiga, acreditan y honran los vicios carnales. (62–63)

Subrayamos el léxico: fuego, vicio, mundo, demonio y carne. Este vocabulario y temática es la misma que hemos estudiado en el capítulo 1, en que se pone de manifiesto la asociación entre la prostitución y los males de la sociedad. Por lo tanto *La pícara Justina*, ejemplo en vivo del desconcierto que ocasiona la mujer libre, forma parte del discurso que apunta a la mujer como la causante del desorden espiritual y físico del hombre. Pero no es tan fácil encasillarla, pues como la culebra, Justina y su autor se nos escapan de las manos; los sentidos de la obra se bifurcan, las funciones de la protagonista se multiplican y por último las intenciones de autor y protagonista no son las mismas.

Podemos decir que la pícara predica una vida y el autor otra. Éste manipula a su protagonista y la hace hablar sin descanso, para luego condenarla, y de este modo entretener y despertar a los que se dejen engañar por tales mujeres. ¿Es esto así, o es también una pose del autor?[3] Entre los fines aparentes del libro, críticos como Marcel Bataillon pusieron de manifiesto que *La pícara Justina* es una obra disfraz, concebida como crónica burlesca del viaje de Felipe III a León en 1602. De hecho, el crítico francés apunta que su propósito principal reside en provocar la diversión de un público de cortesanos, a cuyas vidas se alude en forma de código que estos mismos tendrían que descifrar durante la lectura. Es también una réplica a una forma de leer la novela picaresca. Según Bataillon subraya en *Pícaros y picaresca* (1969), *La pícara Justina* es una respuesta al *Guzmán de Alfarache* y a todos aquellos escritores que, como Mateo

La pícara Justina

Alemán, trataban de unir en una obra enseñanzas morales junto con aventuras de individuos de comportamiento pecaminoso y lascivo.

Este aspecto ya lo había señalado Parker en *Literature and the Delinquent* (1967), en que subrayaba el aspecto sumamente irónico de las intenciones del autor. Esto es, escribir un libro que mezclara las enseñanzas morales con ejemplos negativos, que no sólo divirtieran al lector, sino que lo hicieran darse cuenta de los peligros que corre frente a esas "estatuas de libertad" (466). Así, en última instancia y después de hacer uso de ellas durante la narración, se anima a quemarlas como sambenitos, ya que no se produce el arrepentimiento deseado y acostumbrado de este tipo de obras. Esto es lo que subraya el autor de *La pícara Justina* al finalizar su obra:

> Todo lo que en este libro se contiene, sujeto a la corrección de la Santa Iglesia romana y de la Santa Inquisición. Y advierto al lector que siempre que encontrare algún dicho en que parece que hay un mal ejemplo, repare que se pone para quemar en estatua aquello mismo. (466)

De forma similar, parece que lo vieron el corrector y aprobador de libros Tomás Gracián y el secretario Juan de la Mezquita que firma su autorización por mandato del rey, los cuales concluyen que el libro "era muy útil y provechoso, y que contenía cosas muy curiosas acerca de la moralidad y de las buenas costumbres" (35). Además, señalan "que debajo de gracias facetas y tratos manuales, encierra *consejos y avisos muy provechosos para saber huir de los engaños que hoy en día se usan* (37; lo subrayado es mío).

Asimismo, en la edición de Bruselas de 1608, dirigida a Don Alonso Pimentel, "capitán de lanzas españoles de estos estados de Flandes" (s.n.) por el editor e impresor Olivero Brunello, la intención de la cita anterior se reitera. Después de disculparse por no dedicarle la edición de otra obra de más peso, le recuerda que:

> hallará algunos discursos graciosos ni menos provechosos…
> do se refiere que todos los hombres de cualquier calidad o estado que sean aprenderán los enredos, embustes y peligros de que se han de apartar… de suerte que este presente libro encierra en sí lo que conviene que cada uno sepa para ser

Capítulo dos

> apercibido contra los embustes de los malvados, y de perversa inclinación. (s.n.)

Además, se subraya en esta edición que a pesar de ser un modelo para estar apercibido, el único ejemplo de instrucción verdadero es la Biblia, donde el cristiano encontrará, como continúa el prólogo, maneras "para atropellar y vencer todo lo que le podría perjudicar y contradecir" (s.n).

Pero a pesar del aparente tono moral y de reformación que *La pícara Justina* propone, descubrimos que sus motivos se acercan más a la condena y a la sátira que al supuesto arrepentimiento. Parker indica en su estudio la posibilidad de que obras de cariz religioso hayan sido el punto de partida para aquellas obras picarescas, como la de Alemán, donde se mezclan lo espiritual y lo profano. Se refiere Parker, en particular, a una obra más cercana al personaje femenino: *La conversión de la Magdalena*. En esta obra el fraile agustino Malón de Chaide propone la sustitución de los "libros mentirosos" como los libros de caballerías, la novela pastoril o sentimental, por libros que ofrezcan un ejemplo "verdadero."[4] En aquellos se cuentan historias de amor en que las mujeres que los leen se creen Orianas, merecedoras de los servicios de caballeros andantes, y los lectores hombres se entusiasman con las proezas de éstos, tanto en lides amorosas como guerreras. Además, son promotores de vicios, ya que según Chaide las "docellitas" (279) que desde jóvenes leen este tipo de libros:

> aprenden las desenvolturas y las solturas y las bachillerías, y náceles un deseo de ser servidas y recuestadas, como lo fueron aquellas que han leído… y de ahí vienen a ruines y a torpes imaginaciones… con que se pierden a sí y afrentan las casas de sus padres. (279)

Frente a éstos, Chaide propone ejemplos de verdaderos héroes y heroínas cristianas de los que se derivará una lectura más provechosa. La elección de Chaide por la Magdalena abre las puertas a los demás pecadores, ahora como apunta Parker: "La heroína de la literatura es una pecadora" (59) cuyo arrepentimiento la redime.

Por consiguiente, y retomando este discurso, López de Úbeda propone un mensaje bastante irónico que apunta a las vidas de santas arrepentidas cuyas historias, llena de ejemplos de una existencia plagada de pecados, derivan finalmente en una enseñanza moral. Para ello, contrapone la seriedad de las hagiografías de las santas pecadoras arrepentidas al aspecto lúdico de la picaresca y hace que su ramera-romera demuestre que la mujer mala ni puede reducirse a orden, como pretenden los creadores del discurso pro mancebía, ni su vida de pecado puede ser considerada un ejemplo. El discurso de López de Úbeda pone en evidencia que el estado de desorden, de igual manera que lo demuestra el argumento que aboga por el cierre de las mancebías, prueba la ineficacia de las medidas de control. Justina evade la mancebía, usa el matrimonio y se ríe de las arrepentidas, sin embargo estos actos de desafío por parte de la pícara sirven para, en última instancia, advertir las ranuras por las que la mujer se escapa de su control.

Modelos de mujer: Las mártires y pecadoras arrepentidas

Es importante subrayar el apogeo que en estos tiempos cobran las vidas de santas arrepentidas como la Magdalena, santa María Egipciaca o santa Tais. Este fenómeno supone la culminación de un proceso: el del culto a la Magdalena, que ya durante los últimos momentos de la Edad Media, como señala el medievalista Georges Duby, se estaba llevando a cabo. En este culto se hace hincapié no en el afecto apasionado o la pena que la Magdalena siente por la muerte de Jesús, sino que se insiste en el pecado de su lujuria, en la redención y el arrepentimiento.

Este proceso de cambio en el culto coincide con la reforma en el seno del clero, que insistía en el celibato de éste, para lo cual se tenían que cambiar las antiguas costumbres de mantener barraganas y amantes.[5] Por lo tanto, el clero debía reformarse y liberarse completamente de su propia culpabilidad. Este proceso se consigue superar culpando al "otro" que simboliza la mujer y tachando a ésta de pecadora. De ahí, las metáforas obsesivas que aparecen en los tratados morales estudiados en el capítulo 1, en los sermones, como los del padre León, o incluso en el aprovechamiento que hemos citado más arriba de *La pícara Justina*. Tal aprovechamiento constituye una pose de este tipo de literatura condenatoria, en que la mujer es tachada de quimera, vientre voraz, monstruo y de ayudante del demonio que persigue a los hombres para inducirlos a pecar. Por consiguiente, y desde todos los ángulos, se hacía necesario reconducir a esta mujer peligrosa. Es por eso, que algunos moralistas, como Malón de Chaide en España, y en Francia Hildebert de Lavardin y Marbode de Renes (Duby 52) se decidieron a rescribir la vida de prostitutas arrepentidas y castigadas, de forma tan plena y tan perfecta en las potencias de su fatal seducción, que pudieron volverse santas y servir de ejemplo de la magnanimidad de Dios frente al pecado.

Al mismo tiempo, y para apartar el pecado mayor, estos moralistas presentaban a la mujer bajo el aspecto que a ellos les resultaba más terrorífico: tentadora, cubierta de adornos y arrastrando a los hombres al pecado.[6] De esta manera querían probar que, por infectada que estuviese el alma de lujuria, siempre podía redimirse mediante el arrepentimiento, la penitencia y la guía espiritual del hombre.[7] Por este motivo, se ven en este momento a nuevas Tais y Egipciacas recogidas, no en el desierto, sino en el centro de las ciudades, encerradas en celdas y casas de recogidas, sirviendo de ejemplo para la reforma de las costumbres a través de la reforma de sus cuerpos y el arrepentimiento de sus almas.

Sin embargo, no es ésta la imagen de Justina que crea el autor. Comprobemos algunos ejemplos de la posición contraria que toma la protagonista y la sátira hacia las vidas de santas pecadoras y arrepentidas que tal aproximación constituye:

> No predico ni tal uso, como sabes, sólo repaso mi vida y digo que tengo esperanza de ser buena algún día y aun alguna noche... Y si Dios me da salud, verás lo que pasa en el último tomo, en que *diré mi conversión*. (303; lo subrayado es mío)

Aquí podemos comprobar cómo el autor, conocedor de la literatura de santas arrepentidas, satiriza la estructura de estas obras en las que se detalla la vida de pecado para contraponerla a la parte de arrepentimiento y estado de gracia de la conversión. Como sabemos, la anunciada conversión de Justina nunca se produce, con lo cual se pone todavía más de manifiesto la ironía. De hecho, en este tipo de literatura se comprueba la parodia de los modelos de las vidas de las arrepentidas como las santas, o los pícaros tipo Guzmán. Comprobamos la parodia, en ciertas coincidencias, entre la forma en la que Chaide y López de Úbeda se acercan al lector; en primer lugar, Chaide apunta:

> Sólo ruego al discreto que esto leyere, que antes de condenar lo que aquí y en este libro digo, lo piense y lo mire con atención, que si lo es así lo hará. Y si algo de ello le agradare alabe al Señor conmigo... y si no fuere tal, me avise con caridad cristiana, que me hallará prontísimo para corregir lo que no fuere muy conforme al sentido de la Iglesia Católica. (282)

Contrastemos esta idea con el discurso del autor de *La pícara Justina* al final de la obra:

> Todo lo que en este libro se contiene, sujeto a la corrección de la Santa Iglesia romana y de la Santa Inquisición. Y advierto al lector que siempre que encontrare algún dicho en que parece que hay un mal ejemplo... se recorra al aprovechamiento que he puesto al final de cada número y a las advertencias que hice en el prólogo al lector. (466)

Ambos discursos se asemejan, pero subrayamos que el de López de Úbeda parodia la idea que el primero defiende, ya que ni Justina se arrepiente, ni llega al estado de gracia de la Magdalena, sino que persiste en su vida de pecado, a forma de contraejemplo. Así, comprobamos que la imitación que se hace de las vidas de santas y la predicación es una constante caricatura de las mismas en *La pícara Justina*. En efecto, irónicos comentarios se repiten en cada momento que la pícara hace alguna reflexión más o menos profunda sobre el pecado: "no quiero predicar porque no me digan que me vuelvo pícara a lo divino y me paso de la taberna a la iglesia" (363), o más adelante cuando dice: "Pero ya sabes que hago alarde de mis males, no a lo devoto, por no espantar la caza, sino a lo gracioso, por ver si puedo hacer buena pecadora" (401).

Este aspecto ha sido también subrayado por Bruno Damiani en su artículo "Parody of Hagiographic Literature in *La pícara Justina*," que estudia las correlaciones entre las referencias religiosas aparecidas en las vidas de santas mártires y el uso de ellas por López de Úbeda. Entre las más destacadas, a las que

Capítulo dos

añadiremos algunas más, podemos señalar el robo de Justina por la Bigornia, ya apuntado por Ulrich Sradeer y citado por Damiani (138). El robo de Justina presenta una variante del martirio que sufren las vírgenes por salvaguardar su entereza. En concreto la historia sacra de la mártir, del mismo nombre que la pícara protagonista, santa Justina, cuenta que siendo ésta cortejada por Cipriano, y contando éste con la ayuda del diablo, Justina logra vencerle con el poder de las oraciones y el signo de la cruz. Así, el episodio del rapto de la pícara Justina perpetrado por "el obispo don Pero Grullo" (179), se convierte en un trasunto del episodio de Justina y Cipriano. La estratagema de la pícara consiste en el uso de su ingenio para no ser tomada por Pero Grullo, que se presenta decidido, cuando dice: "en esta hora piensa tomar puerto mi presuroso bajel y estampar en su entereza el *non plus ultra* asido de mis dos columnas" (196). En este trance, Justina convence al obispo que su "entereza" más se conseguirá de grado que por la fuerza y que ella se ofrece a darse de buen gusto si se hace celebración de su ofrenda con buenas viandas y vino. El final del episodio corrobora la astucia de la pícara, que emborracha a los pícaros estudiantes, no con oraciones sino con vino, y los conduce al centro del pueblo de Justina, donde ella está segura, y los mozos salen corridos y corriendo por haber desperdiciado la ocasión que se les presentaba en bandeja.

De la misma forma, Justina a su regreso es visitada como a santa que fue protagonista de un milagro, ya que el salir ilesa, esto es, virgen de tan apretada ocasión es motivo de "visitaciones," "tocamientos," y hasta de renombrar el pueblo de Mansilla a Mansilla de las Mulas, como se tenía por costumbre hacerlo en los lugares donde acaecía algún milagro.[8] Todo tiene, según vamos descubriendo, una segunda lectura. Así, las visitaciones y tocamientos se refieren a que "La gente que venía a ver y darme a mí el parabién… me tenían despalmada de puros abrazos, aunque no muy puros, que algunos me pellizcaban, que es uso de la tierra" (210). La celebración de la victoria de Justina se convierte en un "ramo" a través del que se pone en evidencia su estatus de mujer libre ante el pueblo que la visita. Corroboran esta idea sus hermanos:

> Hermanita, ¿cómo digo de la jornada de Arenillas? si no quemada, tiznada, que una vela pegada a un muro, aunque sea

La pícara Justina

> argamasado, verdad es que no le puede quemar, pero dejar de tiznar es imposible. ¿Qué será si se pega a carne gorda, que se derrite tan bien como la misma vela? (210)

Esta observación y comparación es muy similar a la recomendación que hace Juan de la Cerda en su tratado de conducta *Vida política* respecto a los peligros que ocasiona la proximidad de los sexos:

> De la conversación de hombre y mujer, aunque sean como de piedra, alguna vez faltaran centellas que los abrasen. Y ya que esto no suceda, *débese evitar semejante conversación: porque si no abrasa, tizna. Si una vela se pega a un muro, ya que no la abrasa, tiznale y afeale*. (548; lo subrayado es mío)

Después de esta escapada de la que sale tiznada es lógico que Justina apetezca la romería, espacio donde puede sacar provecho de su libertad.

Otros de los modelos hagiográficos de Justina son, además de la mencionada mártir del mismo nombre, otras prostitutas penitentes como la Magdalena, santa María Egipciaca y santa Tais. Estas santas son objeto, según apunta Fernando de la Flor, de "profusas representaciones pictóricas... en sus desiertos y lugares penitenciales, acompañadas de gran aparato de calaveras y mortificaciones, las cuales fueron difundidas durante todo el Siglo de Oro" (Flor 293).[9] En efecto, la calavera, con la que generalmente se representa a la Magdalena, recuerda a quienes observan la imagen la proximidad de la muerte y el tiempo que tienen para ponerse a bien con Dios, después de una vida llena de pecados.[10] A esta imagen López de Úbeda contrapone la calavera de conejo que Justina tiene en sus manos en la romería de Arenillas, en la que un primo suyo, al verla pensativa, hace alarde de su ingenio:

> Justina, si como creo que has sido pecadora, creyera que eras penitente, dijera que, estando así pensativa mirando la calavera de conejo que tienes en la mano, te estabas diciendo a ti misma: "Acuérdate, Justina, que eres conejo, y en conejo te has de volver." (173)

La comparación es del todo irreverente si tenemos en cuenta el doble significado del "conejo," animal asociado con la fertilidad, y su uso en el lenguaje vulgar y hampesco para referirse al órgano sexual femenino como apunta María Inés Chamorro en *Tesoro de villanos* (262).

Sin embargo, no acaban aquí las referencias a la calavera. En su visita a León, Justina asiste a una representación teatral de la comedia de santa Tais y santa María Egipciaca, ambas modelos de prostitutas arrepentidas. Farfán, a quien hemos hecho referencia en lo que respecta a los discursos morales, relata muy por extenso la historia de estas dos santas, a las que se suma la historia de la Magdalena. De éstas, remitimos a continuación las palabras de Farfán, que prácticamente repiten la historia de la santa tal y como se lee en el manual *Legenda aurea* de Jacobus de Voragine (ca. 1229–98). Este manual del siglo XIII relata vidas de santos y circuló ampliamente durante todo el Siglo de Oro. Aquí, de manera idéntica a cómo lo reproduce Farfán a finales del siglo XVI, se relata la vida de Tais, prostituta famosa por los bienes conseguidos con su oficio, la cual como parte de su penitencia los quemó:

> Después... se hizo emparedar en la celdilla de un monasterio dejando abierta una ventana tan pequeña cuanto solamente pudiese caber por ella la comida. Y allí estuvo encerrada tres años enteros, ayunando a pan y agua, y haciendo justicia de su cuerpo: hasta que le fue revelado que ya había hecho bastante satisfacción de sus culpas. (Farfán 399)

De la Egipciaca existen todavía más ejemplos, pues su vida se llevó con más frecuencia a las tablas y circuló en forma de poema en pliegos sueltos y romances, recogido en el *Romancero general* de Agustín Durán. La comedia de la que habla y a la que asiste la pícara de López de Úbeda en su visita a León como parte del público, se basa en este romance del mismo nombre, en que se relata la leyenda de la famosa pecadora de Egipto, que después de una vida libertina se convierte, cuando dos ángeles le impiden la entrada en el templo de Jerusalén. Allí había llegado, procedente de Alejandría, pagando el pasaje con su propio cuerpo. Al llegar a Tierra Santa, se arrepiente de su vida de pecado y se retira al desierto donde hace penitencia. Es encontrada después de muchos años por el monje Socimas, el cual cree que es una aparición monstruosa, según está su cuerpo lacerado y deformado por las grandes penitencias hechas. La santa le cuenta su vida y le pide que al año siguiente vuelva a visitarla y le traiga los sacramentos; así lo hace y en el segundo año, cuando regresa, la encuentra muerta. Falto de fuerzas para enterrarla y mientras piensa en cómo hacerlo, se aparecen al monje dos leones que cavan su tumba donde finalmente la cubren de tierra.

Es también importante recalcar cómo durante el período de construcción de la leyenda hagiográfica de la Magdalena, ya desde el siglo IX, las historias de ésta y de la Egipciaca se cruzan y confunden durante esta labor de mitificación de la primera que se llevó a cabo en el mundo cristiano (Duby 46). Según los estudiosos, durante la Edad Media se difundió una serie de leyendas con el objetivo de hacer un lugar de peregrinación en Vézelay sobre los supuestos restos de la Magdalena. De esta forma, se transfirieron algunos elementos de la prostituta peregrina de Egipto a la Magdalena, cuya nueva identidad, si tenemos en cuenta las menciones que de ella se hacen en la Biblia, nos darán una idea de la diferencia entre la Magdalena bíblica y la construcción hagiográfica que se hizo de ella.[11]

Durante mucho tiempo la Iglesia ha discutido la identidad de la Magdalena. Según las Escrituras, María Magdalena es la mujer a la que Jesús exorciza de los siete demonios que la tenían poseída. Aquélla también que se convierte en una de sus seguidoras y discípulas, y lo acompaña a la crucifixión y después a la tumba. Del mismo modo, es la que permanece a su lado sin descanso y la persona a la que Jesús ya resucitado se aparece, encargándole que anuncie su resurrección al resto de los discípulos. En la fuente bíblica existen también otras Marías.

La Iglesia griega diferenció siempre entre la María de Betania, hermana de Marta y Lázaro; la María de Magdala, la exorcizada de siete demonios, seguidora de Jesús y primer testigo de la resurrección; y la pecadora sin nombre del banquete de Lucas. Sin embargo, por siglos para la cristiandad católica romana—san Jerónimo, san Ambrosio o san Agustín—estas mujeres eran la misma. Así, a pesar de la polémica que esta confusión ya levantaba en el siglo XVI, Malón de Chaide continúa la tradición e identifica a la Magdalena con la pecadora sin nombre, cuyos ornamentos y comportamientos la tachaban de pública meretriz.[12] Por lo tanto, al asimilarla con la Magdalena que fue exorcizada de siete demonios, se concluye que esos

Capítulo dos

demonios simbolizaban los múltiples pecados de su quehacer como meretriz. Y así, se la convirtió entonces en el símbolo de la pecadora que a pesar de la magnitud de sus pecados, por la intervención de Cristo, no sólo recibió el perdón sino la gracia divina.[13]

Además, la construcción de la leyenda paralela, creadora de su hagiografía, se nutre sobre todo de la parte de la vida como eremita, fruto de la influencia de la vida de santa María Egipciaca. Según estas leyendas después de la ascensión de Jesús, la Magdalena se retiró al desierto durante treinta años y, sin volver a comer nunca más alimento humano, terminó de expurgar sus culpas. Cierto día, un sacerdote divisó a unos ángeles que revoloteaban por encima de una gruta. El sacerdote se acercó al lugar para comprobar lo que allí había. Sin dejarse ver, la Magdalena se dio a conocer y le explicó el milagro que permitía su subsistencia y que era a su vez prueba de la absolución de sus culpas. El sacerdote volvió con ropas para que ella tapara su desnudez y después la llevó a la iglesia donde murió después de recibir los sacramentos (Duby 46). También circulaba junto a ésta, otra versión (Duby 47) que ponía de relevancia la vida de la santa como predicadora y al mismo tiempo explicaba su presencia en Francia. Esta leyenda cuenta que después de Pentecostés, la Magdalena se había echado a la mar en compañía de Maximino, otro predicador. Tras desembarcar en Marsella, ambos se dedicaron a evangelizar, hasta que ella murió y, entonces Maximino la hizo enterrar en suelo francés (Duby 48).

El hecho de presentar a la Magdalena como penitente prueba la necesidad de la Iglesia de apuntar hacia ella como la imagen de la pecadora, de la mujer caída, cuya penitencia y arrepentimiento corroboran la supremacía de una Iglesia dominada por una jerarquía masculina, a la que convenía promulgar esta imagen. Así, la figura preponderante de la Magdalena evangélica queda relegada, debido a su confusión con la pecadora sin nombre del evangelio de Lucas, a la imagen de la pecadora redimida a través del ministerio e intervención de los hombres. Éstos en última instancia, se convierten en intermediarios y productores de elementos de control de la mujer, que como a la Magdalena se la necesita guiar hacia el buen camino:

> Over the centuries, Mary Magdalene has been an object of deep projections by generations of men... we find at our dis-

posal an enormous quantity of exegetical, literary, homiletic, poetic, pictorial and other artistic material describing, not the reality of Mary Magdalene, but the most hidden psychological traits of men who have represented her in all sorts of ways. (Ricci 149) [1]

Del mismo modo, se tenderá a asociar a toda mujer pecadora, como ocurrió con la Magdalena, con el pecado de lujuria y se la segregará conforme a su arrepentimiento o su insistencia en el pecado. Como apunta M. E. Perry: "Once they [se refiere a las mujeres pecadoras] lost their chaste status, however, they became Magdalens and Jezebels" ("Magdalens and Jezebels" 141) [2]. Por lo tanto, las pícaras se convertirán en chivos expiatorios de una sociedad, de igual forma que a las prostitutas arrepentidas, que las señala como culpables a quienes hay que castigar o perdonar. De esta forma, el autor de la picaresca invita al lector, considerado desde un punto de vista superior, a recrearse en la condena o arrepentimiento de la mujer protagonista. En efecto, el lector de novelas picarescas y conocedor de la literatura hagiográfica puede comprobar en *La pícara Justina* como los procesos comunes de las vidas de santos no sólo no se cumplen sino que se encuentran parodiados. El proceso de diálogo entablado con estas dos formas de literatura y sus mensajes apunta a la actitud de López de Úbeda hacia tanto la literatura hagiográfica tipo *La conversión de la Magdalena* de Chaide como a la novela picaresca, tipo *Guzmán* de Mateo Alemán. El resultado es una crítica a ambas pues, ni la picaresca es un lugar para santos y disgresiones morales, ni los santos se deben comportar como pícaros. No obstante, López de Úbeda hace uso de las fórmulas de ambos tipos de literatura, produciendo un efecto doble, pues a la vez que ofrece una sátira de las obras hagiográficas, también reproduce aunque de forma diferente sus mensajes. Éste consiste en la reconstrucción de la mujer libre como peligro para la virtud del hombre, ya que ésta a diferencia de la santa pecadora no se arrepiente, conoce los códigos de comportamiento y sabe presentarse como "abejita de Dios" (308) para luego actuar como un "dragón" (308). La risa que se desprende de tal juego—pícara que asume la pose de una santa como el episodio de la calavera de conejo—ofrece al mismo tiempo una enseñanza "a lo jocoso" cuya meta es desenmascarar a la pícara en pose de santa. Este espacio lúdico proporciona

Capítulo dos

al lector-hombre un lugar donde reírse sin ser expuesto a los peligros que estas mujeres representan.

Sátira del sector eclesiástico en *La pícara Justina*

Otro de los motivos recurrentes en *La pícara Justina* es la invectiva contra ciertos sectores de la Iglesia y su corrupción. La protagonista critica sobre todo su lujuria y su falta de caridad y, es quizá posible que por esta razón se pensase hasta finales del siglo XIX que la obra pudiera ser fruto del eclesiástico Andrés Pérez, fraile dominico leonés.[14] Este fraile, como apunta Damiani en la edición de *La pícara Justina,* era sobre todo conocido por sus libros piadosos, la *Vida de San Raimundo de Peñaforte* (1601) y los *Sermones de cuaresma* (1621), por lo que podía ser viable que se ocupara de subrayar las debilidades del clero y la necesidad de reformarlo.

De esta forma, era totalmente coherente para la crítica el hecho de que un religioso tomara como modelo a una mujer libre. Y además, el hecho que lo hiciera por medio de una prostituta que no se arrepiente, pone más en evidencia la necesidad que todos los hombres, y en particular aquellos que habían consagrado su virginidad al servicio de Dios, estuvieran en guardia ante la tentación que la mujer y la lujuria suponen para el alma del hombre. Expone Justina el caso del falso ermitaño, Martín Pavón, que muy lejos del ejemplo de las santas, se comporta de manera lasciva:

> Este bellacón tenía tantos ojos para censurar vidas ajenas, que nunca hacía sino dar memoriales y en ellos noticia de los amancebados y amancebadas de Mansilla. Teníanos enfadadas a las pobres mozas de mesón, y él tenía tres, por falta de una, todas hormas de su zapato. (262)

De esta manera, la pícara contrasta las exigencias de los clérigos para con los demás, frente a la laxitud que usan para sí mismos, pues son capaces de publicar los pecados ajenos, sin mirar a lo que a ellos les toca.

Evidentemente, Justina, moza de mesón que es como decir prostituta, está en la punta de mira del ermitaño.[15] Tal oficio de madre e hija, corroborado por la redondilla de pie cortado que inaugura el número segundo del capítulo tres, es a pesar de su propia conducta reprendido por el falso ermitaño:

> Cual el árbol, tal la fru[ta],
> pu[ta] la ma[dre] y pu[ta] la hi[ja],
> pu[ta] la man[ta] que las cobi[ja]. (129)

En efecto, la hija aprende el oficio de la madre y lo anuncia desde el principio: "Soy hija de aquel árbol y terrón de aquella vena. ¿Qué me pides? Escucha, y oirás las hazañas de otra Celestina a lo mechánico" (129).[16] Por tanto, y debido a su oficio, Justina constituye parte del rebaño a convertir del falso ermitaño, el cual sin embargo, tenía a sus amantes "todas hormas de su zapato" (262). Es conocida la función que los zapatos tienen en la narrativa, ya investigada con referencia al folclore, los proverbios y las fábulas y, bien expuesta en *Language and Society* por Harry Sieber con respecto al fraile de la Merced, en el cuarto tratado del *Lazarillo*. En este estudio, se comprueba que los zapatos representan el órgano sexual femenino, y por lo tanto, queda implícita la crítica a la Iglesia representada en el pie que se los calza. Es más, la pícara continúa con su diatriba contra el falso ermitaño:

> Así, éste daba gritos que fuésemos buenos y *metía más herrería que un Ferrer*, mas de noche, si sentir, descorchaba cepos y ganzuaba escritorios con el silencio que si fuera llover sobre paja. (263; lo subrayado es mío)

La nota de Damiani en su edición de *Justina* asocia Ferrer con "ferrero" o "herrero." Nosotros creemos, sin embargo, por el contexto y por el hecho de que el autor lo escribiera con mayúscula para significar nombre propio, que López de Úbeda apuntaba a Vicente Ferrer (1355–1419), conocido orador, famoso por sus sermones, quien es citado por G. Velázquez en su *Información teológica* como una de las autoridades cuyo juicio pone de manifiesto la necesidad de acabar con las casas de prostitución:

> San Vicente Ferrer con sus sermones quitó una casa pública de una ciudad de la provincia de Aragón... y San Vicente añade que una ramera en sólo un año hizo en una ciudad

setenta rameras. Luego necesario es quitar del todo las casas públicas... porque no aprendan otras mujeres ese oficio endiablado con el mal ejemplo de las demás. (Velázquez 7)

Frente a esta imagen del predicador Ferrer como pastor de ovejas descarriadas, Justina antepone la otra cara, la del falso ermitaño, lo que apunta irónicamente a Ferrer como otro falso predicador. Se le muestra haciendo ruido con sus sermones, pero es más lascivo que las prostitutas a las que convierte, lo cual supone una contradicción irónica.

De la misma manera, el ermitaño del mesón donde los dos se asientan en León, quien ha huido de la justicia de Mansilla por sus vicios, le sale a Justina, nada más y nada menos, que con la *Guía de pecadores* (1556) de Fray Luis de Granada en las manos. Justina, que lo ha reconocido y sabe de qué se esconde, aprovecha la ocasión para urdir un plan y sacarle dinero a cuenta de sus vicios. La pícara, entonces, le hace sabedor de la mala fortuna en la que se encuentra: "Veóme tal, que estoy a pique de hacer un mal recado y afrentar a mi linaje" (265). Ante esta ocasión el ermitaño con falsas palabras le aconseja: "que muriese de hambre en amor de Dios, si pensaba ser buena, y si mala, que él me aplicaba para la cámara" (265). Cuando ya lo tiene en las redes, Justina continúa con el plan de seducción que se ha inventado. Finalmente el falso ermitaño para evitar el verse cogido, le da su dinero a Justina y ésta sale del mesón, burlando al burlador, y poniendo de manifiesto sus falsas estratagemas.

Es importante también notar la relación que el autor hace entre Eva y todas las mujeres representadas en ella. Ya lo decía Tertuliano en un sermón, inserto en *De culta feminarum*, que conecta a la mujer con el diablo, y la señala como causante de la caída del hombre:

> Do you know that each of you is Eve? The sentence of God on this sex of yours lives in this age... You are the devil's gateway. You are the unsealer of that forbidden tree. You are the deserter of divine law. You are she who persuaded him whom the devil was not valiant enough to attack. (citado por Nel Noddings 52) [3]

Es significativa la comparación de la mujer con Eva en este sermón, por la cantidad de veces que López de Úbeda asocia a Justina con ella, enlazando a su vez a éstas con el comportamiento de la mujer en general:

> El día que nacemos, del cuerpo de Eva heredamos las mujeres ser golosas y decir que sabe bien lo que sólo probamos con el antojo; parlar de gana, aunque sea con serpientes... comprar un pequeño gusto, aunque cueste la honra de un linaje; poner a riesgo un hombre por un juguete; echar la culpa al diablo de lo que peca la carne, y finalmente, heredamos comprar caro y vender barato. (112)

Haciendo gala de la curiosidad de Eva, Justina quiere ver y ser vista. Así, se la describe como devota y como romera, no por devoción, sino como culminación de ese deseo de curiosidad. De esta forma, en la iglesia es asidua de los predicamentos de los buenos padres:

> yo había oído decir a los buenos predicadores de mi pueblo que cuando se cuenta a lo divino algún mal recado de alguna virgen loca, se significa diciendo que la humillaron, lo cual se funda en que no hay cosa que más entone a una mujer que el tener su caudal entero, ni que más la humille que lo otro. Digo si se sabe, que si es oculto, sigue su trote. (306)

Aquí comprobamos cómo Justina está acostumbrada a oír a los predicadores de su pueblo y cómo saca sus propias conclusiones que son, sobre todo, prácticas. Ya que si la pérdida del caudal, que para la mujer supone su virginidad, se hace ocultamente no hay problema. Por lo tanto, Justina gusta de los dobles sentidos y juega a confundir al lector, como por ejemplo, con la significación de la palabra *humillarse* del mismo modo que con la palabra *volteadero*. López de Úbeda juega con la confusión de Justina, y contrasta el significado que ella entendía con la explicación que le dan los romeros:

> lo que llamamos el Humilladero es una ermita pequeña, en que la Virgen se apareció a un humilde pastor, y él, humillado, la adoró, e hizo humilde oración. Y por eso y por los que allí van y se humillan a la santa imagen se llama el Humilladero. (307)

Así, Justina observa que los romeros se humillaban—se arrodillaban—ante la virgen y que la mayoría de éstos no hacen sino dar vueltas a la capilla, se supone que para llevar a cabo otras actividades—humillar en el sentido que entiende Justina al principio—de donde viene el dicho de "ir rromera i bolver rramera" (Correas 163), "moza mui disantera, o gran rromera o gran rramera" (Correas 559) o "muchas van en rromería ke paran en rramería" (Correas 564).[17]

Justina y la prostitución a través del matrimonio

Los matrimonios de Justina no suponen su reinserción dentro del orden establecido. Sus pasos van por otros caminos; ni se arrepiente de su vida ni se deja sujetar por las estructuras de control de la sociedad, como el matrimonio, institución que Justina utiliza siempre para medrar. Este elemento pone de manifiesto las dudas del autor sobre "the effectiveness of marriage to reform the protagonist, and by implication, questions its power as a social institution to protect society fully from the moral weaknesses of women" (Cruz, *Discourses* 154) [4]. Con Lozano, su primer marido, se hace "hijodalga"; además lo utiliza, ya que piensa que éste la ayudará a defenderse de sus hermanos. Sin embargo y a pesar de la practicalidad de la unión, Justina muestra verdadero deseo—"era fuego y queméme" (451)—por el medio rufián con el que se ha casado. Lozano, nombre bastante sugestivo que corrobora la pasión que despierta en Justina, ejerce actividades propias de rufianes: las cartas y las mujeres. Ante esta perspectiva la pícara comenta: "Dos cosas tenía por las cuales le podía despreciar *cualquier mujer de bien*: la primera que jugaba el sol antes que naciese... la segunda, que era muy amigo de pollas" (453; lo subrayado es mío). Puesto que Justina no es mujer de bien, podríamos ver en Lozano al precedente del pícaro Guzmán, como el compañero ideal que Justina busca para seguir su negocio como prostituta y engañadora. Esta práctica, la de la unión de la pícara con un marido consentido, tan usual en los relatos picarescos, vendría a solucionar muchos inconvenientes del vagabundeo de Justina ya que, ahora con un hombre al lado, la pícara es más "pieza suelta" que nunca.

Al mismo tiempo, la unión en matrimonio de Justina pone otra vez en evidencia su virginidad, pues la pícara se previene muy bien en la noche de bodas de estar preparada para que esta falta no se note:

> Yo bien sabía mi entereza y que mi virginidad daría de sí
> señal honrosa, esmaltando con los corrientes rubíes la blanca
> plata de las sábanas nupciales; pero sabiendo algunos enga-
> ños y malas suertes que han sucedido a mozas honradas, me
> previne. (464)

Justina, a pesar de mostrarse al lector como virgen, y aunque no se describan sus encuentros sexuales, no lo es. Sabemos por todas las alusiones hechas durante la narración que es una mujer libre. Esta afirmación sobre su entereza viene a corroborar el proceso de engaño de Justina, que parece olvidarse de las referencias a la sífilis que padece, y de sus actividades en el mesón como aprendiz del comercio carnal de la madre. Del mismo modo, críticos como Friedman en su artículo "Man's Space, Woman's Place: Discourse and Design in *La pícara Justina*" parecen caer en el juego de Justina:

> Justina's body is a selling point but not for sale; she takes the
> money and runs before men can abuse her. On her wedding
> night, she laments her lack of education in the wifely duties
> and faces the nuptial couch with a certain degree of modesty.
> (121) [5]

Sin embargo, en el ejemplo de la noche de bodas ella afirma una cosa, su virginidad, y luego deja entender lo contrario introduciendo el "pero," porque a pesar de reiterar su estado virginal, irónicamente está negándolo al prevenirse. El trabajo de Rey Hazas en "La compleja faz de una pícara" resulta muy clarificador en este contexto. El crítico pone de manifiesto, a través de ejemplos (97), que Justina la "putidoncella" no hace sino esconder su doble cara mientras que sus acciones la tachan de prostituta: "La pícara, aunque ostenta jactanciosamente su virginidad, no sólo no adopta cautelas y prevenciones de honesta, sino que aparenta y sugiere gestos, posturas y actitudes de buscona" (105). Además, la virginidad se usa en el mundo picaresco para medrar, ya que la mujer que posee su "caudal intacto" tiene más valor. Por lo tanto, la representación de su virginal estado, no sólo con ocasión de su matrimonio, sino en casi todos los encuentros que tiene con hombres (Martín Pavón, el ermitaño) representa una moneda de cambio con la que engañar y asumir más valor: "Virginity is valuable not for its religious or ethical connotations, but because it merits payment" (Welles 68) [6].

Capítulo dos

La posesión de su virginidad permite a Justina venderse mejor y engañar al hombre que se rige por unos valores diferentes a los de la pícara, de ahí el engaño, y se supone la enseñanza que éste ha de sacar. De hecho, aunque estos valores quedan frustrados por la pícara, no quedan anulados, sino, como subraya Dunn, confirmados, pues:

> she operates by exploiting automatic masculine expectations concerning her sexuality… it is important to note that though the men are fooled, the social roles and practices on which their expectations rest are not exposed as folly. (*Spanish Picaresque* 248) [7]

Es así que la pícara confirma la autoridad del orden que en un principio intenta frustrar, quedando éste consolidado por el autor.

Por otro lado, creemos que la asociación que hace López de Úbeda entre la virginidad y la condición de prostituta de Justina no es casual. Más bien, responde al interés del autor por establecer una semejanza entre dos estados al parecer muy diferentes, como subraya Cruz:

> Uneasily conflating the prostitute and the virgin… the author reveals his own uncertain attitudes toward all women. But most important, by admitting his belief in man's "higher" nature, he attempts to justify the need for masculine control of the "weaker" sex. (*Discourses* 152) [8]

De esta forma, casadas, vírgenes o prostitutas, toda mujer, debido a su herencia natural de Eva, y en el caso de las pícaras, también de sus progenitores, necesita del control del hombre, un control que en el caso de Justina no provee el matrimonio.

La segunda boda, sólo mencionada de pasada, es con Santolaja, viejo rico que la deja viuda. Esta situación mejora el estado de la pícara, ahora pieza suelta y con algo de dinero, y constituye un motivo de aviso para viejos enamorados que a pesar de formar parte de una convención literaria bien conocida, responde también a un aviso, aunque irónico a los viejos enamorados.[18] Podemos suponer que la muerte del segundo marido de la pícara estaría acelerada por los engaños y estratagemas de Justina. Además, su nombre "Santolaja" es ya significativo, mezcla de *santo* por lo inocente al acceder a casarse con una pieza como la pícara junto con la alusión a la palabra *alaja*, por las riquezas que dejara a Justina.

Esta momentánea mejora permite a la pícara su tercer casamiento con el Pícaro, en cuya compañía Justina se encuentra donde siempre quiso llegar, en la corte, ejerciendo de cortesana:

> sé que me hube desde niña, que jamás hombre de mi pueblo me cayó en gracia. Confieso que las mujeres somos de casta de plaza... yo en particular siempre tuve humos de cortesana o corte enferma, y cosa de montaña no me daba godeo. (210)

Por lo tanto, la llegada a la corte supone la cumbre de una vida dedicada al artificio y la apariencia. Así, al término de la obra y, como forma de adelanto de la segunda parte que promete Justina, confiesa que allí la encontraremos casada con el Pícaro:

> en cuya maridable compañía soy en la era de ahora la más célebre mujer que hay en corte alguna, en trazas, en entretenimientos, sin ofensa de nadie, en ejercicios, maestrías, composturas, invenciones de trajes, galas y atavíos, entremeses, cantares, dichos y otras cosas de gusto, según y como se lo dirá el citado segundo tomo. (466)

En esta descripción tenemos a una graciosa de palacio, empleada por reyes y nobles para el entretenimiento de los cortesanos. Y es muy posible, que siendo *La pícara Justina*, como muchas veces se ha dicho, una crónica burlesca de la corte de Felipe III, se puedan encontrar en el personaje de la pícara ecos de hazañas e invenciones de las truhanas de palacio. Es significativo el caso de la truhana Magdalena Ruíz, graciosa del círculo real, la que, según los informes que ofrece Fernando Bouza en *Locos, enanos y hombres de placer*, tuvo una carrera bufonesca bastante larga. Se la puede vincular con la casa real hacia 1552 y se registra su muerte en el significativo año de 1605—fecha de publicación de *La pícara Justina*—en San Lorenzo del Escorial, en cuya iglesia de San Bernabé se encuentra su partida de defunción (Bouza 202).

Además, esta truhana es verdaderamente célebre, ya que hasta Felipe II la agasaja con una medalla portando su retrato y también le regalan cadenillas y brazaletes de oro la emperatriz

Capítulo dos

María de Austria y su hija la archiduquesa Margarita. Es también objeto de un cuadro de Sánchez Coello, que se encuentra en el Museo del Prado, donde se retrata a la truhana junto a la infanta Isabel Clara Eugenia, llevando la cadena de oro con el retrato de Felipe II y con dos micos que juegan en sus manos. No sólo recibe este tipo de mercedes, sino que le confieren dádivas como la concesión de ciento diez reales para sacar de la cárcel a su marido, Rodrigo de Tejada (Bouza 202), al mismo tiempo que le garantizan y otorgan una libertad de palabra inusitada. Por ejemplo, se conservan cartas, en particular una dirigida al duque de Alba en 1568, en la que la truhana le felicita sus victorias en los Países Bajos, le da noticias de sucesos graciosos de la corte y firmando la misiva como "Vuestra verdadera amiga," se despide así:

> Con esto acabo rogando a Dios se me cumpla mi deseo de daros cuatro besos en la frente o en la mejilla, si está colorada, que vos no los queréis en la boca, porque hartas debéis besar allá, ¡amarga de mí! según allá diz que se usa… y no sería mucho que me enviásedes alguna cosa de allá, don Majadero, en pago de cuatro cartas que os tengo escritas. (citada por Bouza 29)

Por lo tanto, es inevitable hacer conexiones y relacionar la vida de estos individuos con la llegada a la corte de Justina donde, como cortesana y truhana, podría de verdad sentirse en la cumbre de su fortuna usando de sus dos dones.

Al mismo tiempo, es interesante tener en cuenta la relación que en este momento se establece entre el amor venal que se compra y la gracia que también se paga, ya que al comparar ambas actividades se iguala el trabajo de la ramera al del bufón o truhán. Esto mismo subraya Francisco Alcocer en su *Tratado de juego* (1559), el cual compara el trabajo del bufón con el de la prostituta, ya que ambos reciben recompensas al vender su cuerpo. Alcocer enfatiza que tales oficios son perniciosos y que aquellos que los practican son tenidos por gente perdida e infame sin embargo, el oficio no es condenable: "Lo que se da a los truhanes porque permitan que se les arranque alguna de las barbas o sufran algunas bofetadas o pescozones por otra semejante causa, justamente lo reciben según algunos doctores" (282). Según el franciscano, no es razón condenar tal ejercicio: "por

La pícara Justina

el vicio de las personas que usan mal del oficio" (280).[19] Salas Barbadillo en *El cortesano descortés* (1621) hace el mismo tipo de comparación entre el trabajo de la prostituta y el truhán; a la pregunta de quién es Marcelo, un criado-juglar, su amo Don Sebastián responde:

> Marcelo [es] el criado placentero de nuestra casa... Estos tales no dan placer, sino le venden y el hacerlo mecánico, siendo una joya inestimable, les ocasiona su infamia, eso mismo les sucede a las rameras públicas, que, por ser merecedoras de deleites de Venus, se resbalan y despeñan a la común desestimación. (16)

Quevedo reitera la misma idea en *Los sueños*, particularmente en el "Sueño del Infierno," en que enumera los diferentes tipos de bufones y los abusos que sufren por dinero. Con su mordacidad habitual afirma que cuando éstos llegan al infierno y sufren tormentos sólo echan de menos las pagas que ahora no reciben. Además, Quevedo incluye entre los bufones a los maridos consentidos y a las damas consentidoras, saco donde entrarían el pícaro Guzmán y Justina:

> porque por dar gusto a todos vendió el que tenía con su esposa, y tomaba a su mujer en dineros como en ración, y se iba a sufrir. Aquella mujer, aunque principal, fue juglar, y está entre los truhanes, porque por dar gusto hizo plato de sí misma a todo apetito. (72)

Por lo tanto, podemos afirmar con Justina que la pícara es realmente "pícara por los cuatro costados." No sólo prostituta sino también truhana y, que es digna de ser calificada de pícara, pobre, poca vergüenza, pelona, pelada y p[uta] (55).

De esta forma, Justina es una prostituta de las que presentaban un máximo peligro para el orden público de la sociedad, desde la perspectiva vigente en los discursos morales y legales de la época. El burdel, recinto cerrado y por ello proveedor del orden necesario, que podría poner coto a su incesante vagabundeo, no puede detener su paso. Es más, la burla de Justina a las instituciones que deben mantener el orden, como en teoría debía ser el burdel, es significativa en su descripción del burdel de León. Esta postura corrobora la posición de aquellos sectores

Capítulo dos

que no consideran el burdel una solución sino más bien lo contrario:

> estaban asomadas unas mujercitas relamiditas, alegritas y raiditas, como pichones en saetera... no me pareció que las habían puesto en lugar decente y acomodado [puesto que es éste] muy húmedo y frío, lo cual, sobre cálido, pela a las gentes y aun a las águilas, y aun hacen muy grande agravio a las bubas que allí nacieren... ¡Dolor de los que allí trajinaren!, que meterán carga de tierra de España y la sacarán de Francia. (233–34)

Justina evita la entrada al burdel oficial por medio precisamente de la institución sagrada del matrimonio, otra de las instituciones que deberían retenerla y que sin embargo, le permite moverse más libremente. Así, si el burdel no es el espacio elegido por Justina, menos todavía el convento, otra de las opciones para la mujer, del que nos dice: "¿Qué pensábades, que me había yo de estar aquí hecha monja entre dos paredes? ... no ha habido monja en nuestro linaje" (388–89).

Por consiguiente, pensamos que *La pícara Justina* representa un punto de vista diametralmente opuesto a las obras profanas de carácter moralizante, como el *Guzmán de Alfarache* de Mateo Alemán, así como de obras del tipo de *La conversión de la Magdalena* de Chaide, a las cuales hace directa e indirecta referencia. Así, a pesar de que en estas obras se hace una exploración de los vicios (prostitución, adulación, engaño) y las vanidades (afeites, lujos) de la sociedad, sin embargo y finalmente, se llega en ellas al perdón y al arrepentimiento, muestras de la magnanimidad de Dios en perdonar al pecador. Frente a esta postura y partiendo del vicio de la lujuria, López de Úbeda pone de relevancia la *indignitas homini* presente en *La pícara Justina*, pasando revista a una sociedad que no puede ni controlar a sus prostitutas. Asimismo, el autor pone de manifiesto la inutilidad de las diferentes instituciones para controlar a la pícara: el burdel o el matrimonio.

El resultado, aunque constituye una sátira general de la sociedad de su tiempo, no es una crítica a la manera de las obras anteriormente citadas, donde lo que se busca es la reforma y la conversión del pecador. Al contrario, *La pícara Justina* es una obra esencialmente lúdica en la que los vicios de la protagonista se igualan a las gracias de un bufón al que todo se le permite, porque nada vale. Esto no quiere decir que sus avisos en forma de gracias no se tomen en consideración para mostrar el estado de laxitud presente, sino que el aspecto lúdico provee un espacio menos amenazante para aquellos a los que se dirige. El lector puede reír las gracias del bufón-prostituta y no sentirse herido de la misma manera que lo hacía el rey Felipe IV cuando el bufón real Manuelillo se burlaba impunemente de la incapacidad del monarca para engendrar un heredero varón—llegando a decir, lo cual es también blasfemia, que si el rey superaba el problema se merecía que lo canonizasen. No obstante, a pesar de la risa que esta situación crea, es sabido que en realidad a nada era tan sensible la corte de la década de 1650 como a este tema (Stradling 456).

Lo interesante de este proceso es que el autor pone en conocimiento del lector-hombre las burlas, los engaños, las seducciones y los abusos a las que éstos se ven expuestos a través de la risa, lo cual no provoca amenaza sino que los consolida en su posición de poder. En efecto, el libro de la pícara viene a reemplazar el uso de la mancebía—que evidentemente no funciona como lugar de placer y de control—y lo sustituye. En este sentido el texto triunfa, pues el lector satisface sus deseos al poder observar el cuerpo de la pícara en los momentos de seducción y sin embargo no queda contagiado de nada. Al contrario, del ejemplo de otros—los hombres de ficción—aprende y, además sin renunciar a la risa, comprueba cómo estas mujeres lo que ofrecen son engaños, enfermedad y malos tragos.

Capítulo tres

El uso literario de la prostituta y la prostitución en *Don Quijote*

Las "mujeres libres"

Ya desde el prólogo del *Quijote* I (1605) somos testigos de cómo la prostitución será un elemento integrante en la temática de la obra.[1] Allí, su oportuno amigo le recuerda a Cervantes que si habla de rameras, nombre el trabajo del obispo de Mondoñedo, Antonio de Guevara, que le dará gran crédito, y haga uso de su Lamia, Laida y Flora (17).[2] Lo que no dice el amigo es que estas mujeres no son simples rameras, sino refinadas prostitutas de la antigüedad clásica, amantes de reyes, famosas por su elocuencia, sabiduría, sensualidad y libertad tanto de sus haciendas como de sus cuerpos.

El trabajo al que se hace referencia es una carta escrita por Guevara en 1531 e inserta en las *Epístolas familiares*. El receptor de la carta, Enrique Enríquez, cree que estas tres mujeres son santas cuando en realidad son prostitutas, y además pretende levantarles un altar. Ante estas circunstancias, al contrario de como cabía esperar: "Instead of contempt and disgust that his expressed moralistic admonition may inspire, Guevara's description of the courtesans ironically betrays his uncontainable admiration for their sensuous charms" (Hsu 105) [1]. En efecto, el obispo Guevara valora ciertas características de las cortesanas, como su elocuencia y saber, del mismo modo que lo hará Cervantes. Además, como la cita a continuación demuestra, la confusión que Guevara relata, creará un espacio para el humor que Cervantes convertirá en motor central de su creación: "Querríades agora vos, Sr. D. Enrique, saber de mí quienes fueron estas tres mujeres… á dó murieron y qué martirio pasaron; porque, según me escribís, las tenéis en vuestro oratorio colgadas y las rezáis cada día ciertas Ave Marías" (253).

Sin embargo, para empezar Cervantes no presta mucha atención a los consejos de su amigo, y las primeras prostitutas que

Capítulo tres

encontramos en el *Quijote* son la Tolosa, hija de un remendón natural de Toledo, y la Molinera, hija de un "honrado" molinero de Antequera.[3] Ambas acompañan a unos arrieros de camino a Sevilla y son descritas por el narrador como "mujeres mozas, destas que llaman del partido" (43), además es tradición la fama que tenían los molineros de ladrones y las molineras de ser más bien ligeras de cascos (Rico 61).[4] Por lo tanto, el adjetivo *honrado* cobra especial connotación porque empieza a desentrañar toda una serie de juegos de opuestos donde Don Quijote, siguiendo un proceso de deformación por el que se hará famoso, vislumbra a las mujeres públicas como altas doncellas: "No fuyan las vuestras mercedes ni teman desaguisado alguno; ca la orden de caballería que profeso non toca ni atañe facerle a ninguno, cuanto más a tan altas doncellas como vuestras presencias demuestran" (44). Con este episodio, se pone de relevancia la diferencia entre la percepción de la realidad por parte de Don Quijote, frente a la realidad conocida por el lector, también similar a la confusión de Enrique Enriquez. Esta contradicción, además de provocar la risa, introduce un discurso por parte de Cervantes sobre la picaresca, en el que la prostitución y sus variantes constituyen un tema importante.

La prostitución en *Don Quijote*

Proponemos estudiar en este apartado los usos y comentarios que hace Cervantes sobre la prostitución, teniendo en cuenta como discutimos en la introducción, que no sólo se tacha de prostituta a la mujer que proporciona sexo por dinero, sino que también se asocia con el comercio sexual a la mujer habladora y elocuente, la sensual, la andariega y la promiscua. Por lo tanto, cuando hablamos de la prostitución en el *Quijote* nos referimos a ésta y sus variantes, no sólo, a la simple y puntual transacción de dinero por sexo, como sería el caso de las prostitutas de la venta, Maritornes o la prostituta de los caminos de la ínsula de Sancho, sino al comportamiento y rasgos como: la promiscuidad, la desenvoltura y la elocuencia, que en el Siglo de Oro se asociaban con las prostitutas y su mundo.

Entre estos elementos asociados con el comercio carnal, podemos subrayar la promiscuidad en la que no existe intercambio económico, como en el caso de Aldonza, y la desenvoltura en el comportamiento y el discurso como en el de Dorotea. Así, en todo proceder que se saliera del recato y del silencio, como bien recetaba Fray Luis de León en *La perfecta casada* (1583), se divisaba cierta disidencia, que a cualquier costa se quería evitar. El uso de la palabra, el discurso, la lectura o la escritura por parte de la mujer constituye otro modo de saltarse las normas, y la práctica de tales actividades tacha a la mujer que los ejercita de mujer pública, con todo lo que el término implica. De esta forma, por el mero hecho de hacer públicos sus escritos o su discurso, la mujer está voceando su deshonra y desvergüenza y, por consiguiente, se expone a toda clase de invectivas con que el hombre la critica y en última instancia la condena.[5] Esto no quiere decir que toda mujer elocuente o promiscua sea una prostituta en el sentido estricto de la palabra, pero sí es verdad que estas características se asocian con el comercio carnal y por lo tanto forman parte del mismo discurso. De hecho, es este intento de asociar a la mujer promiscua, elocuente o andariega con la prostituta lo que hace necesario un estudio del tema y los límites que definen la conducta sexual de la mujer.

Estos límites se ven traspasados por el pulular de distintos tipos de mujeres en la obra magistral de Cervantes, a la vez que supone también un comentario si no sobre la realidad social de estas mujeres, sí sobre las actitudes de la sociedad ante ellas. Es decir, el texto literario nos pone al corriente no de la realidad en sí, sino de los prejuicios, deseos y temores que esa sociedad tiene en cuanto al comportamiento de la mujer. Por lo tanto, en todos estos ángulos de la prostitución—la venta del cuerpo por parte de la mujer; la desenvoltura discursiva y su extremo, la truhanería; la negociación del matrimonio con el fin de medrar; y la manipulación de los hombres con los que se encuentra—Cervantes ofrece su punto de vista. Éste ilustra al lector sobre el comportamiento de la mujer libre, tema ampliamente tratado por la sociedad de su tiempo, y analizado por nosotros en su contexto moral en la obra de los moralistas.

De la misma forma, Cervantes introducirá su comentario contestatario, aunque conservador, como parte del discurso sobre el lugar que la mujer libre debe ocupar. En efecto, a pesar de que Cervantes ofrece a sus personajes femeninos un lugar donde desafiar el orden prescrito, sin embargo al final éstas acaban compelidas a conformar sus actitudes a lo que la sociedad espera de ellas.[6] Pero al contrario del dictado de Fray Luis de León: "Porque así como la naturaleza… hizo a las mujeres para que encerradas, guardase la casa, así las obligó a que cerrasen la boca" (110), la mayoría de las mujeres en Cervantes ni se quedan en casa, ni cierran la boca.

Empezaremos con un análisis del comentario de Cervantes sobre la prostitución como comercio carnal, llevado a cabo en las ventas y caminos, para pasar luego a un estudio de los otros aspectos de la prostitución utilizados en su proceso de creación. Como veremos, Cervantes no muestra a la mujer como buena o mala, pura o impura sino que posibilita otra vía de comportamiento en que ésta pueda realizarse libremente como un igual frente al hombre. Este lugar está principalmente en el matrimonio, un matrimonio, sin embargo, negociado por ella.

Las pícaras en *Don Quijote*

Al hablar de pícaras en el *Quijote* asumimos que Cervantes participó en el tema picaresco y, aunque no se puede decir que escribió una obra totalmente picaresca, su comentario sobre el género y su particular adaptación constituye una interpretación importante para valorar la recepción de la picaresca en los años inmediatamente posteriores a su creación. Cervantes es uno de los mejores catalizadores a la hora de examinar lo que llamamos Siglo de Oro, pues su comentario es tan amplio, que engloba tanto géneros literarios—pastoral, novela de caballerías, morisca, novela bizantina—como medidas políticas, culturales o sociales, dentro de las cuales se incluye el discurso sobre la prostitución.

El debate suscitado entre la crítica sobre el uso del tema picaresco en la obra cervantina, casi siempre referido a personajes masculinos, cuenta con numerosos aportes.[7] Por un lado, de Américo Castro y Carlos Blanco Aguinaga entre otros, los cuales coinciden, después de analizar las obras picarescas y sus características, en concluir que Cervantes no crea una obra picaresca en el sentido estricto del género. Por otro lado, los detractores de este juicio, teniendo en cuenta las diversas opiniones sobre qué constituye una novela picaresca por parte de los críticos que más han contribuido al tema—Fernando Lázaro Carreter, Claudio Guillén, Carlos Blanco Aguinaga, Francisco

Rico, Francisco Márquez Villanueva—llegan a la conclusión contraria. Es el caso de Gonzalo Sobejano en su artículo "El *Coloquio de los perros* en la picaresca y otros apuntes" en que subraya, enumerando las características del género, cómo Cervantes sí escribe novela picaresca en el caso del *Coloquio*. Claudio Guillén en *Literature as System* analiza la respuesta de Cervantes al género picaresco a través del encuentro de Don Quijote con el pícaro Ginés de Pasamonte. Guillén apunta que este encuentro simboliza en cierta forma la necesidad por parte de Cervantes de tratar el tema, ya que las circunstancias le obligaron a recurrir a la picaresca.[8]

Asimismo Peter Dunn en *Spanish Picaresque Fiction* subraya que Cervantes crea su propia construcción de la picaresca, una especie de metapicaresca, en la que lo importante no es si escribe o no escribe novelas picarescas, sino la visión y el análisis que ofrece el autor áureo del género en cuestión. Cervantes escribió su propia adaptación de la picaresca o, en otras palabras, que si no escribió una novela picaresca fue porque, como veremos, el discurso un tanto maniqueo que separaba a la sociedad en "buenos" y "malos" y, en el terreno sexual, en puras e impuras, no convencía a Cervantes. De esta manera, como comprobaremos a continuación, sus pícaras mostrarán diversos aspectos del derrotero que tomaron diferentes mujeres y las fortunas y adversidades que las llevaron a tales estados. En efecto, además de ser la interpretación de Cervantes sobre la picaresca femenina un comentario en cuanto a las prácticas literarias del momento, también lo es en cuanto a la inclusión en el discurso del papel asignado a la mujer en la sociedad de su tiempo. Para ambos géneros: el literario—la picaresca y dentro de ésta la femenina—y el sexual, Cervantes propone una apertura hacia un espacio más libre en que crear y realizarse. Al hacerlo, ofrece con su ficción una ventana abierta a las limitaciones impuestas a la mujer de su tiempo, a la vez que sugiere cierta forma de combatirlas.

Partimos de que las "pícaras" en el *Quijote* asumen las características de la pícara en general: cuentan su vida en primera persona, buscan medrar por vía del matrimonio, manipulan a los hombres con los que se encuentran y sirven en mesones como Justina o la madre de Lázaro, lugares que según Dunn: "dissolved social boundaries and put people in tempting

Capítulo tres

proximitiy to one another [and], could be a gate into that unruly outer world where freedom was a synonym for licentiousness" ("The Pícara" 246) [2]. Como en otros ejemplos de la picaresca femenina, los mesones proveen un espacio para el contacto con diversos tipos de hombres. También, al igual que las pícaras canonizadas como tales, las pícaras de Cervantes acaban contenidas al final, bien dentro de los principios que sustentan la ideología patriarcal, casadas o arrepentidas, o bien en el caso opuesto, totalmente desahuciadas. Pero al contrario de los autores de las obras picarescas y su bipolarización de la mujer en buena, mala, arrepentida o pecadora y su consiguiente castigo, Cervantes reconduce el comportamiento de la mujer libre hacia el matrimonio.

La consabida manipulación de esta institución, para medrar o para encubrir otro comportamiento delincuente tan usual en las novelas con pícaras y maridos consentidores, deja paso en Cervantes a un matrimonio genuino, de corte erasmista, donde el hombre y la mujer se necesitan para completarse como seres humanos. Para Cervantes, el matrimonio ofrece a la mujer un campo de libertad en que dar salida a su discurso y a su sexualidad. Además, como apunta Theresa Ann Sears, no debe sorprendernos que Cervantes, al fin y al cabo un hombre de su tiempo, se decante por el espacio de orden que el matrimonio supone para la situación de la mujer. No obstante, como señala Sears:

> He does not present it in negative terms, quite the contrary: he repeatedly creates situations in which his characters choose to submit themselves to its laws, ostensibly quite willingly... To say "Yes, I will marry X" appears both correct and uncoerced, because the plot has convinced us that the heroine must decide only between marrying X or Y, or between marrying and staying within the father's house, or between marrying and becoming a nun. (180-181) [3]

El ejemplo más interesante de la búsqueda de este espacio—para Cervantes, al mismo tiempo liberador y proveedor del orden—es el caso de Dorotea.

Como analizaremos más adelante, Dorotea es un personaje que, arrastrada por circunstancias desfavorables, se ha visto privada de su honor y despreciada. Contrario a las normas del momento, Dorotea se lanza a los campos para reclamar lo suyo por medio de un arma muy poderosa, su discurso. Peter Stallybrass subraya que al contrario del silencio y la obediencia: "the signs of the 'harlot' are her linguistic 'fullness' and her frequenting of public space" (127) [4]. Cervantes invierte el dominio discursivo y el poder de manipulación y negociación junto a la sensualidad, generalmente asociados con la prostituta, en el personaje de Dorotea, pero en lugar de ofrecer un escape libertador absoluto a la mujer, abre la brecha a avances más moderados. Así, a través del discurso moderador de Dorotea se restaura el orden social y la mujer fuera de lugar se vuelve a introducir en el sistema patriarcal, y aunque sometida impone ciertos cambios.

En el artículo "*Don Quixote*'s Dorotea: Portrait of a Female Subject." Rosilie Hernández-Pecoraro analiza el comportamiento de Dorotea como sujeto de su historia y no como simple objeto: "she does not become the silent, passive, and chaste wife and mother that her socio-symbolic space prescribes" (31) [5]. Además, se puede afirmar que el texto parece estar doblemente influido por la conducta de Dorotea, ya que a la vez que la condena desde un punto de vista masculino, también está fascinado por su inexplicable erotismo, el cual finalmente es reconducido dentro de los cauces aceptados por el patriarcado. Antes de analizar con más detenimiento la figura de Dorotea como portadora de algunas de las características de la prostituta, pasaremos revista a los personajes abiertamente descritos como tales.

Las mesoneras

En la primera venta Don Quijote ve a las mozas del partido como damas de castillo, y a Maritornes y la hija del ventero como doncellas de inigualable belleza y virtud. Desde luego era de dominio público en el Siglo de Oro que las mujeres de las ventas y mesones, como muy bien lo ejemplifica la mesonera en *La pícara Justina,* complementaban sus ingresos con la prostitución. Rey Hazas en su artículo "La compleja faz de una pícara" subraya cómo los españoles del Siglo de Oro pensaban que mesonera y puta eran sinónimos, y para ello cita el consejo de Juan de Mal Lara en su *Filosofía vulgar*:

Capítulo tres

> No casarse con hija de mesonero es buen consejo, porque donde muchos van y vienen, y de tan diversas condiciones, alguno vino que agradó a la moça, o alguno a ella. Y quan malo sea esto, díganlo los experimentados, porque aun ay está la doncella tras siete paredes, y es menester grande aviso, ¿quánto más quando anda entre todos? (100)

Además, tomemos el consejo del mesonero, padre de Justina, a sus hijas: "Tampoco se os olvide que nunca falte una de vosotras a la puerta, bien compuesta y arreada, que una moza a la puerta del mesón sirve de tablilla y altabaque, en especial si es de noche y junto a la candela" (127). De la misma forma, es a la puerta de la venta donde se encontraban tales mujeres que Don Quijote vislumbra cuando, ya acercándose "Estaban acaso a la puerta dos mujeres mozas, destas que llaman del partido" (43). Este episodio, además de introducir la óptica deformada con la que Don Quijote se enfrenta al mundo, también ofrece un comentario social sobre la prostitución.

Dentro de este contexto estudiado en el capítulo 1, es importante tener en cuenta que, antes que el cierre de las casas públicas tuviese lugar, la creación de mancebías respaldadas por la moral cristiana y por la monarquía respondía al principio del "mal menor" aducido por autoridades como santo Tomás y san Agustín. Éstos apuntaban que las prostitutas eran como las cloacas para una ciudad, que aunque sucias e inmundas por sí, mantenían limpias las ciudades. Así las prostitutas podían llevar a cabo su oficio dentro del recinto amurallado de las mancebías, bajo la vigilancia del padre, encargado oficial del negocio, que tenía que supervisar que las leyes de las ordenanzas se cumplieran. Pero, por lo pronto somos testigos de que en el *Quijote* todas las formas de prostitución llevadas a cabo son ilegales. Ninguna se practica en la mancebía, sino que todas las rameras hacen su negocio en la venta. Unas como la Tolosa y la Molinera están de paso y otras como Maritornes trabajan como sirvientas, complementando sus ingresos con la prostitución.

Prueba de este comercio son sus tratos con el arriero: "Había el arriero concertado con ella que aquella noche se refocilarían juntos, y ella le había dado su palabra de que... le iría a buscar y satisfacerle el gusto en cuanto le mandase" (157). En efecto, Maritornes al grito del ventero: "¿Adónde estás puta? A buen seguro que son tus cosas éstas" (161) muestra el desequilibrio y las grietas de un sistema al que se le escapa de las manos una situación que se preveía organizada. De hecho, a pesar que en un principio los defensores de la prostitución controlada opinaban que la labor de estas mujeres prevenía el desorden sexual, ahora resultan ser las culpables. Además, según argumentan los moralistas, con su desenvoltura y liberalidad incitan a la sodomía y al lesbianismo. Al mismo tiempo, son también ellas las que hacen que los infieles duden de la sinceridad de la nueva fe, ya que se mofan de los días santos de la cristiandad, trabajando y dando malos ejemplos. También son las que debilitan a los mozos y los corrompen, haciendo que se vuelvan holgazanes y ladrones de las haciendas ajenas. Estos son algunos de los ejemplos que una y otra vez se repiten en las advertencias de los moralistas que se ocupan del tema; sin embargo, son pocos los que recapacitan sobre el fondo de la cuestión.

Y es que el problema principal que hace que el comercio carnal falle es que es imposible controlar y catalogar a todas las partes implicadas en el negocio y, según los moralistas, especialmente a las mujeres. En efecto, como podemos comprobar, también en la hija del segundo ventero se podía distinguir una especie de Justina, que con apariencia de virginal doncella está igualmente comerciando con su cuerpo. Así, si en un principio es la "doncella, muchacha de muy buen parecer" (153) después durante la burla que ella y Maritornes le hacen a Don Quijote en el capítulo 43, se las describe a las dos como "semidoncellas" (465). Además, esa noche, de entre todos los de la venta "solamente no dormían la hija de la ventera y Maritornes" (464), con lo cual se prueba que las correrías y burlas nocturnas eran comunes a estas dos muchachas.

Es también significativa la observación de la aguda Dorotea sobre la naturaleza de la hija de la ventera, cuando ésta última expresa su desacuerdo con la forma en que a veces las doncellas maltratan a sus enamorados y los hacen sufrir penas por mostrarse tan "melindrosas." Además, añade socarronamente: "Luego ¿bien las remediáriades vos, señora doncella—dijo Dorotea—, si por vos lloraran?" (340). De esta forma, la doble intención con respecto al comportamiento de la ventera queda delineada y la ironía servida. En efecto, como podemos comprobar no es sólo prostituta aquella que como Maritornes estipula un precio por la entrega de su cuerpo, sino que también

Capítulo tres

presentan características compartidas con aquellas que se comportan fuera de los límites de lo establecido para la mujer "buena."

"Aldonza soi, sin vergüenza" (Correas 50)

En el caso de Aldonza, su nombre mismo informa sobre su naturaleza. Augustín Redondo hace una enumeración de algunas de las Aldonzas que en la literatura áurea son calificadas de mujeres libres ("Del personaje de Aldonza"). El *Vocabulario de refranes* recoge el siguiente refrán: "A mengua de moza (a falta de moza), buena es Aldonza" (Correas 26). También se llama Aldonza el personaje titular de *La Lozana andaluza*, e incluso dos más aparecen bajo el mismo nombre en el *Romancero general*. Asimismo, la madre de Pablos en *El Buscón* (1626) se llama Aldonza, la que "Para unos era tercera, primera para otros, y flux para los dineros de todos" (82).

Además, volviendo a la Aldonza de Cervantes, todos los comentarios de Sancho la tachan de mujer libre, que se entrega fácilmente: "Y lo mejor que tiene es que no es nada melindrosa, porque tiene mucho de *cortesana*: *con todos se burla* y de todo hace mueca y donaire" (262; lo subrayado es mío). Es evidente el juego de palabras, ya que "cortesana" puede tener tanto el valor de "propio de la corte" como de "prostituta," y suponemos que la aldeana Aldonza no tiene mucho de cortés ni de mujer de la corte, con lo cual el segundo significado en este caso es más acertado.[9] Además "burlar con alguien" es también, "tener trato sexual" (Chamorro 185), para lo cual, según nos informa Sancho, Aldonza no era nada "melindrosa," es decir delicada.

También es verdad que, en el caso de Aldonza no se hace ninguna mención a intercambio económico entre las partes, con lo cual en teoría, Aldonza no es una prostituta sino una mujer promiscua. Sin embargo, Ruth Mazo Karras en su ensayo sobre prostitución "Sex, Money and Prostitution" subraya que "There is no category for a single woman who engages in sex other than for money; this suggests that any single woman who was not chaste would risk being cast and treated as a prostitute" (208) [6]. Consecuentemente Aldonza, no siendo una prostituta en el estricto sentido de la palabra, es sin embargo, catalogada como tal dentro de los límites sexuales admitidos para una mujer soltera.

Ante estos hechos y, teniendo en cuenta las palabras de Sancho frente a esta caracterización de Aldonza, no deja de sorprendernos la respuesta de Don Quijote, que en lugar de salir a la defensa de su nombre, le cuenta a Sancho el caso de la viuda "hermosa, moza, libre y rica, y sobre todo, desenfadada [que] se enamoró de un mozo motilón, rollizo y de buen tomo" (263). Al preguntarse el superior del mozo por esta elección, la desenvuelta viuda responde: "Vuestra merced, señor mío está muy engañado, y piensa muy a lo antiguo, si piensa que yo he escogido mal a fulano, por idiota que le parece; pues para lo que yo le quiero, tanta filosofía sabe y más, que Aristóteles" (263). Haciendo eco de esta respuesta, Don Quijote le dice a Sancho: "por lo que yo quiero a Dulcinea del Toboso, tanto vale como la más alta princesa de la tierra" (263). Es evidente que el uso que hace uno y otra de sus amantes es totalmente diferente. El acercamiento sexual de la viuda y de Sancho en su descripción de Aldonza contrasta fuertemente con el ideal de Don Quijote, que en este caso tiene que hacer la vista gorda y rechazar conscientemente una realidad que no le conviene:

> bástame a mí pensar y creer que la buena de Aldonza Lorenzo es hermosa y honesta...Y para concluir con todo, yo imagino que todo lo que digo es así, sin que sobre ni falte nada, y píntola en mi imaginación como la deseo. (264)

De esta forma, Don Quijote suple su falta de empuje sexual, que la edad y su constitución le niegan, y se crea una imagen de su amada conforme a sus posibilidades.

Sin embargo, es posible que su locura tenga un origen de carácter sexual y podamos ver en su abstinencia la causa de su obsesión por la lectura indiscriminada de libros de caballerías.[10] Esta actividad reemplazaría otra obsesión de carácter sexual que los años y las circunstancias le impedían llevar a cabo. Así, aunque directamente los libros y la lectura fueron la causa de su locura, indirectamente pensamos que ésta es producto de la abstinencia.[11] Además, y considerando que la locura es, como indica el texto, producto de la lectura—"se enfrascó tanto en su lectura, que se pasaba las noches leyendo de claro en claro,

Capítulo tres

y los días de turbio en turbio; y así, del poco dormir y del mucho leer se le secó el cerebro, de manera que vino a perder el juicio" (35)—es viable apuntar, como se pensaba en la época, que esta locura pueda ser tratada por medio de actividad sexual moderada. Según el *Speculum al foder*, un tratado de recetas y consejos sobre el coito del siglo XV: "Joder... esclarece el entendimiento, quita pensamientos y calma las iras. Por ello es muy bueno para *los melancólicos y los locos*" (29; lo subrayado es mío). Esta condición, que la constitución colérica y melancólica agudiza, podía verse empeorada, como ocurre en el caso del manchego, pues sabemos que Don Quijote vivía rodeado de mujeres: el ama "que pasaba de los cuarenta" (36) y su sobrina "que no llegaba a los veinte" (33). Además por un tiempo andaba enamorado de una moza del lugar, al parecer la misma Aldonza Lorenzo, durante el cual "ella jamás lo supo ni le dio cata dello" (40).

Es de esta forma posible que, con los años y la abstinencia, y quizá debido a otros deseos más ocultos que tan elocuentemente describe Carroll Johnson en *Madness and Lust*, como el deseo por su sobrina, hayan contribuido a su locura y escapada solapada por la puerta trasera. Así, no es extraño que el colérico y melancólico Don Quijote, rodeado de mujeres y enamorado silenciosamente de la moza Aldonza, recurra a la imaginación para dar salida a su deseo, pero un deseo a la medida de sus capacidades ya que la edad y su condición no le permite otra cosa.

Por lo tanto, el hidalgo se construye a su Dulcinea casta y pura, no siguiendo en esta ocasión el modelo de carne y hueso de Aldonza, la moza promiscua que lo encandiló, ni tampoco los ejemplos de las damas de los caballeros andantes en los que se inspiró. En efecto, muchas de éstas no tuvieron reparo y sucumbieron ante las apremiantes necesidades de sus caballeros.[12] Éste es el caso del máximo modelo del hidalgo, Amadís y su amada Oriana:

> la dozella se entró a dormir en unas matas espessas... y cuando assí la vio tan fermosa y en su poder... fue tan turbado de plazer y de empacho, que sólo catar no osava. Assí que se puede bien dezir que en aquella verde yerva, encima de aquel manto... fue hecha dueña la más hermosa donzella del mundo. (citado por José M. Lucía Megías 15)

Frente a esta entrega, Oriana alaba a Dulcinea su fuerza y entereza en el poema burlesco que le dirige al principio del libro:

> Oh, quién tan castamente se escapara
> del señor Amadís como tú hiciste
> del comedido hidalgo don Quijote. (26)

Pero por lo que sabemos no hay que ser muy fuerte para "escaparse" del hidalgo, pues a pesar del agarrón a Maritornes, éste ha dado muestras de su "honestidad" disfrazada de impotencia con las mujeres sexualmente activas de la obra como Maritornes y Aldonza en la primera parte y con Altisidora y hasta cierto punto con doña Rodríguez en la segunda.

Con Aldonza ni siquiera se atreve a comunicarle su deseo, y teniendo en cuenta la fama de promiscua de la moza—"con todos se burla" (244)—parece extraño que un hidalgo, socialmente superior a ella, no usara de sus servicios. Respecto a Altisidora, Don Quijote se da cuenta del tipo de mujer que es: una cortesana, porque:

> Los andantes caballeros
> y los que en la corte andan,
> requiébranse con las libres;
> con las honestas se casan. (895)

Y a pesar de la facilidad que este hecho supone para propiciar un encuentro, nunca lo busca, sino que más bien lo evita.

El episodio nocturno con la dueña Rodríguez pone todavía más de manifiesto la preocupación de Don Quijote por dejar clara su honestidad y recato, más propio de las doncellas que de los caballeros andantes, sobre todo cuando el manchego pregunta a la dueña si "estaré yo seguro de ser acometido y forzado" (881). Pues:

> ni yo soy de mármol ni vos de bronce, ni ahora son las diez del día, sino media noche... y en una estancia más cerrada y secreta que lo debió ser la cueva donde el traidor y atrevido Eneas gozó de la hermosa y piadosa Dido. (882)

Por lo tanto, alejándose de la imagen de la mujer peligrosa por su sexualidad, Don Quijote crea en Dulcinea su propia versión de la mujer ideal. Esta es una construcción pragmática, lejos de

Capítulo tres

las mujeres sexualmente activas que Don Quijote reemplaza por la mujer perfecta e irreal.

Retornamos con esta idea a la imagen de la mujer que se propagó durante la era del Concilio de Trento (1543–63). Y ésta es que la mujer o es pura y casta siguiendo el modelo "imposible" de María la Virgen madre, y por lo tanto monja o doncella; o sigue la otra vertiente, la maternidad, también presente en la Virgen y se convierte en esposa. Por último, si ninguna de estas posibilidades es viable, se puede prestar como mujer pública y ofrecer sus servicios en la mancebía. Ahora bien, ¿son todas las características de la prostituta despreciadas por Cervantes? Veamos: el modelo de Maritornes, la Tolosa y la Molinera lo constituyen mujeres sin sobrados encantos; todas, en el caso que se relata, acompañan a arrieros y no son ni particularmente elocuentes ni agudas. Estas mujeres se quedan sin nada que decir cuando Don Quijote les sale con sus arengas: "Las mozas que no estaban hechas a oír semejantes retóricas, no respondían palabra; sólo le preguntaron si quería comer alguna cosa" (47). En el caso de la venta de Juan Palomeque, cuando Don Quijote se ofrece a las tres mujeres de la casa, éstas:

> Confusas… oyendo las razones del andante caballero… y, como no usadas a semejante lenguaje, mirábanle y admirábanse y parecíales otro hombre de los que se usaban; y, agradeciéndole con venteriles razones sus ofrecimientos, le dejaron. (157)

Frente a las que se quedan sin palabra, aparecen en el *Quijote* otras que despuntan por su discurso, el cual, como veremos, está asociado a las cualidades de la cortesana.

La desenvuelta y libre Dorotea

La falta de palabra no es algo propio de las rameras del prólogo que su amigo le aconseja usar (17). Como mencionamos anteriormente, Lamia, Laida y Flora son cortesanas refinadas, que poseen el don de la palabra y la agudeza no sólo para entretener, sino también para disuadir y aconsejar. A estos atributos se unen su libertad, no únicamente de sus cuerpos sino también de sus haciendas y voluntades. Hay un personaje en particular que reúne todas estas características de la cortesana, que Cervantes atribuye como positivas. Estos atributos los canaliza el autor hacia un lugar que acaba incluyendo al personaje que los posee, dentro de la sociedad patriarcal que en un momento abandonó. Nos referimos a Dorotea.

Antes de subrayar los diferentes momentos en que Dorotea demuestra ciertas características de las cortesanas, queremos señalar algunas particularidades de la ley, derivada del Derecho Romano, en la que se define lo que es una prostituta. Aquí, además de la definición obvia de alguien que se da a sí misma a cambio de dinero o favores, encontramos una aclaración bastante interesante: "Canon law also regarded a woman as a prostitute if she made any sort of public display of herself, exhibited lust in any way, or if she simulated love" (Jansen 168) [7]. Siguiendo esta aclaración, podemos decir que en la representación como Micomicona, Dorotea está mostrando cierto amor por Don Quijote, cuando—a pesar de estar actuando—se ofrece ser su esposa si consigue vencer al gigante que tiene a su pueblo sometido: "que si este caballero de la profecía... quisiese casarse conmigo, que yo me otorgase luego sin réplica alguna por su legítima esposa, y le diese la posesión de mi reino, junto con la de mi persona" (323). En efecto, como discutimos anteriormente, podemos considerar como ángulos y vértices de la prostitución, además de la venta del cuerpo, la desenvoltura discursiva y su extremo, la truhanería y bufonería; la negociación del matrimonio con el fin de medrar; la manipulación y por supuesto la expresión sensual y sexual abierta que conlleva la promiscuidad. El caso de Dorotea presenta un ejemplo excepcional pues, a pesar de las reticencias que supone introducirla en este tipo de categoría—al fin y al cabo su único desliz fue consentir sexualmente una vez y con promesa de matrimonio—ella comparte, como veremos seguidamente, algunas cualidades con la clásica hetera.

Por lo pronto, es significativa la forma de expresión física y sensual que Dorotea tiene para Don Fernando en la venta. Sancho describe a ambos como animales "hocicando" (489), acusando en particular a Dorotea, de que esta demostración pública de afectos más se asemejan al comportamiento de una cortesana que al de una princesa. El escudero está mirando por sus propios intereses y los de su señor:

Capítulo tres

> si al cabo de haber andado caminos y carreteras, y pasado malas noches y peores días, ha de venir a coger el fruto de nuestros trabajos el que se está holgando en esta venta... será mejor que nos estemos quedos, y que cada puta hile, y comamos. (490)

Además de esta clara alusión a Dorotea como mujer libre, la referencia de Sancho se hace todavía más evidente, cuando introduce el tema del libertinaje que lo tiene preocupado: "¡Ay señor, señor, y cómo hay más mal en la aldegüela que el que suena, con perdón sea dicho de las tocadas honradas!" (489). En el equívoco de los términos *tocada* y *toca* reza la broma que tacha a Dorotea de *tocada*. La burla consiste en la confusión entre *tocas honradas*, expresión que se aplicaba a mujeres de respeto (nota 4 de Martín Riquer en su edición del *Quijote* 489), y el término *tocadas honradas* que Sancho utiliza. Las tocas o los mantos que las mujeres honradas utilizaban para cubrirse la cabeza se trastocan por el verbo *tocar*, en el sentido de palpar. De esta forma, la diferencia entre las mujeres reside, según la lógica de Sancho, en que sean "tocadas honradas"—dentro del matrimonio—o tocadas sin ser honradas, categoría en la cual entraría Dorotea tanto en su papel de futura esposa, todavía no está casada con Don Fernando, como en su papel de la doncella Micomicona.

Por todo lo dicho, Dorotea es la doncella que no renuncia a su erotismo, por su entrega, ni a su beneficio, ya que la relación con el noble Don Fernando, como ella debate en la cama a punto de dársele, supondría mejorar de estado:

> Sí, que no seré yo la primera que por vía de matrimonio haya subido de humilde a grande estado, ni será don Fernando el primero a quien la hermosura, o ciega afición, que es lo más cierto, haya hecho tomar compañía desigual a su grandeza. (301)

Sin embargo, el hecho de que Don Fernando, un grande de España, la recueste en amores es en sí una mala señal, de la que sus mismos padres la avisan: "sus pensamientos... más se encaminaban a su gusto que a mi provecho" (299). Además, como señala Mazo Karras: "if a man asks a woman to be his lover, it means he considers her a prostitute; if he thought she were chaste, he would not ask, and if she is not chaste, she is a prostitute" (209) [8]. En efecto, la diferencia social entre las partes, como prueba la cita del *Manual de confesores* de Villalobos, era caso suficiente para anular una unión:

> El que prometió fingidamente a una doncella de casarse con ella, si se le entregaba, y ella se le entregó, tiene obligación de casarse con ella, so pena de pecado mortal, *salvo si hubiese grande desigualdad*, o no la halló doncella, *o pudo ella reconocer fácilmente que la engañaba*. (112; lo subrayado es mío)

A pesar de ello, la aguda Dorotea piensa que si no se da por las buenas, Don Fernando la tomará por las malas, sin juramento de por medio, y que lo perderá todo, pues no tendrá qué reclamarle, ya que nadie se creerá que Don Fernando haya entrado en su aposento sin su consentimiento (299).

De hecho, estos tipos de asaltos, documentados por Renato Barahona, no eran raros en la época:

> A particularly striking instance of promise is found in the 1606 lawsuit between Mari Cruz de Ocharán and Julián de Elorza; a witness testified that she had seen the defendant solemnly swear before an image of Christ that he would marry the plaintiff. Mari then proceeded to lie down with him. (17) [9]

La seducción de Dorotea es particularmente parecida a la que se describe en la cita anterior. Sin embargo, Dorotea a falta de un testigo que corrobore su versión en un supuesto juicio, tiene que confiar únicamente en el poder divino para el esclarecimiento de su caso:

> ... como quedara con honra, aunque quedara sin gusto, de grado te entregara lo que tú, señor, ahora con tanta fuerza procuras... [a lo que Don Fernando responde:] "Si no reparas más que en eso, bellísima Dorotea... ves aquí te doy la mano de serlo tuyo, y sean testigos desta verdad los cielos... y esta imagen de Nuestra Señora que aquí tienes." (300)

Al mismo tiempo, una vez seducida, Dorotea se convierte en mujer fácil que se ve despreciada no sólo por el mismo que llevó a cabo la seducción: "Díjele... que por el mismo camino de aquélla podía verme otras noches... Pero no vino otra alguna...

Capítulo tres

ni yo pude verle en la calle ni en la iglesia" (302), sino también por el mozo que la acompaña en su huida. Éste, aún sabiendo la historia de su desdicha, o quizá por saberla, se atreve a lanzarse sobre ella: "dejó aparte los ruegos, de quien primero pensó aprovecharse, y comenzó a usar la fuerza" (306) porque, según la lógica para el que antes fuera un criado leal, una mujer seducida y abandonada era una diana fácil.

Otro elemento de la cortesana del que Dorotea hace gala es la elocuencia. En efecto, cuando cuenta la historia de sus desgracias, su elocuencia es subrayada desde el primer momento por sus observadores y atentos oyentes: el cura, el barbero y Cardenio. Es conocida la importancia puesta en el silencio de la mujer como suma muestra de su honestidad.[13] En esta cita de los *Coloquios matrimoniales del licenciado Pedro Luján* (1550) se reitera la idea:

> Donaires, fábula y cuentos feos, no sólo la que es honrada ha de haber vergüenza de decirlas, más aun de oírlas... La mujer que es honesta y grave no se ha de preciar de donora y decidora, sino de honesta y callada, porque si se precia mucho de hablar y mofar, los mismos que le rieron el donaire que dijo, harán burla de la misma que lo contó... la mujer jamás yerra callando y muy poquitas acierta hablando. (Luján 77)

Su actuación como Micomicona prueba de forma sobresaliente su "donaire" en el arte de contar, al mismo tiempo que pone de manifiesto su desenvoltura. Es del mismo modo significativo el nombre "artístico" de Micomicona, como anota Murillo en su edición del *Quijote* (1: 369, nota 25) advirtiendo la relación de este nombre con los simios. Micomicona es la conjunción de la palabra *mico* y *micona*, o sea mono y una especie de femenino de *mono* o *mico*. No sólo esto; la palabra *mico* denota la lujuria y, como subraya Horst Janson en su estudio *Apes and Ape Lore in the Middle Ages and the Renaissance,* un buen número de grabados de madera de los siglos XV y XVI representan a una mujer que atrapa a hombres quienes aparecen dibujados como monos, para significar la lujuria que los invade.

Por lo tanto, la mujer, en este caso Dorotea, encarna la figura de la dama que atrae a hombres, a los que transforma en monos por su lujuria, convirtiéndose ésta según los estudios de Janson en: "...the biblical seductress 'in the attire of the harlot' whose effect on her victims, the 'infatuated apes,' is as mortal as that of the basilisk" (207) [10]. También ha subrayado esta conexión Baltasar Fra-Molinero en su artículo "El disfraz de Dorotea:"

> El hombre tiene de simio su cuerpo, y de Dios su alma. La lujuria, la gula y otros vicios humanos venían representados en la iconografía medieval por la mona, y esta imagen se repitió en el Renacimiento. (66)

Es significativo que Cervantes eligiera al personaje del cura para darle nombre: "Llámase—respondió el cura—la princesa Micomicona, porque llamándose su reino Micomicón, claro está que ella se ha de llamar así" (311). El escritor, célebre por la elección de nombres significativos para sus personajes, debía estar al corriente de esta serie de símbolos que se asocian con la figura del simio y su lujuria. Por lo tanto, y debido a la elección de su nombre artístico por parte de otro personaje, podemos decir que Dorotea despierta la lujuria y la pasión en todos los que la encuentran.[14] Por ejemplo, son notables el asalto de Don Fernando en su propia alcoba, el de su criado, el del amo al que sirve por un tiempo y finalmente la reacción que su cabello y sus pies despiertan en el cura, el barbero y Cardenio. Todos, incluso Don Quijote, quedan admirados de su belleza y donaire. Unos, como Don Fernando, el criado y el amo, por la lujuria que despierta en ellos; otros, además de por su belleza, por su discurso, con el que finalmente vencerá a todos y conseguirá su objetivo. Por lo tanto, somos testigos de que en su actuación como Micomicona no le falta ingenio ni palabra.

No es del mismo parecer Monique Joly, quien propone en "El erotismo en el *Quijote*: La voz femenina" que Cervantes utiliza los discursos de las mujeres del texto para poner de manifiesto que en el terreno de la burla verbal todas se quedan un tanto detrás de los hombres:

> la tosca y grosera, por ser tosca y grosera, y la discreta, noble y hermosa, porque se trata de un terreno demasiado escabroso para ella. Estos fallos son, en cierto sentido, la mejor garantía de que la "discreta" Dorotea es realmente discreta. (173)

Sin embargo, pensamos que el único e inicial momento dubitativo de Dorotea no es suficiente, frente a tan grandes invenciones de las que echa mano, para descartarla como capaz narradora. Aún más, resulta relevante que, cuando en un momento del

Capítulo tres

engaño el cura va a apuntarle algo que olvida, ella de una forma casi profética adelanta la resolución de su aventura, al mismo tiempo que su desenvoltura para valerse por sí misma: "desde aquí adelante creo que no será menester apuntarme nada, que yo saldré a *buen puerto* con *mi verdadera historia*" (321; lo subrayado es mío).[15] Historia y "caso" que finalmente, y a través de su discurso como en el caso—también de cariz sexual—de *Lazarillo*, traen el triunfo a Dorotea, ya que después de abandonar casa y familia y entregarse a muchos peligros, acaba convenciendo a Don Fernando de su deuda: "Venciste, hermosa Dorotea, venciste; porque no es posible tener ánimo para negar *tantas verdades* juntas" (396; lo subrayado es mío).

Asimismo, posee Dorotea la capacidad de consejo, típica de cortesanas clásicas, no sólo en sus asuntos, sino en los ajenos. La joven Clara acude a ella para contarle los secretos de sus amores con Don Luis. También le ofrece ayuda en "cosas de mujeres" a Luscinda: "¿Qué mal sentís señora mía? Mirad si es alguno de quien las mujeres suelen tener uso y experiencia de curarle, que de mi parte os ofrezco buena voluntad de serviros" (392). Todos estos atributos que hemos señalado—don de palabra, consejo, libertad y sensualidad—son reconducidos por Cervantes del campo de la prostitución al matrimonio, para así darle a Dorotea una viabilidad no rechazable dentro de la ideología patriarcal y reconducir estas cualidades que Cervantes valora en la mujer. De esta forma:

> harmony is impeded by a binary opposition: either inaccessible purity (Efron's Dulcineated world) or lust (the world of Maritornes). An obvious link connects these two worlds and makes for easy transitions from one to the other. In this light the happy ending [los matrimonios] becomes an ideal—the ideal of an author... who removes his afflicted creatures from the dangers of extremes. (Feal 199) [11]

Además, como señala Sears, es el deseo desenfrenado, en el caso del *Quijote* representado en Don Fernando, el que el autor pretende controlar:

> Cervantes... tames desire so that it can be satisfied and yet not challenge order. For him, therefore, the marriage plot comes to signify not a moral or theological but rather a social

and literary order... It provides a pattern for both satisfaction of desire and its containment. (151) [12]

Si social y literariamente en *El casamiento engañoso* Cervantes presenta el matrimonio como el final/principio de una vida picaresca, en el caso de Dorotea, el casamiento secreto es el principio de la vida picaresca de la protagonista que culmina cuando se ve reconocida oficialmente por su marido. Para llegar a este reconocimiento social Dorotea ha tenido que moldear su discurso, y en lugar de soltar reprimendas y recriminaciones a Don Fernando, se proclama su esclava a la que él debe reconocer como su legítima esposa.[16] Así, el discurso de Dorotea, aunque hace referencia al abandono, a la ingratitud y a las falsas promesas, no es acusatorio, sino lleno de respeto y de cariño.

De esta forma, el discurso que podríamos llamar amoroso de Dorotea se convierte en una estrategia para conseguir su objetivo: el matrimonio oficial y la domesticación del deseo.[17] De esta opinión es Sara A. Tadeo en su ensayo "De voz extremada": "Woman learns to navigate the blind alleys that society tries to impose upon her by learning the language needed to triumph in this public arena" (186) [13]. En efecto, Dorotea reconstruye, en su discurso de la venta, todos los elementos retóricos que finalmente la llevan al triunfo. Y al hacerlo, pone de manifiesto muchas de las cuestiones que en este momento se estaban debatiendo en torno a la mujer, porque como señala Cruz: "Dorotea embodies the explicitly *worldly* tension brought about by a young woman's loss of virginity in a culture that fetishizes female chastity" ("Redressing Dorotea" 20) [14]. De esta forma, la historia de Dorotea, más que un elemento de la típica doncella en apuros, supone una meditación sobre los códigos sexuales y sociales de la época, cuyo resultado, a pesar de retar ciertas reglas, es normativo.

Por lo tanto, podemos decir que Dorotea recupera los valores perdidos de Eva y al mismo tiempo presenta un modelo más posible que el de la Virgen María. Así, si Eva utilizó su sensualidad, su poder de convicción y su libertad con malos propósitos, Dorotea los utiliza para un buen fin, con lo cual este tipo de mujer un tanto ambigua sale vencedora, aunque su triunfo consista en convertirse en la "perfecta casada."

Capítulo tres

La cortesana Altisidora

Altisidora es la pícara con amos convertida en truhana que se vale de su ingenio y de su gracia para ganarse la vida.[18] Para ello, al igual que la prostituta, este personaje recobra el poder para hablar libremente y para saltarse todas las normas prescritas para la mujer de bien. Podemos decir que Altisidora empieza donde termina Justina, cuando una vez casada con Guzmán relata su vida en la corte. Como explica la misma Justina:

> soy en la era de ahora la más célebre mujer que hay en corte alguna, en trazas, en entretenimientos sin ofensa de nadie, en ejercicios, maestrías, composturas, invenciones de trajes, galas y atavíos, entremeses, cantares, dichos y otras cosas de gusto. (314)

Por lo tanto, el palacio ducal se convierte en un trasunto de la corte y Altisidora en una de sus más salientes cortesanas, cuyo cometido es crear y participar en situaciones que hagan reír a sus amos.

Es significativa la relación, ya subrayada por algunos críticos como Augustín Redondo y escritores más o menos contemporáneos como Quevedo o el mismo Antonio de Guevara, entre el bufón y la prostituta, y la necesidad de expulsarlos de la república y de toda corte, pues son mala influencia para los dirigentes.[19] Ambos son el reverso del caballero y de la dama ideal, y es por eso que la "misión" frustrada de Altisidora desvirtúa el amor ideal de Don Quijote por Dulcinea, e intenta hacerlo caer ante sus pies para gusto del auditorio. Es así como, subvirtiendo las relaciones caballero-dama, Altisidora se lanza a la conquista de Don Quijote y asume, como demuestra esta cita, el ridículo papel de cortejadora:

> ¡Oh tú, que estás en el tu lecho,
> entre sábanas de holanda...
> ¡Oh, quién se viera en tus brazos,
> o si no, junto a tu cama,
> rascándote la cabeza
> y matándote la caspa! (882)

Con su lenguaje y comportamiento desenvuelto impresiona a sus amos, los duques, los que quedan más que contentos con las actuaciones de la "bufona." Como sabemos, los improperios son otra de las armas usadas por los truhanes para provocar la risa. Y según apunta Redondo en "Fiestas burlescas del palacio ducal," Altisidora "no vacila en servirse del apodo y del motejar, técnica tan apetecida por los bufones para burlarse de sus víctimas" (59) lo cual hace sin titubear, como leemos en la burla final: "¡Vive el señor don bacalao… ¿Pensáis por ventura, don vencido y don molido a palos, que yo me he muerto por vos?" (1074). En esta cita se va dejando ver el desasosiego que Altisidora siente, pues ni la queja ni el insulto pueden con el caballero.

Además, es importante subrayar que Don Quijote se ha dado cuenta del tipo de mujer que es: una cortesana, con las que los caballeros pasan el rato pero no se casan, pues su desenvoltura estará bien para la cama, pero no para el tálamo nupcial (895). Y así, para los ardores y "muertes eróticas," el caballero manchego le receta a la cortesana que se ocupe de las labores, de coser y labrar y de no estar ociosa, pues todo el mal nace de la ociosidad.[20] Parece estar repitiendo en sus recomendaciones lo que no se cansaban de recordar Fray Luis de León en *La Perfecta Casada* o Malón de Chaide en *La Conversión de la Magdalena*: la mujer debe estar en casa, ocupada, cosiendo, hilando, callada y leyendo sólo libros devotos. Y que se deje de afeites que, como recuerda Fray Antonio Marqués en su *Afeite y mundo mujeril,* no la hacen más que desvergonzada, vanidosa y descuidada del alma.

El caballero y el amor ideal que Don Quijote representa vencen finalmente a Altisidora que, después de una larga batalla, no consigue hacer que venza la sensualidad que ella representa. En efecto, como señala Márquez Villanueva: "Es Altisidora quien queda destruida, lo mismo que los duques son ahora proclamados un par de 'tontos' por la inapelable autoridad de Cide Hamete" ("Doncella soy de esta casa" 331). Por lo tanto, y al igual que las pícaras, después de burlas y engaños en los que despuntan por su discurso y brillantez, así como por su erotismo, son ellas las que pierden, pues a través de la reprimenda de Don Quijote, la pícara-truhana es devuelta al espacio que le corresponde.

Capítulo tres

Cervantes en torno a la prostitución

Ante estos diversos ejemplos, podemos decir que la actitud de Cervantes en el *Quijote* frente a la prostitución es ambigua, pues presenta a las rameras como Maritornes, la Tolosa o la Molinera como "las cloacas" antes mencionadas por los moralistas.[21] Éstas son mujeres indeseables que según el narrador "pudieran hacer vomitar a otro que no fuera arriero" (160) o a un loco en estado de éxtasis como a Don Quijote. Asimismo, la cortesana Altisidora, mujer sin honra y sin vergüenza, pone de manifiesto, aunque al final es silenciada, los peligros que traen consigo las mujeres libres. Las rameras y la cortesana suponen toda una subversión carnavalesca de los modelos del amor cortés y de la tradición caballeresca, pues en lugar de ser mujeres dignas del amor de sus caballeros, son mujerzuelas lascivas que se entregan al primero que pasa. Así, la doncella de las novelas de caballerías es transformada en las mujeres indeseables que se entregan y ofrecen abiertamente, como Altisidora con sus requiebros y quejas, o como Maritornes en un establo en el que además del arriero se encontraban durmiendo dos hombres más.

Al mismo tiempo, estos episodios constituyen un comentario de la realidad social áurea que había llevado a estas mujeres a entregarse a la prostitución, como señala Maritornes: "desgracias y malos sucesos la habían traído a aquel estado" (158). Esta frase, aunque un tanto convencional, apunta a alguno de los muchos sucesos que llevarían a la prostitución a muchas mujeres. En efecto, la agresión sexual es uno de ellos y mientras las soluciones—casamiento, convento, compensación económica—varían teniendo en cuenta el estado de los agresores y las víctimas, no siempre era así.[22] Sin embargo, también hay que añadir que algunas mujeres no podrían recuperar por medio alguno su honor y buena fama y terminarían entrando en el mundo de la prostitución. En el artículo "Transgresiones," Iñaki Bazán, Ricardo Córdoba y Cyril Pons apuntan el caso, señalado por J. Rosiaud, de que muchas de las prostitutas de Dijon del siglo XV entraron en ese gremio con menos de diecisiete años y que de ellas casi la mitad fueron obligadas. Según estos datos, un cuarto fueron prostituidas por razones económicas por su propia familia y más de un cuarto lo fueron como resultado de haber sido víctimas de una violación previa (Bazán, Córdoba, y Pons 37–38).

Cervantes esboza en su ficción varios casos de este tipo de agresiones y engaños. Uno es el de Leandra (capítulo 51), quien tuvo más suerte que Maritornes y, por la posición de su familia y el poco empuje del soldado que la engañó, acabó en un convento en lugar de una mancebía. No obstante, y ahora fuera de la ficción, eran comunes los casos en los que se seducía a las mujeres con el objetivo de pasearlas por todas las mancebías importantes y sacar dinero de ellas. Así, como apunta Mary Elizabeth Perry: "Many people tried to maintain control over prostitutes who provided them with money, but others simply pawned women to the city brothels for a single lump sum" (*Crime* 219) [15]. Es el ejemplo real que apunta Helena Sánchez Ortega sobre el caso de Catalina Garcés, conocida como Jusepa Rey. Esta mujer, a la altura de 1624, fue acusada de bigamia. En su declaración relata que después del abandono de su primer marido, se juntó con un tal Juan Pérez en Valencia quién se ocupó de buscarle ocupación y "la trujo por muchas casas públicas... [se casó con ella en Sevilla] y de allí por diversas tierras ganando con su cuerpo y vinieron a parar a la ciudad de Huéscar donde el susodicho fue preso por sus delitos" (Sánchez Ortega 205). No sólo esto, en esta ciudad, volvió a contraer nupcias para librarlo de la cárcel, sin embargo en esta ocasión la Inquisición tomó cartas en el asunto y Jusepa fue castigada a cien azotes, seis años de destierro de Granada y Huéscar, y auto público con insignias de bigama (Sánchez Ortega 205).

Pensamos que éste era el fin que esperaba en la ficción a Leandra ya que, en las palabras del soldado Vicente de la Roca, se perciben intenciones distintas de las que finalmente llevó a cabo: "la había engañado y debajo de su palabra de ser su esposo la persuadió que dejase la casa de su padre, que él la llevaría a la más rica y más *viciosa ciudad* que había en todo el universo mundo, que era Nápoles" (530; lo subrayado es mío). Es obvio el doble sentido de "viciosa," ya que además de "suntuosa" se sobreentiende el de ciudad importante por el vicio.[23] Además, hay que tener en cuenta la relación de esta ciudad con la sífilis, cuya expansión por Europa, sobre todo a partir del sitio de Nápoles en 1496, le llevó a tomar el nombre, entre otros muchos, del mal de Nápoles (Brioso Santos, *América* 226).

También tuvo suerte en la ficción Dorotea, ya que en el camino de búsqueda para limpiar su honor, sufrió repetidos

Capítulo tres

asaltos de tipo sexual por parte del mozo que la acompañaba, el que:

> hasta entonces fiel y seguro, así como me vio en esta soledad… quiso aprovecharse de la ocasión… y viendo que yo con feas y justas palabras respondía a las desvergüenzas de sus propósitos, dejó aparte los ruegos… y comenzó a usar la fuerza. (305–06)

De igual manera le ocurre con un amo para el que servía cuando éste "vino en conocimiento de que yo no era varón, y nació en él el mesmo mal pensamiento que en mi criado" (306). Incidentes de este tipo, igual que los casos por abandono del marido que apuntamos antes, acabarían desahuciando a estas mujeres y en algunos casos las llevaría a la prostitución. En el desarrollo literario del caso de Dorotea, hija de ricos labradores, esta solución parece extrema, sin embargo como documenta Barahona respecto a ejemplos reales, su caso de seducción y reclamo de matrimonio ante un juez podía fracasar si se probaba—a pesar de que se empleara la fuerza—la mala reputación o comportamiento de la parte acusadora (86). Pues de hecho, y aunque la riqueza de Dorotea la hace menos vulnerable, los casos de seducciones de mujeres pobres en situación de vasallaje llenan los ejemplos ofrecidos por Barahona en donde a lo mucho que se llega es a una nimia compensación económica (84).

En cierta forma, las experiencias de Dorotea y Leandra corresponden a los casos de otras muchas mujeres de menos fortuna que ellas, que eran seducidas por hombres a los que ellas o sus padres servían y después eran abandonadas o aún peor, obligadas a prostituirse. Este es el suceso real descrito por el abogado Cristóbal de Chaves en su informe sobre la cárcel de Sevilla, en que también estuvo encarcelado Cervantes. Chaves cuenta el caso de la joven Ana y del que se convirtió en su rufián, Juan de Molina, hijo éste del señor al que Ana servía (54–58):

> Prendióse a Fulano de Molina por rufián, que en el arte (por no llamarle oficio a cosa tan mala) se aventajó a todos los de su tiempo; pues *se le averiguó haber sacado de casa de su padre una doncella, la cual creyendo a sus malas palabras de que se había de casar con ella, la engañó hasta que la puso en el lugar más público de Sevilla,* que era una calle que

llaman del Agua, donde había otras mujeres que vivían como las del partido. (54; lo subrayado es mío)

Según Chaves, en los días que ésta no le suministraba bastante dinero para sus apuestas, como buen rufián, le pegaba y amenazaba. Ante estos abusos, Ana lo denunció, y Juan acabó en las galeras. Es evidente el interés de Cervantes en este tipo de altercados, como del que somos testigos en el patio de Monipodio de *Rinconete y Cortadillo*, en el cual la prostituta Cariharta describe la paliza que le dio el rufián Repolido: "entre unos olivares, me desnudó, y con la petrina, sin excusar ni recoger los hierros, que en malos grillos y hierros le vea yo, me dio tantos azotes, que me dejó por muerta" (39). En este caso la literaria Cariharta tuvo más aguante que la joven Ana y perdonó al rufián; sin embargo estos incidentes dejan constancia de lo corriente de este tipo de abusos.

Así, podríamos decir que Cervantes se suscribe dentro del discurso sobre el tema de la prostitución que tanta tinta estaba derramando entre los moralistas, juristas y escritores del momento. En este sentido, Cervantes ofrece puntos de vista diferentes pues, la presencia de la prostitución no aminora los peligros. Por un lado, no se respeta a las doncellas vírgenes; unas son robadas como Leandra o Luscinda, y otras son forzadas como Dorotea.

En cuanto a las prostitutas, éstas no llevan a cabo su negocio en las casas públicas. En efecto, Maritornes, la Tolosa y la Molinera lo hacen en las ventas; y la prostituta de la "ínsula" de Sancho—caso tercero que se le presenta en los juicios— lo hace por los caminos (892). Debido a la prohibición de tal práctica, Sancho la expulsa de la ínsula y la asusta con llevar a cabo las ordenanzas y darle azotes: "Andad con Dios, y mucho de enhoramala, y no paréis en toda la ínsula ni en seis leguas a la redonda, so pena de doscientos azotes" (892). Es también ilustrativo que Cervantes valore las cualidades y atributos de las cortesanas Lamia, Laida y Flora y su don de palabra, consejo y erotismo y los traslade a mujeres como Dorotea.[24] Este proceso introduce un mecanismo significativo que hace que estos valores, admirados por Cervantes, sean reconducidos por vía del matrimonio dentro de lo aceptado por la sociedad patriarcal. Consecuentemente, por medio de este proceso se contrarresta la

Capítulo tres

peligrosidad que en un momento estas mujeres representaban para el orden de la comunidad.

Para terminar este apartado sobre Cervantes y su particular adaptación de las características de la prostituta, nos parece bastante significativo el comentario de Márquez Villanueva: "nada individúa tanto a Cervantes como… el no admitir ninguna tesis sin formular a la vez alguna reserva o prestar su atención o simpatía al punto de vista contrario" (*Personajes y temas* 64). Así, en asuntos como la prostitución, la mujer o el matrimonio, no es raro que nos encontremos con figuras tan contrapuestas como Maritornes y Dorotea. De hecho, lo contestatario del mensaje de Cervantes es que problematiza a través de su ficción la precaria situación de la mujer fuera de lugar sin reducirla, sin embargo, a los categóricos castigos o reprimendas de la picaresca. Esto es, no muestra a la mujer como buena o mala, pura o impura, sino que posibilita otra vía de comportamiento donde ésta pueda realizarse más libremente. Este lugar, que se presenta como contrapartida a la solución de las novelas típicamente picarescas, está en el convento y sobre todo en el matrimonio, un matrimonio principalmente negociado por la mujer. Y aunque a primera vista esta situación de "perfecta casada" lograda por Dorotea, la más interesante de sus personajes, no parezca un desafío, esta iniciativa constituye un paso adelante en cuanto a la valoración positiva del discurso femenino.

Capítulo cuatro

El mundo de la prostitución en *La Lozana andaluza* y *Vida y costumbres de la madre Andrea*

> Literature refines concepts, exposes contradictions, criticizes assumptions, and revises conclusions from the discourse of rhetoric [en este caso el discurso sobre la prostitución]. It has, in short, an active and critical relationship to that discourse.
> Wayne A. Rebhorn
> *The Emperor of Men's Minds* [1]

En efecto, si en el capítulo anterior señalaba la importancia del proxenetismo y la prostitución en *Don Quijote*, en la obra de Delicado y el anónimo autor de *Vida y costumbres*, este tema se convierte en centro de la acción. De hecho, el análisis de estos textos a la luz del discurso sobre el comercio carnal aporta una nueva perspectiva para entender cómo este ambiente de control y descontrol sexual crea un espacio para la reflexión, el escrutinio y la crítica por parte de los creadores literarios.

Asimismo, la agrupación de estas dos obras, principio y fin de la picaresca femenina, separadas por más de un siglo y publicadas fuera de España, tiene como objetivo señalar que ambas, a pesar del tiempo, coinciden en sus planteamientos. Este hecho es significativo porque pone de manifiesto que las tácticas y conclusiones de los autores masculinos de las novelas picarescas de personaje femenino permanecen estables a través del tiempo. Por lo tanto, nos parece relevante agrupar en este apartado dos obras cuyo comentario somete el tema del comercio carnal legalizado y clandestino a un proceso similar de examen, clarificación y evaluación.

El resultado de este proceso expone muchas de las contradicciones—por ejemplo el hecho de que la prostitución promovía la sodomía, mientras por otro lado se defiende que

Capítulo cuatro

la prevenía—que surgieron tanto de las apologías como de las diatribas sobre la prostitución. Además, esta literatura complementa y reflexiona sobre el discurso elaborado por moralistas y juristas en torno a la prostitución proveyendo un espacio diferente—el espacio de la ficción con sus propias convenciones y leyes—en que analizar, repetir y evaluar ciertos supuestos o afirmaciones sobre este negocio y sus participantes.

Además, el texto literario ofrece ciertas soluciones que las instituciones sociales no pueden ofrecer: control social. Es decir, simbólicamente ofrece al lector lo que prometían las mancebías: un lugar tanto de escapada como de control sexual donde el cliente/lector puede encontrar solacio a la vez que protección. En efecto, mientras *Vida y costumbres* ofrece un ejemplo del fracaso de las mancebías como panóptico, también provee al mismo tiempo un lugar—el texto—donde la escapada sexual es a la vez disfrutada y contenida. Siguiendo la lectura de Foucault, la mancebía del texto de *Vida y costumbres* provee un "panopticón," una estructura o espacio controlado de observación en el que el lector, como guardian y supervisor puede observar y aprender de lo que ve.

Además, Foucault especifica otros usos para esta estructura, pues al mismo tiempo: "... the Panopticon was also a laboratory; it could be used as a machine to carry out experiments, to alter behaviour, to train and to correct individuals. To experiment with medicines and monitor their effects" (*Discipline* 203) [2]. De la misma forma, creemos que en *La Lozana,* el texto se convierte simbólicamente en laboratorio médico para atajar la sífilis, esto es, se transforma en la medicina que a la vez que ofrece solacio y olvido del dolor, también es la causa del mismo.

De hecho, ambos textos literarios se convierten en una herramienta de control útil donde es posible entretener, instruir y a la vez contener a los elementos fuera de control. Otra vez echamos mano de los diversos usos del texto como panóptico pues, como apunta Foucault:

> Similarly, it does not matter what motive animates him: [se refiere al director u observador del panóptico] the curiosity of the indiscreet, the malice of a child, the thirst for knowledge of a philosopher... or the perversity of those who take pleasure in spying and punishing. The Panopticon is a marvellous ma-

chine which, whatever use one may wish to put it to, produces homogeneous effects of power. (*Discipline* 202) [3]

Por lo tanto, pensamos que un estudio de la picaresca femenina no estaría completo si no se tuviera muy presente el discurso sobre el comercio carnal del que forma parte, pues supone otra táctica por parte del poder hegemónico para controlar a la mujer fuera de lugar y ejercer su poder.

La Lozana andaluza: Modus vivendi de una pícara-prostituta

Calificada por Pierre Heugas como "la bible de la prostitution romaine" (458), *La Lozana andaluza* (1528) constituye uno de los mayores ejemplos que ha proporcionado la literatura hispánica sobre el tema de la prostitución.[1] De hecho, a pesar de describir la prostitución romana, más bien hispanorromana, y publicarse en Venecia, esta obra describe un barrio español, Pozo Blanco. Asimismo, responde a intereses profundamente españoles como es la posición española en el Saco de Roma.

Además, esta obra ocupa un lugar importante dentro de la literatura hispánica pues, a pesar del rechazo inicial de la crítica a darle el lugar que se merecía, está comprobado que contemporáneamente a su publicación se la tomó como modelo a la hora de crear "realidades" españolas.[2] Por esta razón, creemos necesario un estudio del sentido y la función del comercio carnal en *La Lozana* en conexión con el discurso moral desplegado en torno a la defensa o la condena de la prostitución típico de la novela picaresca femenina. Puesto que, el influjo de la Roma-Babilonia en este microcosmos del barrio español se convierte en un ejemplo particular y al mismo tiempo metafórico de las consecuencias, en el epicentro de la cristiandad, de la prostitución incontrolada.

La Lozana cuenta las fortunas y adversidades de una pícara-prostituta llamada Aldonza nacida en Córdoba, de padre rufián, que murió, dejando pleiteando a su mujer y a sus tres hijas.[3] Después del pleito que las llevó a Granada, "no queriendo tornar a su propia cibdad, acordaron de morar en Jerez y pasar por Carmona... Aquí Lozana conversó con personas que la amaban por su hermosura y gracia" (176) y aprendió el "ordir y el tramar" (176), actividades éstas asociadas con las artes

Capítulo cuatro

celestinescas que más tarde utilizará.[4] Del mismo modo, se nos informa que allí "se le derramó la primera sangre que del natural tenía" (176), esto es, perdió la virginidad, sentido que ha sido apuntado por Manuel Criado de Val en "Antífrasis y contaminaciones de sentido erótico en *La Lozana andaluza*." Poco más tarde queda huérfana, y la recoge una "tía" en Sevilla, ciudad que junto con Córdoba y Granada se consideraban centros de actividad picaresca.[5] Allí conoce a un mercader genovés, Diomedes, con el que se amanceba y recorre las ciudades del Mediterráneo y del norte de África.[6]

Después de darle hijos que son recogidos por el padre rico y poderoso de Diomedes, éste se ausenta por mandato de aquél, no sin antes prometerle que se casará con ella. Ante esta promesa, Lozana cree que está en la cumbre de su fortuna; sin embargo, el padre de Diomedes no está dispuesto a que su hijo se case con una ramera. En la época era común que éstas fueran acompañantes marítimas, igual que lo eran las "maletas," prostitutas que acompañaban al ejército en sus campañas, pero no para ser la esposa de un rico mercader. Por lo tanto, el padre decide deshacerse de ella y paga a un barquero para que "no pareciese" (186); éste se compadece de la joven y la abandona a su suerte con sólo un vestido que la cubriese. Aunque consigue esconderse en la boca un anillo, Lozana se da de cabezadas por su suerte hasta que una nave con dirección a Liorna la recoge y, "siendo en Liorna, vendió su anillo, y con él fue hasta que entró en Roma" (187). Hasta aquí se confirma como podemos comprobar que su primera andadura y aprendizaje es similar al de los pícaros y pícaras.[7]

Según Allaigre, igual ocurre en cuanto a sus orígenes pues: "la mère d'Aldonza était une *mujer enamorada*,[8] digne épose d'un homme *putañero y jugador*" (296; el subrayado es de Allaigre) [4]. Incluso en la abuela, de la que heredó el nombre de Aldonza, se podría detectar a una mesonera, pues tanto sabía sobre cocina y otras cosas: "si esta mi agüela vivía, sabía yo más que no sé, que ella me mostró guisar, que en su poder deprendí hacer fideos, empanadillas, alcuzcuzu" (177). También comparte con otras pícaras su precocidad sexual, la temprana orfandad, el recorrido por la geografía picaresca y el amancebamiento con mercader, con quien se completa su recorrido geográfico por los puertos de Levante y África. Más tarde, y antecediéndose al canon picaresco del que se la considera precursor (Damiani, "*La Lozana andaluza* as Precursor") si no primer ejemplo (Bagby), se produce el despertar brusco a la vida, similar al de Lazarillo—"me cumple avivar el ojo y avisar, pues solo soy, y pensar cómo me sepa valer" (23)—y de la misma manera, una vez que es abandonada a su suerte, se dice: "Yo sé muncho; si agora no me ayudo en que sepan todos mi saber, será ninguno" (187).

Con su llegada a la ciudad papal, se completa la trayectoria marítima durante la que no sólo vende Lozana su anillo, sino también su cuerpo. Esta interpretación, subrayada por Louis Imperiale en *La Roma clandestina* (1997), nos informa de que, una vez conocida por Lozana la fama de una Roma repleta de prostitutas, ésta toma la decisión de instalarse allí. Además, señala el crítico que la venta del "anillo" por ser reiterada, se puede interpretar como diminutivo cazurro de "ano." Así se explica que, Lozana "siendo en Liorna vendió su anillo, y *con él fue hasta que llegó a Roma*" (187; lo subrayado es mío).[9] De esta forma, la venta de su cuerpo permite a Lozana llegar hasta la Ciudad Eterna. Este acto anuncia cuál será su profesión en la Roma babilónica, pues al contrario que santa María Egipciaca que a su llegada cambió de comportamiento, lo que encuentra Lozana en la sede papal no son buenos ejemplos sino motivación para perseverar y mejorar su trato.

Esta idea de la corrupción romana queda reiterada por la obra, casi coetánea a la *Lozana*, de Alfonso de Valdés,[10] *Diálogo de las cosas ocurridas en Roma* (ca. 1529) en que el conocido erasmista defiende la política de Carlos V, dejando clara la falta de responsabilidad directa de éste en las atrocidades ocurridas durante el Saco de Roma. Además, subraya que el Saco fue un castigo providencial, en cuanto significa el merecido de la sede pontificia, a causa de los pecados y la corrupción de Roma. En su diálogo Latancio, un joven caballero de la corte del Emperador, entabla conversación con un arcediano recién llegado de Roma, que resulta ser un antiguo amigo, y que en hábito de soldado le cuenta lo que ha presenciado. Latancio acusa al sector eclesiástico de su relajación moral y de los malos ejemplos que daban al mundo católico, causa ésta, según él, que provocó el castigo. Esta idea queda confirmada en el siguiente diálogo:

> Arcediano: ¿Y para qué pensáis vos que vamos nosotros a Roma?

Capítulo cuatro

> Latancio: Yo pensé que por devoción.
> Arcediano: ¡Sí, por cierto! En mi vida estube menos devoto.
> Latancio: Ni aun menos cristiano. (217)

Esta descripción del ambiente de Roma coincide con la imagen que apuntaba Rampín: "Roma, triunfo de grandes señores, paraíso de putanas, purgatorio de jóvenes, infierno de todos, fatiga de bestias, engaño de pobres, peciguería de bellacos" (242). Podemos comprobar cómo en estas citas se subraya el poder corruptor que ejerce Roma en todo el que allí llega, ya sean eclesiásticos, como Delicado deja constancia: "ruego al prudente lector... no me culpe, máxime que, sin venir a Roma, verá lo que el vicio d'ella causa" (485), o rameras como Lozana.

De esta forma, la relajación moral de la sede papal en los años anteriores al Saco, tal como se describe en el relato de *La Lozana andaluza*, vendría en cierta forma a sustentar la política del Emperador. Por ejemplo, es de notar en este respecto la posición que toma el Arcediano frente al matrimonio, pues aprueba que los clérigos tengan manceba, frente a la opinión de corte erasmista de Latancio de que mejor sería que se casaran si es que no van a ser honestos. El casarse para el Arcediano sería quitarles autoridad a los clérigos frente a su congregación, al mismo tiempo que traería otros inconvenientes más prácticos:

> Si yo me casasse, sería menester que viviesse con mi mujer, mala o buena, fea o hermosa, todos los días de mi vida o de la suya; agora si la que tengo no me contenta esta noche, déxola mañana y tomo otra. Allende... si no quiero tener mujer propia, quantas mujeres hermosas hay en el mundo son mías, o por mejor dezir... Mantenéislas vosotros y gozamos nosotros dellas. (Valdés 140)

Esta cita del Arcediano, a pesar de la exageración satírica, es muy ilustrativa respecto al ambiente de relajación moral permitido en Roma, al mismo tiempo que se asemeja al espíritu del cual hace gala el autor retratista de la obra de Delicado. Ambos personajes se disculpan de su conducta, culpando a la Roma putana, símbolo de la ramera a la vez que cabeza del catolicismo.

En efecto, se señala a la mujer libre, simbolizada en Roma como la gran ramera del Apocalipsis, como la causa de la caída y la decadencia del clero.[11] Ambas, mujer y ciudad, deben ser castigadas para que se produzca la reforma dentro del seno de la Iglesia.[12] Anne Cruz señala que, al escribir Delicado antes de la Contrarreforma, su posición anticipa la postura de sujeción y control dirigida hacia la mujer, viniendo a confirmar de forma anticipada la actitud que más tarde tomarán otros autores de la picaresca femenina.[13] Esta actitud consiste en señalar los peligros que las mujeres sexualmente libres constituyen para la sociedad y utilizar estos ejemplos para la instrucción y reforma del hombre (Cruz, *Discourses* 150). Sin embargo, aunque estos ejemplos subrayan los valores negativos que la mujer libre ocasiona a la sociedad, estas incursiones de la prostituta en la picaresca, así como en los tratados que las condenan, por el mismo hecho de documentar la transgresión también incluyen otra dimensión, que es la de presentar a las pícaras como agentes de su propia fortuna (Jordan 19). Este aspecto, como se verá durante la estancia de la andaluza en Roma, es también subrayado por John Parrack en "Identity, Illusion and the Emergence of the Feminine Subject," en que el crítico alude a "Lozana's emergence as an autonomous female subject" (50), concluyendo que: "She is not the Other, the object of masculine subject. Rather, she is the subject who objectifies Rampín and imposes her subjectivity on him" (50) [5]. Sin embargo, pensamos que *La Lozana* ofrece un ejemplo de lo contrario, ya que el autor la convierte en un objeto del que debe aprender y guardarse, aunque también deleitarse, el público masculino al que va dirigida la obra.

En este respecto, su estancia en Roma "que voltando las letras, dice Roma, amor" (258) es muy ilustrativa. Pues es ahí donde Lozana, "hermosa y habladera… [de] gran ver e *ingenio diabólico*" (187; el subrayado es mío), decide valerse por sí misma "para ser siempre libre y no sujeta a ninguno" (187). Al principio, se dedica a observar y aprender cómo se lleva a cabo el comercio, tanto de la prostitución como el de la tercería y cosmetología, es decir, quién hace qué, cómo y de qué manera. El autor concluye que: "pasó a todas éstas en este oficio, y supo más que todas, y diole mejor la manera, de tal modo que en nuestros tiempos podemos decir que no hay quien use el oficio mejor ni gane más que la señora Lozana" (190). A partir del mamotreto 6, el autor promete narrar punto por punto cómo llegó a este estado de prosperidad, y en forma de diálogo nos muestra el proceso de asentamiento y aprendizaje en la ciudad

Capítulo cuatro

de Roma, en la que Lozana llegará a superar a las demás en el negocio.

Después de una breve visita a algunas paisanas en cuya compañía se ponen de manifiesto sus orígenes conversos y su naturaleza práctica y proteica—"con los cristianos será cristiana, y con los jodíos, jodía, y con los turcos, turca..." (203)—se dirigirá a la casa de una napolitana que se dedica a los cosméticos. En compañía de Rampín, hijo de ésta, visita los lugares principales de la urbe romana, por cuyas calles el nuevo acompañante le va indicando los diferentes barrios, los tipos de prostitutas y los lugares donde se asientan. Pasan una noche memorable de erotismo y sensualidad (mamotreto 14), que les valió la calificación de pornográfico por la crítica primera. Este es el caso de Menéndez Pelayo que en un célebre comentario lo calificaba de "libro inmundo y feo" (54), añadiendo que su análisis no era "tarea para ningún crítico decente" (54).[14]

Después del encuentro amoroso se crea una asociación entre el muchacho y la prostituta que durará toda la vida y que convertirá a Rampín, génesis también del pícaro, en criado, rufián, amante y marido: "Y no quiero que fatiguéis, sino que os hagáis sordo y bobo, y calléis aunque yo os riña y os trate de mozo, que vos llevaréis lo mejor" (239).[15] El tiempo hace que Lozana pase de prostituta a tercera y preparadora de cosméticos, oficio más tranquilo que le trae muchos beneficios, por tener una buena reputación entre las más ricas cortesanas, como se demuestra en los tratos que tiene con la Jerezana, la Garza Montesina, Clarina e Imperia.[16]

Ya cerca del final, a causa de un sueño premonitorio, Lozana con el nuevo nombre de Vellida, decide retirarse a la isla de Lípari para huir de la locura y la vanidad que asediarán a Roma. Se retoma entonces la asociación de la protagonista con las pecadoras arrepentidas y, si antes era la Egipciaca en su camino a tierra santa, ahora con el tercer cambio de nombre, el autor hace referencia a la Magdalena de una forma irónica para señalar el supuesto arrepentimiento.[17] Sin embargo, esta asociación con el personaje bíblico se repite con anterioridad al "arrepentimiento" de Lozana, en referencia a otro personaje llamado precisamente Magdalena. Esta mujer, sirvienta de una cortesana, es requerida por un paje al que no hace caso hasta que interviene Lozana en su favor. Si la Magdalena lava a Jesús con sus lágrimas, la sirvienta Magdalena le dice al paje antes del encuentro amoroso: "Espera, os lavaré todo con este vino griego que es sabroso como vos" (303). Pensamos que el diálogo es en sí explícito y permite comprobar las correlaciones de tipo irónico que el autor hace entre las pecadoras arrepentidas y la vida de pecado que se lleva en Roma.

La última noticia que tenemos de Lozana es una carta que escribe a "todas las que determinan venir a ver Campo de Flor en Roma" (503), en la que les informa que, a pesar de que anunciaba su ida de Roma en el mamotreto final, presenció el Saco de la ciudad cuando "entraron y nos castigaron y atormentaron y saquearon" (503). Lozana avisa a sus "pares" de que la clientela ya no es buena en Roma:

> Porque si venís por abades, todos están desatando sus compañones; si por mercaderes, ya son pobres; si por grandes señores, son ocupados... si por romanos, están reedificando... si por cortesanos, están tan cortos que no alcanzan al pan. (505)

Curioso consejo, del todo comercial, para la que estaba arrepentida de su vida, como anuncia el título del mamotreto 66 y "acabó muy santamente" (478). De esta forma, podemos decir que el comercio carnal constituye parte integral de esta obra, escrita alrededor de 1524 en Roma y retocada antes de su publicación en 1528 en Venecia para incluir los acontecimientos del Saco. Además, desarrolla temas que tendrán gran preponderancia en los años venideros y que serán las claves de la novela picaresca, tales como la corrupción de la sociedad, las diferencias raciales y religiosas o el comentario sobre la prostitución y el submundo.

Retrato y espejo de la Lozana

El autor se plantea en la narración "retraer muchas cosas retrayendo una" (171). De hecho, al describir la vida de Lozana, la ramera, Delicado está describiendo la vida y corrupción de la "gran ramera" con la que se identifica a Roma:

> ¡Oh, vosotros que vernés tras los castigados, *mirá este retrato de Roma*, y nadie o ninguno sea causa que se haga otro! Mirá bien éste y su fin, que es el castigo del cielo y de la tierra, pues los elementos nos han sido contrarios... No se puede huir de la Providencia divina. (490; lo subrayado es mío)

Capítulo cuatro

Sin embargo, esta interpretación no es del todo satisfactoria, puesto que Delicado no deja que se produzca una asociación perfecta entre la Roma putana y la ramera Lozana. Mientras que Roma es saqueada y rebajada por completo ante las demás naciones, a Lozana se le da la oportunidad de escapar de la desolación de su patria adoptiva. De esta forma, comprobamos que se lleva a cabo lo subrayado por Bataille:

> The religious side of eroticism was the one that mattered most to the Church, the one that called forth her full wrath. Witches were burnt, low-class prostitutes allowed to live. But the degradation was stressed and used to illustrate the nature of sin. (137) [6]

En efecto, Roma, sede papal y por ello cabeza del mundo cristiano, se ha convertido en la Roma putana, sede del amor venal, donde todo apetito tiene cabida. Por esta razón la Ciudad Eterna sufre el castigo final, mientras que la roma Lozana termina en Lípari, convertida ahora en la pragmática arrepentida Vellida, por referencia a las santas penitentes, en particular a la Magdalena. Sin embargo, compartimos las dudas de Louis Imperiale en cuanto al destino de Lozana (81); no sabemos cierto si el arrepentimiento es real o si va a Lípari en lugar de a Venecia, como anuncia su sueño "en tal modo que navegando llegábamos en Venecia, donde Marte no puede estender su ira" (479).

También señala a Venecia el dibujo del frontispicio, en que se distinguen unos estandartes que anuncian el punto de salida y de llegada "de Roma… a Venetia," al mismo tiempo que corrobora estas dudas el nombre de la nave: "Cavailo venetiano." Además, más que en vías de arrepentimiento parece que va a seguir su negocio, ya que se lleva a sus principales clientas y se encuentra realizando su trabajo, en este caso pelando cejas, en el mismo transcurso del viaje. Lo mismo sugiere el cambio de nombre de Lozana a Vellida, ya que si apuntábamos a su relación con la Magdalena, también es posible que Vellida tenga un significado totalmente opuesto. Según Márquez Villanueva, el nombre podría significar una vuelta a los orígenes judíos que la conversa Lozana dejó atrás por la farsa del catolicismo que ha presenciado en Roma,[18] donde el único dogma que se sigue fielmente es el placer y la única práctica que se lleva a cabo con religiosidad es el acto sexual.[19]

Sin embargo, a pesar de las múltiples ambigüedades e interpretaciones, a veces dispares, presentes en la obra de Delicado, coincidimos con el juicio de Bruno Damiani, Claude Allaigre, José Antonio Hernández Ortiz, Louis Imperiale y Anne Cruz entre otros, de que el retrato de Lozana contiene un discurso moral y didáctico que coexiste con el fondo erótico presente en cada página de *La Lozana*. Es muy ilustrativo en este respecto el estudio que de la palabra *retrato* hace Allaigre (45) en la introducción a su edición de *La Lozana*. Aquí el crítico incluye las diversas acepciones del término:

(a) "imagen," tal como lo entendió Bruce Wardropper en "La novela como retrato," en que se defiende el arte de Delicado para pintar la realidad en su obra, pero sin ningún tipo de lección moral.

(b) "reprobación" en cuanto a la condena que se hace del tipo de vida que tanto la protagonista como la ciudad llevan, conclusión a que llegan los lectores después de haber sido testigos de ese retrato en el que han quedado grabadas ambas pecadoras.

(c) "retiro" o "retraimiento" por la trayectoria que después de Roma sigue.

(d) "retraer," en el sentido de apartar o disuadir de un intento al lector que lea la novela, extrayendo de ella una lección moral que le haga apartarse de la vida de pecado de la que ha sido testigo en el transcurso del retrato.

(e) "sentencia" o "proverbio" del cual se desprenderían advertencias para el que siguiera los preceptos de tales enseñanzas.

Esta última acepción es retomada por Imperiale en su estudio, en que se asocia el retrato de Lozana con el espejo, único objeto, además del anillo, que le queda a la Lozana de su anterior vida:

> Napolitana: Quitaos primero el paño y mirá si traés cosa que dar a guardar.
> Lozana: Señora, no, sino un espejo para mirarme (208)

Este espejo se convertirá en sinónimo del retrato que se plantea hacer el autor, no sólo porque dirá "lo que oí y vi" (169) sobre la ciudad y la vida que la andaluza llevará en Roma, sino porque también englobará la idea de ejemplo de conducta.

Comprobamos esta idea en la dedicatoria: "por traer a la memoria munchas cosas que en nuestros tiempos pasan, que

Capítulo cuatro

no son laude a los presentes ni espejo a los a venir" (170), en la Apología a las mujeres virtuosas: "Por tanto, munchas virtudes están tácitas y ocultas que serían espejo a quien las oyese contar" (483) y también al término del libro: "Espero en el Señor eterno que será verdaderamente retrato para mis prójimos, a los cuales me encomiendo" (508). De esta forma, el retrato o espejo de Lozana constituye un ejemplo al revés que pretende servir de instrucción y entretenimiento.

Además, esta acepción de retrato/espejo como sinónimo de tratado ejemplar que refleja las virtudes o los vicios gozaba de amplia difusión en aquel entonces. Entre otros podemos citar varios ejemplos: el *Speculum exemplorum* (1490) o *Speculum spiritualium* (1510) (citados por Imperiale 34) u otro más cercano al tema erótico de la *Lozana*, el *Speculum al foder*, tratado de recetas y consejos del siglo XV que subraya los beneficios de una vida sexual activa y sana. Por lo tanto, el término *espejo* en el sentido de "modelo o dechado digno de estudio o imitación" (RAE 893), con el que Delicado en su Apología se refiere a la vida virtuosa de "las claras mujeres… que serían espejo a quien las oyese contar" (483), se contrapone al "ejemplo" de Lozana que constituye un modelo de vida ejemplar a no seguir. Por lo tanto, ni la Roma papal ni la roma—por su falta de nariz—Lozana son espejo de una vida espiritual ni de una conducta sexual sana, pues en lugar de una vida religiosa en el centro de la ciudad papal se lleva a cabo una vida despreocupada y libertina. En lo que se refiere al sexo, en lugar de la vida sana que propone el *Speculum*, el sexo les trae a los habitantes de Roma la sífilis y la muerte, convirtiéndose de esta forma en un ejemplo negativo, que como tal, avisa de la corrupción y enfermedad que espera al que no se enmiende.

Este punto es subrayado por Michael Solomon, en su estudio sobre el discurso del médico Francisco López de Villalobos, que al igual que Delicado, escribió dos libros bastante peculiares. Uno es el *Tratado sobre las pestíferas bubas* y además, también escribe un tratado de amor bajo el título genérico de *Sentencias* (1517), cuya filosofía consistía en informar al hombre para que viera en la mujer una fuente potencial de la enfermedad:

> Once the image of a woman had been re-presented as diseased, when that which promised pleasure was seen as a source of pain… and when that which once was attractive became utterly repulsive, the fixation on the beloved was

thought to be broken and the body and the mind were healed. (Solomon 10) [7]

Del mismo modo, pensamos que Delicado, escritor de *De consolatione infirmorum* (perdido) y *El modo de adoperare el legno de India Occidentale* (1529), se plantea en *La Lozana* informar al lector, a modo de entretenimiento, de la fuente que provoca la sífilis, de manera que su tratado tiene una correspondiente práctica en la obra literaria.[20]

El proceso retórico empleado, usando las convenciones literarias que el medio le ofrece, consiste en proveer al lector con la medicina, la cual lo mismo puede curar que matar. En este sentido, Lozana es a la vez la cura y la enfermedad, la fuente que da solacio al autor y la que igualmente lo inunda de sífilis. En efecto:

> In the Renaissance as in the modern world, however, medicine and poison are often simply indistinguishable. As a result, rhetoric, characterized in such terms, can not help but unsettle, however much it may wish to reassure, not because the cure it offers may be worse than the disease it treats but because, more profoundly, it is both cure and disease at the very same time. (Rebhorn 132) [8]

Prueba de esta lectura es el comentario de Menéndez Pelayo respecto a la publicación del tratado sobre la sífilis de 1529, un año después de *La Lozana*: "sin duda para que el segundo libro sirviese como preservativo o antídoto del primero" (52). Pues, como el mismo Delicado apunta al citar uno tras otro, ambos libros tienen sus correspondencias:

> Y si dijeren que por qué perdí el tiempo retrayendo a la Lozana y a sus secuaces, respondo que, siendo atormentado de una grande y prolija enfermedad, parecía que me espaciaba con estas vanidades. Y si por ventura os viniere por las manos un otro tratado *De consolatione infirmorum,* podéis ver en él mis pasiones para consolar a los que la fortuna hizo apasionados como a mí. (485)

También es de esta impresión Allaigre al anotar sobre esta cita que: "*un otro tratado* [lo subrayado es de Allaigre] *De consolatione infirmorum*... Me parece prueba de que el *Retrato* es también tratado, por más jocoso que sea" (485, nota 8).

Capítulo cuatro

Siguiendo la misma línea, en su estudio sobre la sífilis en la obra de Francisco Delicado, María Luisa García Verdugo asocia la enfermedad con la prostituta y apunta que:

> *La Lozana* es, pues, producto de su convalecencia, como lo fue *De consolatione infirmorum*. En ella se crea, o retrata, una venus popular que tiene dentro de sí el veneno del amor y sus antídotos; ungüentos, oraciones, y zalamerías. (83)

En efecto, Delicado traza en el retrato de la prostituta una radiografía de la enfermedad, de modo que continúa con la tradición: "Because the French disease was closely identified with female sexual sin, response to the disease focused on the ultimate symbol of female sexual sin—the prostitute, or more accurately, the loose woman—rather than on the disease itself" (McGough 214) [9]. Esta relación es subrayada también en el famoso diálogo entre Lozana y el Valijero donde somos testigos de la asociación entre las prostitutas y la enfermedad de la sífilis:

> Lozana: ¿Todas tienen sus amigos de su nación?
> Valijero: Señora, al principio y al medio, cada una le toma
>   como le viene; al último, francés, porque no las deja
>   hasta la muerte. (277)

Además "La carta de excomunión contra una cruel doncella de sanidad" (495), con la que un "enfermo" se queja, apunta a la mujer como la causante de la enfermedad: "Dice que, con su beldad / y con gracias muy extrañas / le robó la libertad / de dentro de sus entrañas" (496).[21] De esta forma, el personaje de la andaluza presenta con su comportamiento un ejemplo de la decadencia moral y, al ser identificada con Roma/Babilonia/ gran ramera, se apunta al pecado como consecuencia del poder que ejerce la sensualidad sobre el hombre.

Sin embargo, como subraya Cruz, el resultado final no es simplemente la censura de la mujer como causante del pecado, la enfermedad y la caída del hombre, sino que el objetivo de la narración es la instrucción y reforma del hombre tanto física como espiritualmente. Notemos la conclusión de Delicado en su Apología:

> El ánima del hombre desea que el cuerpo le fuese par perpetuamente; por tanto, todas aquellas personas que se retraerán

> de caer en semejantes cosas, como éstas que en este retrato son contadas, serán pares al espíritu y no a la voluntad ni a los vicios corporales, y siendo dispares o desiguales a semejantes personas, no serán retraídas, y serán y seremos gloria y laude a aquel infinito Señor que para sí nos preservó y preservará, amén. (486)

En efecto, aquellos que no se comporten como los que en el retrato lo han hecho no tendrán por qué ser retratados en libro o retraídos a la isla de Lípari. El objetivo, por lo tanto, es la reforma e instrucción del hombre que sucumbe, como Roma, al pecado y la sensualidad. Sin embargo, los métodos empleados por Delicado para llegar a esta conclusión son ambiguos.

Consecuentemente, lo mismo que la medicina puede ser ambos, cura y enfermedad, el texto se presenta como antídoto y solacio. El lector no sólo experimenta el placer que el texto ofrece en su recuento de escapadas sexuales—lo mismo que el autor que al escribirlo intenta dar "olvido al dolor" (170)— sino que a la vez sirve de contraveneno, para que tanto el lector como el autor se "curen" y reformen. De hecho, si las curas del palo de indias fallan—como también fallan las mancebías—el texto vendría a proveer un espacio donde el descontrol sexual no viniera acompañado de bubas.

Delicado en torno a la prostitución

Los moralistas del momento insisten en lo pernicioso de la literatura de ficción para la perdición de los jóvenes. Sin embargo, la vida de pecado de algunas santas es valorada satisfactoriamente por el ejemplo que suministran. En este sentido, el editor de la edición de Bruselas de *La pícara Justina* insiste en que esta obra aporta facetas similares, pues:

> Todos los hombres de cualquier estado que sean aprendan los enredos, embustes y peligros de que se han de apartar y sabrán los pecados que les pueden traer a carrera de perdición... de suerte que este presente libro encierra en sí lo que conviene que cada uno sepa para ser apercibido contra los embustes de los malvados... aunque para ello nos pueda mucho mejor y del todo instruir la sagrada escritura. (s.n.)

De la misma forma, pensamos que *La Lozana* constituye un compendio del mundo prostibulario hispanorromano, que a

Capítulo cuatro

modo de tratado, pone de manifiesto las vicisitudes de la vida de las prostitutas y de sus clientes, como símbolo de la vanidad, del pecado y de la enfermedad. En la capital del cristianismo, convertida en la capital del sexo, la religión ha pasado a segundo plano y la Roma putana lo ha invadido todo.

Entre los asuntos relativos a la prostitución ilustrados en *La Lozana* se subraya, en primer lugar, que el comercio meretricio no se lleva a cabo en un recinto cerrado como las autoridades ordenaban, sino que se extiende por todas partes: "Es la mayor parte de Roma burdel, y le dicen: Roma putana" (216). Por lo tanto, la Ciudad Eterna es toda burdel y el tipo de prostitución que se practica es ilegal o clandestino. Además, lo que clasifica a las prostitutas no es el ser amancebadas, enamoradas, cantoneras o públicas, como conoce Lozana por su recorrido español, sino que en Roma, como le aclara el Valijero, son todas cortesanas y lo que las diferencia es el ser "ricas o pobres" (269). El modelo de cortesana rica lo tenemos en los personajes de la Jerezana, la Garza Montesina, Clarina y la Imperia, ejemplos todos de codicia, vanidad y lujo, como se puede comprobar en el diálogo de Lozana con un escudero en relación con el dinero que gastan las cortesanas:

> Escudero: ¿A qué modo se les da tanto dinero, o para qué?
> Lozana: Yo's diré. En pinsiones o alquiler de casas, la una ha envidia a la otra, y dejan pagada aquélla por cuatro o cinco meses, y todo lo pierden por mudar su fantasía, y en comer, y en mozos, y en vestir y calzar, y leña y otras provisiones. (337)

Esta envidia de que habla la protagonista es explotada en la correría final de Lozana por las casas de las más importantes cortesanas. En este episodio, que empalma con la literatura cómica de tradición boccacciana, el juego de la astuta Lozana consiste en apelar a la vanidad y al poder de una, para hacer que la otra quiera tener lo que ésta posee. En su visita a casa de la Garza, la Lozana menciona "un licor para la cara, que quien se lo pone no envejece jamás" (449) que le había encargado la cortesana Clarina; ante tal maravilla, la réplica de la Garza no se hace esperar: "¿Y cómo, Lozana? ¿Soy yo menos, o puede pagallo ella mejor que yo?" (449). Lozana repite la operación en casa de las cortesanas principales, subrayando con cada ejemplo la vanidad de estas mujeres.

Esta vanidad, consentida y alimentada por Roma y, retratada en detalle por el autor con estos ejemplos, queda castigada con el Saco y la pestilencia que asolaron la ciudad. El autor se encarga de subrayar este castigo en el epílogo, a modo de ejemplo, con el fin de una de sus más famosas cortesanas: "Mira la Garza Montesina, que la llevan sobre una escalereta por no hallar, ni hay, una tabla en toda Roma... Mira los galanes que se atapan las narices cuando con ellas pasan" (489). El castigo de las prostitutas, hijas predilectas de Roma, queda infringido en el cuerpo de éstas, como ejemplo del castigo a la Roma ramera babilónica, a su vez hija predilecta de la cristiandad: "¡Oh cuánta pena mereció tu libertad, y el no templarte, Roma, moderando tu ingratitud a tantos beneficios recibidos! Pues eres cabeza de santidad y llave del cielo" (490). El comportamiento de ambas, ciudad y ramera que se encontraban en la cúspide de su poder, queda igualado, de la misma forma que el castigo que reciben.

Si la vanidad y la riqueza acompañan a la prostituta joven, la pobreza es el último compañero con el que se pasea. Resulta interesante en este aspecto contrastar los ejemplos dados en *La Lozana* con los de ciertos manuales de conducta, tales como en el tratado de Juan de la Cerda *Vida política*, en el cual el autor advierte del fin que les espera a las prostitutas, que ya decrépitas se encuentran sumidas en la pobreza:

> ¡Qué hacienda ganada o adquirida por esta vía [prostitución] has visto lograrse! ¿Quántas rameras has visto u oído decir que murieron ricas? Y si me trujeres a la memoria a Lays en Corinto, y Athays en Athenas, y Flora en Roma... dame la cuarta? Pues en respecto de tan pocas, mira quan sin número es el número de las que acaban en suma pobreza. (560)

De forma similar, Delicado expone en su narración algunos ejemplos de esta vida de pobreza en la que acaban la mayoría de las prostitutas. Así, al caso ya subrayado de las cortesanas favoritas, se suma el de otros personajes como el de la Galán portuguesa. Rampín nombra a esta prostituta por su fama en el recorrido iniciático de la Lozana a su llegada a Roma: "Aquí mora la galán portuguesa," a lo cual la Lozana pregunta: "¿Qué es, amiga de algún ginovés?" (214). Esta pregunta indica que la dicha prostituta se halla bien proveída, pues Lozana asocia la riqueza de ésta, con su vida pasada de opulencia como amancebada del genovés Diomedes. De esta riqueza previa de la

Capítulo cuatro

andaluza somos informados por el encuentro casual de Lozana con unos individuos de su anterior vida, cuando era una rica y joven cortesana:

> Quisiera yo ¡pese al diablo!, que metieran la mano a la bolsa por cualque docena de ducados, como hacía yo en aquel tiempo, y si no lo tenía se los hacía dar a mi señor Diomedes, y a sus criados los hacía vestir, y agora a mala pena me conocen. (369–70)

Pero el tiempo no perdona, y esta nueva etapa provechosa, aunque no tanto como los tiempos de "genovesa"de la Lozana, es por el contrario brutal con la Galán portuguesa, de quien Lozana nos informa que: "Fue una mujer que mandaba en la mar y en la tierra, y señoreó a Nápoles, tiempo del Gran Capitán, y tuvo dineros más que no quiso, y vésla allí asentada demandando limosna a los que pasan" (408). Lozana, que en su aventura marítima fue partícipe de cuánto el rico mercader poseía, ahora en su estado se reconoce en la Galán: "Rampín, no's partáis, que habéis de dar aquellos trapos a la galán portuguesa" (406).

Del mismo modo Divicia, prostituta de sesenta años, ya bien pasada la edad laboral, cuenta su vida pasada por las mancebías españolas:

> no había nadie que se me comparase; pues en Zaragoza más ganaba yo que puta que fuese en aquel tiempo, que por excelencia me llevaron al públique de Valencia, y allí combatieron por mí cuatro rufianes y fui libre; y desde entonces tomé reputación y, si hubiese guardado lo ganado, ternía más riquezas que Feliciana. (422)

Sin embargo, ahora se encuentra vieja, sin ahorros ni clientes que la mantengan, incluso llegando a ofrecer patéticamente "un par de cuchillos" (426) para tener trato carnal con el rufián Sagueso. Asimismo, su vida constituye un satírico historial del mundo prostibulario hispanoromano, pues no sólo recorre las principales mancebías españolas, sino que está presente en Nápoles cuando se inició la plaga de sífilis que inundó Europa (431).[22] Además, y a pesar de la exageración, conoce a todo el que se mueve dentro del comercio carnal en Roma, como le anuncia a la Lozana: "Son treinta mil putanas y nueve mil rufianas sin vos" (430).[23] Lozana que por su astucia toma nota de estas experiencias, sabe que cuando la juventud y la belleza falten a las prostitutas, éstas se encontraran solas y abandonadas de los que antes las requerían y nadie se acordará de ellas.

En un diálogo con Silvano, Lozana reconoce que "ya no soy la que solía" (387) y recapacita sobre la vejez de las mercenarias del amor libre y la falta de apoyo de la ciudad a aquellas que la sirvieron. En este pasaje, el autor parodia por boca de Lozana las numerosas quejas de los viejos soldados, ahora comparados satíricamente con las mercenarias del amor, que ven como sus esfuerzos por mantener el bienestar público no se ve recompensado:

> Y agora ¿qué mérito les dan?, salvo que unas, rotos brazos, otras gastadas sus personas y bienes, otras, señaladas y con dolores... otras que siendo señoras son ahora siervas... otras, alcahuetas, otras, parteras, otras que piden a quien pidió y sirven a quien sirvió... ansí que todas esperan que el senado las provea a cada una según el tiempo que sirvió y los méritos... Y según piensan y creen que harán una taberna meritoria. (389)

Lozana apunta entonces que a las rameras, al igual que a los soldados que en la lucha sirvieron a la ciudad, se les debe prometer un sustento para cuando ya no puedan valerse por sí mismas. Con esta medida, se evitarían repercusiones negativas para la ciudad.

En primer lugar y en un tono muy similar al de los tratados contra la prostitución oficial, Lozana subraya parodiando este mismo discurso que, al tomar estas medidas no vendrían tantas cortesanas de otros lugares—sin embargo, ella misma es española en Roma—a satisfacer la demanda de la ciudad. Estas consecuencias, según nos dice, serían nefastas para el orden social. Por lo tanto, la utilidad de la prostitución como preservadora de este orden—pero es evidente que no hay orden en Roma—es entonces repetida por Lozana, como ya lo hicieran los moralistas discutidos en el capítulo 1, para mostrar el descontrol que caería sobre la ciudad sin el servicio de éstas. Sin embargo, es irónicamente ahora y a causa del descontrol sexual que asola Roma cuando este discurso resulta carente de fundamento y por lo tanto, supone una crítica por parte de Delicado de la postura que defiende los beneficios que el control de la prostitución

Capítulo cuatro

brindaba. Así, después de señalar que la ingratitud y el abandono hará que las nuevas prostitutas no vengan a relevar a las que ya no pueden continuar el oficio, sigue:

> y de aquí redundará que los galanes requieran a las casadas y a las vírgenes de esta tierra, y ellas darán de sus casas joyas, dinero y cuanto ternán a quien las encubra y a quien las quiera, de modo que quedarán los naturales ligeros... y ellas contentas y pobres, porque *se quiere dejar hacer tal oficio a quien lo sabe manear*. (391; lo subrayado es mío)

El ejemplo de este desorden—a pesar del orden que supuestamente brinda a la sociedad la prostituta—no se hace esperar y, unas páginas más adelante, se describe el engaño que el joven Coridón planea, con la ayuda de Lozana, para poder gozar de la casada Polidora (mamotreto 55).

No parece olvidar Lozana el consejo del Valijero en cuanto a las casadas, a quienes describe como: "bocado caro y sabroso y costoso y peligroso" (273). Sin embargo, y a pesar de este comportamiento, se muestra molesta ante quien la compara con Zopín, conocido rufián romano: "Yo puedo ir con mi cara descubierta por todo, que no hice jamás vileza, ni alcagüetería ni mensaje a personal vil, a caballeros y a putas de reputación" (366). Como comprobamos, ya no sólo trata con prostitutas, como ella arguye en su defensa, sino que entra en terreno más peligroso. El plan, que asalta contra la institución del matrimonio, consiste en que Coridón se introduzca en la casa de su amada, cuando el marido se halle ausente, disfrazado de loca que va por el mundo reprendiendo las cosas mal hechas. Entre otras cosas, la loca (Coridón disfrazado) anunciará a Polidora que ella va por el mundo así porque se casó con un viejo y dejó a su joven amante desconsolado, y que ahora arrepentida lo anda buscando. Polidora entonces, según anticipa Lozana, le abrirá su pecho a la loca, la cual le prometerá ir en busca de su amado—lo que ocurrirá rápidamente ya que loca y amado son la misma persona—para traérselo hasta su cama (437).

El castigo que tal acción merece es sin embargo administrado a Lozana de manera parcial al final. Desde el principio el autor-personaje se planteaba castigar públicamente a la pícara y, hacía mención de la picota,[24] de igual forma otros personajes insisten en su condena: "¡Oh la gran mala mujer! ¿Cómo no la azotan?" (294), "A ella y a vos habían de encorozar" (294).²⁵ Sin embargo, en lugar de someter a la pícara a castigos públicos, el autor la exilia, en un momento bastante conveniente, a pasar su vejez en la isla de Lípari en compañía de sus pares haciendo penitencia por la vida de pecado llevada en Roma. Por lo tanto, y a pesar de las palabras del autor sobre su intención: "y porque siendo por la presente obra avisados, que no ofendan a su Criador, el cual sea rogado que perdone a los pasados, y a nosotros" (481–82), pensamos que su actitud es finalmente bastante pragmática.

Con su retrato de la prostitución romana, Delicado analiza en tono de parodia las consecuencias del comercio meretricio en todas sus variantes tales como: la enfermedad, la situación en la que se encontraban las prostitutas una vez desahuciadas, la corrupción y la relajación del clero; a la vez que el libro supone una toma de postura política y moral. Pues, si bien el comercio carnal se describe a nivel relativamente realista, poniendo de manifiesto el desorden que éste traía a la ciudad, también sirve para justificar una empresa política como es el Saco de Roma. Es así porque, al apuntar con su narración al sentido providencial de la intervención del Emperador, el castigo de Roma/ramera se convierte en designio divino y en metáfora, que señala a la mujer libre (Roma) como la causa de la caída y enfermedad del hombre (el mundo cristiano). Este doble objetivo—el hecho de mostrar la cura y el placer; la enfermedad y el sufrimiento—resulta ilustrativo si tenemos en cuenta que como médico (también como López de Úbeda un poco chocarrero) literato y religioso, la obra literaria le concede un espacio de libertad inusitado donde ensayar sus observaciones—médicas, literarias y espirituales—y analizar sus consecuencias.

En efecto, lo que enferma, la sífilis, enfermedad venérea contraída quizá con alguien como Lozana, también da placer—el sexo y el recuento de las escapadas sexuales de Lozana—de ahí que la enseñanza que se desprende, como señala Wayne Rebhorn citando a Fray Luis de Granada, resulte ambigua:

> Imagining the rhetorically trained preacher as a physician whose task is to tear out the vices by the roots from the souls of his auditors, Fray Luis de Granada also recognizes the very fine line between good and bad rhetoric, between medicine and poison: "I leave to the prudence of the preacher

Capítulo cuatro

> what caution is to be used in removing vices of this sort, lest we offer people poison or material of some grave offensiveness in place of health-giving medicine." (131) [10]

Como se desprende, Delicado ofrece la cura (espiritual) y el solacio (físico) mediante la observación del vicio. Por lo tanto, podemos decir que *La Lozana* se inscribe, aunque con un tono claro de parodia, en el discurso contra la prostitución presente en los avisos y tratados analizados en el capítulo 1.

Apuntes del mundo de la mancebía en *Vida y costumbres de la madre Andrea*

El profesor Jonas A. Van Praag localizó la única copia conocida del manuscrito de esta novela picaresca en 1950 en una librería de viejo de la ciudad de Utrecht y la publicó en 1958 en la *Revista de Literatura*.[26] La reproducción está precedida de un breve estudio introductorio de la novela con estas premisas: "Novela picaresca anónima. Edición del único manuscrito conocido, con introducción y comentarios" (111).[27] Aquí Van Praag estableció la fecha aproximada a base de ciertas alusiones literarias en el texto, entre ellas, la de Antonio Enríquez Gómez y sus *Academias morales* que datan de 1642 o la referencia al "libro de Montalbán" *Para todos* de 1633, que le hacen pensar que el libro no pueda ser de antes de 1650.

También conjetura sobre el posible autor. En principio, el hispanista holandés apunta que parece ser obra de una sola mano y que los arcaísmos, lusismos y las alusiones al Antiguo Testamento llevan a la conclusión de que pueda ser obra de un converso emigrado por vía de Francia a Ámsterdam (126). Sin embargo, la acción de la novela, aunque no se menciona en la obra directamente, transcurre en una ciudad española, posiblemente Madrid por referencia al Hospital de Nuestra Señora del Amor de Dios (162), más conocido como Hospital de Antón Martín, nombre del padre que lo fundó en 1552. Al mismo tiempo, Van Praag no puede asegurar el lugar donde se compuso exactamente la novela pues su investigación en cuanto al papel del manuscrito le lleva a pensar que pueda ser copia dieciochesca de otro anterior (112).

Asimismo hay un apartado dedicado a la grafía, la cual como bien señala Van Praag es arbitraria, por ejemplo la acentuación no es constante, se confunden la *b/v* y también la *ç/s*. Este caso último hace pensar que el autor seseara, pues se registran ejemplos como bolsa y bolça, seços de mosquito, imcompreçible, etc. En este sentido, apunta Van Praag que es posible que el autor pronunciara una *s* sonora entre vocales que casi siempre escribe *z:* provechozo, gustozo, caza, coza. Sin embargo, Van Praag no cree que esto sea un caso de ceceo, pues el mismo autor se burla de un poeta ceceoso cuando dice: "Dios çea en esta caça / Y nos dé bienes sin taça" (132), esto viene seguido por un chiste basado en el juego de palabras taza/tasa. A lo que el poeta replica que "Advierta Vmd. que hablé ceçeoso, por mostrar gracia, como hacen muchas damas" (133). El tema merece estudio aparte y no me detendré en pormenores.[28]

En cuanto a la crítica que se ha ocupado de la obra, las contribuciones son mínimas o prácticamente inexistentes, salvo alguna mención significativa como en la lista de obras picarescas que compone Howard Mancing en "The Protean Picaresque" en la que incluye el texto como parte del género picaresco en *The Picaresque Tradition and Displacement* (1996) o una nota a pie de página de María Soledad Arredondo en "Pícaras: Mujeres de mal vivir en la narrativa del Siglo de Oro" (1993). Sin embargo, creo que un estudio de este texto resulta necesario e imprescindible para avanzar en los estudios de la picaresca femenina ya que presenta un caso original de la regencia de una mancebía por una mujer. Del mismo modo, resulta novedoso considerar el texto como una estrategia que provee un espacio de control que no es posible, como queda documentado por la repetición de las ordenanzas, en las mancebías o en las casas de recogidas. De hecho, este orden sólo puede ser encontrado en la ficción, en los textos de la picaresca femenina como *Vida y costumbres* que finalmente acaban suplantando a la mancebía como recurso que "desengaña" y "escarmienta" a los hombres (Cruz; Hanrahan) y pone freno a la libertad de la pícara-prostituta, pues como Arredondo apunta en su artículo antes mencionado, en la picaresca femenina "el peligro tiene nombre de mujer" (33).

Así lo veía desde luego Juan de Mariana cuando avisa de los peligros de este tipo de mujeres una vez entradas en edad:

> Las rameras, pasada la flor de su edad, se hacen terceras, y por la larga experiencia saben mil maneras de engañar y hacer daño; de suerte que los burdeles son seminarios certísimos desta gente y destos daños. (Mariana 446)

Capítulo cuatro

En efecto, pocos son los ejemplos del gobierno de las mancebías que nos ha dejado la novela picaresca.[29] En su mayoría, como hemos podido comprobar, los textos picarescos de protagonista femenino explotan los límites de la prostitución clandestina. Ésta engloba el mundo de las rameras-romeras como Justina, las estratagemas de las mujeres enamoradas, y las idas y venidas de las prostitutas itinerantes con o sin acompañamiento de rufián, marido consentido, madre, dueña o criado.

Sin embargo, en la poco conocida y anónima novela *Vida y costumbres de la madre Andrea,* se explora el mundo de las casas públicas, con su universo de prostitutas y clientes, regentado por una madre de mancebía. La madre Andrea, como temía el padre Mariana en la cita anterior, es una antigua prostituta que, pasada la juventud, se convierte en regidora de una casa pública para suplir con la experiencia los beneficios que anteriormente le reportara el negocio carnal. Andrea anuncia:

> Procuré juntar algún dinero y según los philósophos que dizen que cada agente procura hazer su semejante, yo tanbién con mis quartos agenciaua otros y en los más secretos quartos de mi caza... todos me trahían en las palmas... si yo les trahía para sus palmas. (127)

Andrea, buena conocedora del oficio y sus clientes, provee a cada uno con la mercancía que según sus carteras les corresponde. Así, dependiendo de ésta les ponía a los clientes en sus palmas, desde los encantos de la prostituta Philipa, hasta los servicios de una moza que describe como "espantajo de la lascivia y en fin cara que de balde era cara" (137). La primera prostituta, guapa y joven, está reservada para los mejores pagadores, como el hijo del indiano rico, y la segunda, para los menos exigentes o muy necesitados, como los ciegos y los frailes mendicantes.

Entre los devotos de su casa, además de los mencionados, podemos reconocer siguiendo la convención literaria a algunos de los tipos más denostados por los escritores satíricos de la época: abogados, médicos, poetas, soldados, jaques y hasta barberos. Se describe a todos, a medida que van pasando por la casa pública, donde la pícara se encargará de recoger sus idiosincrasias a través de su conversación y trato. Cabe subrayar que entre los estados más denostados en *Vida y costumbres* se halla el eclesiástico; recordemos que el padre de Andrea era "propiamente padre" (127) y que entre los religiosos se encuentran los clientes más lascivos de Andrea. En efecto, el fraile, sin poder esperar a que Andrea fuera "por alguna niña vezina" (144), se lanza sobre ella, dejándola sólo al "ver entrar coza más tierna, ala qual se pegó luego con tanto furor y repetiçión que la moçuela empeço a gritar" (144). Ante este ataque Andrea socorre a su protegida, y le entrega como reemplazo a la prostituta fea reservada para los ciegos, la que sin embargo "le pareció un ángel por que a buenas ganas no ay pan duro" (144). Forman también parte del estado eclesiástico retratado, los ciegos, recitadores de letanías como el de *Lazarillo*, que también pululan por la casa de Andrea, llegándose a contar hasta cuatro.[30]

En cuanto a los orígenes de la prostituta, Andrea sigue la tradición picaresca, contándole al lector—al que pretende entretener al mismo tiempo que ilustrar—en primera persona los sucesos de su vida desde su nacimiento y prehistoria, hasta el momento de su arrepentimiento: "Te contaré lector, aunque te haga cosquilla, salados cas(c)os, ridículos sucesos, pasatiempos deleitables y dichos de discrección y agudeza" (128). Como buena pícara, Andrea es hija de una prostituta y de un padre, en este caso de la Iglesia, que fue confesor de su madre, la que "como a confessores les descubría el pecho y no tenía coza que no les hiziesse patente" (127). Sin embargo, Andrea va más allá en su investigación genealógica, e incluye entre sus progenitores no sólo al padre sino, debido a la profesión de su madre, a todos aquellos que tuvieron trato sexual con ella.

Según la pícara este hecho explicaría que una mujer de su calidad dominara tantas ramas del saber humano: "salí promiscuamente compuesta de muchos miembros, partes y ramos scholares, que todos concurrieron a aparteçiparme un saber incomparable" (149). Del mismo modo, en el entierro de la madre, los supuestos padres corroboran cómo Andrea fue promiscuamente compuesta:

> uno murmuraba: "yo le hize la boca," otro: "yo los ojos, que en lo viuo se parecen a los míos," y cada vno se aplicaua vna facçión, y el más velhaco de todos soltó… "yo también ajudé y pienso q hize la madre y la puerta por donde le entra el socorro, y votto a tal, que quiero que me dé lo mío… que no será ynçesto, pues una parte viene a ser ninguna respecto del todo que obraron Vmds." (127)

Capítulo cuatro

Con estos principios Andrea se propone "hazer como hija de quien era" (127), abriendo tienda en que vender sus encantos, negocio que al parecer no le fue nada mal, pues una vez pasada la juventud tiene algún dinero para situarse como regenta de una casa pública. Aunque en principio la pícara parezca hacer gala de su vida de pecado, la narración queda cortada por un súbito arrepentimiento:

> No obstante que pudiera refferir mill quentos, sucessos, gallanterías, que después passaron, pero lo excuzo, por que ya entonces me di por enfadada y *resoluí en lugar de barcos y redez* largar ollas y coberteras y retirarme dezengañada de tan mala, escandaloza y pecaminoza vida. (167; lo subrayado es mío)

Andrea, como improvisado apóstol al servicio de la palabra de Dios, deja su vida anterior y se convierte en otra magdalena pragmática que ofrece su *Vida y costumbres* como testimonio de una vida de pecado. Sin embargo, desde el comienzo de la narración la postura de Andrea avisa al lector de que existe un cambio entre el pasado de pecado y el presente en que está escribiendo. Comprobamos esta postura en su llamada de atención al lector, a quien explica el modo de entender la obra:

> en çirniendo este mi discurso, no tomes el fin de la palavra, antes saca desta obra la cándida flor de la harina con que hagas pan de los santos, y no escojas el áspero y gruesso saluado con que quiçá no lo serás. (128)

A modo de Guzmán desde su atalaya, la Andrea arrepentida se erige en modelo a seguir. Desde su situación privilegiada analiza la vida de pecado, no directamente contando el arrepentimiento y la vida que le sigue—proceso que sigue también Chaide en *La conversión de la Magdalena* para mostrar lo enorme del pecado de esta mujer y la posibilidad del perdón—sino mostrando al lector en directo los muchos abusos que se llevan a cabo en la mancebía. Esta postura, tomada por el anónimo autor de la narración, provee claves con las que analizar el discurso que en torno a la prostitución se venía debatiendo.

En primer lugar, el texto pone de manifiesto que las mancebías como lugares de control resultan nefastas, pues ni se controla ni se ataja el problema de la prostitución. Al contrario, como temían los que abogaban por el cierre de las casas públicas, se muestra cómo los jóvenes acudían a éstas, no teniendo edad para ello y aún más grave, derrochando la hacienda de los padres: "madre... si no se contenta con algunos reales que aquí traigo, me llegaré a caza, por maior suma, que mi padre corrió la Nueva España, la provinçia de Quito... el Perú y su Cerro, y la platta rueda por la caza" (131).[31] Además, se demuestra que estas casas en lugar de contribuir al atajo de la sífilis—otra de las razones por la que los defensores del burdel apoyaban su existencia—no hacen sino aumentar el número de los infectados. Por lo tanto, como se desprende del comentario de Andrea, su existencia resulta contraproducente: "los hospitales... lleuaua[n] mi caza... por que a vezes venían algunas picarillas tan negro encarnadas que infectauan quántos árboles de cinselas las comunicauan" (162). No sólo esto, la narración sirve como evidencia de que el orden público que con la existencia de las mancebías se pretendía lograr tampoco se consigue. Una prueba de ello lo constituyen las trifulcas entre jaques y valentones que tienen lugar entre sus muros. La primera riña se produce por el robo de una industria en forma de pócima que Andrea ha preparado para que "las zagallas fuessen bulliçiosas, contadoras de estrellas, y los puziessen en las nuves [a los clientes] sin alabarlos" (128). Tal ungüento, como cabe suponer, resultaría muy beneficioso para jaques y rufianes que, al margen de la mancebía, se ganaban la vida a costa de sus mujeres.

De hecho, como apunta Rebhorn en su estudio sobre la relación entre textos literarios y los discursos de retórica en el Renacimiento:

> Rhetorical situations are modeled in the liminal spaces of literary texts. That modelling allows authors to scrutinize the discourse of rhetoric even as they repeat it; it enables them to analyze and evaluate its assumptions, assertions, and judgements about human beings and the social and political world in which they live. (19) [11]

En efecto, el texto literario se convierte en un lugar óptimo para ensayar ejercicios de retórica que al mismo tiempo que deleitan—usando convenciones literarias, elementos cómicos y satíricos—persuaden al lector de la influencia nociva que la prostitución constituye para la sociedad en este momento

Capítulo cuatro

histórico. En consecuencia, creemos que un estudio paralelo de estos textos literarios junto al discurso sobre la prostitución aporta útiles herramientas con las que analizar los objetivos que guiaron a los creadores de la picaresca femenina. Entre ellos, el diálogo que suscitó el comercio carnal, su control y descontrol, ofrece información clave no sólo sobre la forma en la que se entiende la licitud o ilicitud sexual, sino también sobre el lugar que ocupa la mujer en la sociedad del Siglo de Oro. Ésta, como anunciamos al principio de este trabajo, se encuentra fuertemente determinada y delimitada por su sexo—pura (doncella, monja) o sexualmente activa dentro de los límites (casada, prostituta oficial)—sin embargo, estos límites no siempre se respetaban.

En consecuencia, pensamos que la floración de discursos en torno a la prostitución en los que participaron, entre otros, teólogos, juristas y literatos favorecieron el afianzamiento de las estructuras patriarcales. Estas medidas pretendían clasificar y excluir a la mujer de la esfera pública—a la buena, relegarla a la casa o el convento y a la mala, a las galeras o las casas de recogidas ya que la mancebía no ataja sus pasos—para en última instancia mantener y justificar su subordinación. A este proceso, como hemos comprobado, también contribuye la literatura de ficción en cuyas páginas la exhibición de libertad corporal y de palabra de las pícaras queda silenciada y sancionada, más o menos virulentamente, en aras del bien común.

Sin embargo, y ya para terminar, quede como antelación a un estudio más profundo, este breve recorrido por *Vida y costumbres,* pues todavía quedan muchas lagunas al respecto. Por ejemplo, el sentido del diálogo entre el aritmético y el músico que abarca cinco páginas (153–57), con su misteriosa retahíla de números y combinaciones posibles que acaban con una enumeración similar entre el nombre de cuatro ciudades: Madrid, Sevilla, Toledo, Cadix. Quede por lo tanto esta aportación como llamada de atención a una obra que merece un lugar dentro de los estudios picarescos y que sin duda puede dar mucho que hablar.

Capítulo cinco

Salas Barbadillo y Zayas

Dos aproximaciones al discurso de la picaresca

La aproximación al discurso de la picaresca de Alonso Salas Barbardillo y María de Zayas contiene elementos que la acercan a la novela cortesana. En el contexto español, la novela corta o cortesana de influencia boccacciana se establece como género oficialmente con Cervantes y sus *Novelas ejemplares* en 1613. Cervantes tiende a incorporar elementos de otros géneros, como las novelas de aventuras, bizantinas y picarescas. Asimismo, Salas Barbadillo antes y Zayas un poco después, participan del gusto por el ambiente cortesano e introducen novedades particulares. En el primero, constituye un elemento principal el carácter eminentemente ejemplar presente sobre todo en *Corrección de vicios* (1615): "Que no es otra cosa el vituperar una acción, que el avisarte que huyas de ejecutarla" (3). En los tres relatos que forman la colección—"La dama de perro muerto," "El escarmiento del viejo verde," y "La niña de los embustes"—el mensaje está dirigido a la reforma de las costumbres del hombre que se ve engañado por las malas mujeres. Este mensaje, como analizaremos a continuación, es el mismo que detalla en *La hija de Celestina*, novela de carácter híbrido entre picaresca y cortesana donde el discurso prostibulario típico de la picaresca femenina también está presente.

Del mismo modo, Zayas participa del gusto por la novela cortesana y su contenido ejemplar e híbrido. Sin embargo, a la altura de 1637 y a consecuencia de la decadencia del género prefiere llamar a sus novelas "maravillas." Según Julián Olivares, con esta novedad "Zayas quiso designar un discurso femenino, dentro del género de la novela que volviese por la fama de la mujer y que presentase una perspectiva femenina; con esto quería revelarse contra el dominante discurso masculino" (53). Sin embargo, como comprobaremos a continuación, pensamos que la novedad de Zayas consiste no necesariamente en revelarse, sino más bien en utilizar este mismo discurso de una forma particular que beneficie a su heroína, la buena mujer. Frente a ésta, la mala mujer, la pícara y la corruptora como el mensaje de la picaresca femenina será castigada.

Sin embargo, en *La hija de Celestina* de Salas Barbadillo y "El castigo de la miseria" de Zayas, novelas con pícaras-prostitutas de las que nos ocuparemos en este apartado, el mensaje de uno y otra difiere, no tanto en el fondo sino más bien en la forma y en la implicación de los presuntos culpables del desorden. Mientras Salas Barbadillo ve en la pícara-prostituta al elemento desestabilizador que trae desorden y caos a la sociedad desde todos los ángulos: legal, moral o social, Zayas la hace acompañar por esos maridos que no supieron poner coto a su deseo y fueron copartícipes del desorden. En efecto, aunque los dos son tajantes en el castigo de la prostituta, sus métodos ponen de manifiesto una lectura diferente de los papeles que la mujer tiene en la sociedad. Por lo tanto, sus distintos acercamientos a un género tan dominado por la pluma masculina servirán para contrastar la diferencia y la aportación de Zayas al mensaje prioritariamente masculino de la picaresca femenina.

La hija de Celestina: **El castigo de la prostituta en Salas Barbadillo**

La aportación de Salas Barbadillo a la novela picaresca con *La hija de Celestina* (1612)[1] introduce una serie de novedades, como la narración en tercera persona o la muerte de la protagonista, que contribuyen al asentamiento del género, a la vez que supone una contestación a los presupuestos y principios del mismo.[2] Asimismo, también constituye una continuación con la tradición picaresca-celestinesca desde el mismo título ya que Elena le debe su nombre a su madre, la mora Zara-María y a sus artes celestinescas: "Como el pueblo llegó a conocer sus méritos [convocar gente de otro mundo y aderezar doncellas] quiso honralla con título digno de sus hazañas y así la llamaron todos en voz común 'Celestina,' segunda de este nombre" (45). Con estos principios y debido a su inclinado talante para este tipo de vida, el nombre de Elena se va desplazando hasta que se convierte en la "hija de Celestina."

Esta incursión prostibularia de Salas Barbadillo sirve para ilustrar los estados de la pícara-prostituta, a la vez que pone de manifiesto, según deja claro el autor, las consecuencias de esa clase de vida. Legalmente, el robo y el asesinato, consecuencias de la vida al margen que Elena lleva, hacen que la pícara tenga que subir al patíbulo. Al mismo tiempo, su mensaje es similar al de los tratados morales, ya que parece existir unanimidad entre éstos y la ficción literaria cuando subrayan que el engaño del hombre es parte esencial de la prostitución. Por lo tanto, la lección que se persigue en ambos tipos de textos—la instrucción y reforma del hombre (Cruz, *Discourses* 150)—se lleva a cabo de una manera bastante similar.[3]

En el caso de *La hija de Celestina*, la lección queda aprendida explícitamente por los hombres, quienes han de notar los males que sobrevienen de tal conducta. Este aspecto es ya subrayado desde la *Aprovación* al libro por el doctor Gregorio Juan Palacios: "No hay en ella cosa contra nuestra sancta Fé Católica: antes bien... *enseña quanto se han de guardar los hombres de una ruyn muger*" (s.n.; lo subrayado es mío). De la misma forma se pronuncia Francisco de Lugo y Dávila al lector en la ampliación de *La hija de Celestina* dos años más tarde, con el título de *La ingeniosa Elena* (1614): [4]

> *para conseguir* Alonso de Salas *el fin que con tales obras se pretende, te muestra en la astucia y hermosura de Elena y trato de su compañía lo que executa la malicia deste tiempo y el fin que tiene la gente desalmada...* Y aunque de historias verdaderas pudiera darte casos admirables, quiso para mayor deleite y muestra de su buen ingenio, ofrecerte de su inventiva esta novela. (21; lo subrayado es mío)

De acuerdo con estas predicciones, Don Sancho aprende la lección, y como representante de la clase a la que va dirigida la obra, queda amonestado y escarmentado. Además, resulta avisado de los engaños y astucias de la prostituta, volviendo arrepentido y con propósito de enmienda a los brazos de su silenciosa y honesta esposa. Por lo tanto, la obra literaria se convierte, en el caso de *La hija de Celestina*, en una "actuación" que ilustra una opinión sobre el estado de la cuestión: "Y aunque de historias verdaderas pudiera darte casos admirables" (21). Al mismo tiempo expone un muestrario de casos contra los que preverse,

Capítulo cinco

entre otros: robo, seducción, estafa y asesinato. La literatura, como subraya Rebhorn, tiene estos privilegios:

> Literature does, in other words, what rhetoric treatises and handbooks are prevented from doing... it presents a direct modeling of rhetorical situations. Literature is a privileged discourse, in a sense, for it opens up the equivalent of a liminal space, a site adjacent to but separate from the space of the real world, in which authors can represent that world in such a way that while often merely rehearsing conventional ideas and arrangements, they also have the freedom to analyze, refine, and critique them. (18) [1]

En el caso de Salas Barbadillo, podemos decir que el comportamiento de la prostituta constituye una representación, un modelo de lo ya avisado en manuales de conducta, en cuanto al peligro que constituye la mujer libre. Por lo tanto, la obra de ficción se puede leer como una aproximación al discurso prostibulario y un intento de oponerse a la prostitución organizada en mancebías. En este caso, el autor pone de manifiesto en el contexto de la ficción el argumento que estaba ganando terreno: que los esfuerzos por acotar los movimientos de las prostitutas en estos recintos resultan un fracaso.

La acción de la novela comienza *in medias res* en la ciudad de Toledo, donde se están preparando "las bodas de un caballero forastero y de una señora, deuda de todos" (25). En este estado de fiesta, propicio para las confusiones y mascaradas, Elena conoce a Antonio de Valladolid, sirviente del viejo y rico Don Rodrigo de Villafañe, tío del novio. Antonio, halagado por la atención que le presta la bella Elena, le cuenta todos los pormenores de tío y sobrino. El primero es orgulloso y honorable, y el segundo enamoradizo y predispuesto a los placeres, por lo que Elena:

> entendió que el desposado era un hombre muy rendido a las flaquezas de la carne y tan corrompido en este vicio que no solamente procuraba la gracia y buen acogimiento de las damas con regalos y cortesías, sino que a más de una doncella había forzado, *travesuras* que costaban al viejo mucha cantidad de hacienda. (28; lo subrayado es mío)

Sin embargo, el narrador perdona fácilmente estas travesuras, como se califican los abusos de Don Sancho, así como el posterior seguimiento y acoso de Elena.

Por extraño que pueda resultar, el narrador parece entender que Sancho caiga irremediablemente enamorado, en el mismo día de su boda, de una mujer como Elena. Lo interesante de esta perspectiva, y aquí reside la inocencia de Sancho a los ojos del narrador, es que durante la vida de Elena, Don Sancho nunca llega a saber que ella es una prostituta y la considera una mujer de posición, casada y asentada en Madrid. Sin embargo, por la reacción de Don Sancho y su trato con Elena es muy probable que: "con el airecillo de las esperanzas que se había levantado en el pensamiento" contara con que el matrimonio de la pícara fuera una tapadera que ocultara su estado de prostituta. Con lo cual, la presunta inocencia que el narrador le otorga al joven no resulta tan convincente. Del mismo modo piensa Hsu en su análisis de este episodio: "As it turns out, with a future agenda of courting her in Madrid, the lascivious nobleman is more than willing to let the *pícara* go free" (196) [2]. Pero con todo, y a pesar de sus escapadas—"a más de una doncella había forzado" (28)—no es castigado como la pícara, sino sólamente ridiculizado.

La humillación de Sancho consiste en saber, a la muerte por ajusticiamiento de Elena, que ha sido engañado por una ramera. Esta revelación parece ser necesaria para que el aprendizaje sea posible. En este momento Sancho "admirado de tantos engaños... propuso de allí adelante vivir honesto casado" (142). A este arrepentimiento se suma para más efectismo la conversión del sirviente Antonio, víctima de la seducción de la prostituta, el que: "tomó el hábito de una religión, que las más de la veces del mal fin de un malo, se sigue la enmienda de infinitos vicios" (142). De esta forma, el castigo de Elena y de sus secuaces—Zara/María, Montúfar, la Méndez y Perico el Zurdo—y la reforma y arrepentimiento de Sancho y Antonio de Valladolid, sirven a Salas Barbadillo como telón de fondo en que insertar y plasmar dentro de la ficción literaria la ideología moral que se desprende de los libros de conducta y disposiciones legales vigentes en la época.

Salas retoma el mensaje de este tipo de libros y avisa al lector de lo mismo que ya había hecho Juan de la Cerda en el manual de conducta *Vida política:* "cuanto es mayor la apariencia del

Capítulo cinco

bien, tanto mayor es el engaño y la traición encubierta: la cual conviene descubrir" (521). En la narración de Salas la condena de la pícara no es simplemente legal, aunque la mano judicial sube a Elena al cadalso y le da garrote para después encubarla,[5] sino también social y moral. Social, porque vuelve a poner orden en la estructura por la que se rige la sociedad, y desenmascara a la que pretendía usurpar y mezclarse, aunque sólo fuera durante el momento del engaño y de la farsa, con un nivel al que no pertenece. Moral, porque ejemplifica los abusos y engaños que se describen en los libros de conducta.[6] Por ejemplo, en *Vida política* después de mostrar algunos engaños de los que se valen las malas mujeres, se anuncia al lector este mensaje: "puedes conjeturar en que vendrá a parar lo que te queda, sino tomas nuevo acuerdo y atajas este incendio, que abrasa tu hacienda, tu cuerpo, y tu alma" (569). Con el mismo tono de sermón típico de los tratados morales, el narrador de *La hija de Celestina* insta al que busca los placeres en los brazos de la prostituta a que cambie de vida:

> Hombre miserable... ¿Sabes por tu vida, adónde vas? (Pues, espérate un poco, oye, que no seré largo.) ¿A quemar tu hacienda, a echar por el suelo tu reputación, a volver las buenas voluntades de tus deudos y amigos, espadas que deseen bañarse en tu sangre? (71)

Este discurso en forma de instrucción al hombre y de castigo a la mujer libre es, como comprobamos, el que será retomado por Salas en forma de ficción narrativa.

La prostitución y su negocio en *La hija de Celestina*

El mundo de la prostitución descrito por Salas Barbadillo en *La hija de Celestina* es bastante educativo, en el sentido que informa de todos los estados en que se ejerce la prostitución clandestina en este momento histórico. En primer lugar, sabemos la edad a la que Elena comienza su vida pública:

> Yo era mozuela de doce a trece, y tan bien vista de la corte que arrastraba príncipes que, golosos de robarme la primera flor, me prestaban coches, dábanme aposentos en la comedia... y las tardes de julio y agosto, meriendas al río de Manzanares. (47)

Si seguimos los preceptos de la Lozana,[7] con respecto a la vida en activo de una prostituta, la pícara cumple con todos los requisitos:

> Capitán: Señora Lozana, ¿cuántos años puede ser una mujer puta?
> Lozana: Dende doce años hasta cuarenta.[8] (367)

De esta forma Elena, bien instruida desde el principio por su madre,[9] sigue las reglas a modo de libro de texto y en la cumbre de su hermosura, antes de que se resolviese a "abrir tienda" (47), se plantea examinar la clientela. Pasan la rigurosa prueba un eclesiástico, un señor de título y un genovés, quienes se convierten en los elegidos para comenzar el trato en Madrid.

Sin embargo, este negocio se acaba pronto y termina con un desplazamiento de madre e hija a Sevilla, por miedo a que la justicia se lance contra ellas, después que el genovés muriera en la cárcel, desplumado y preso por deudas. Durante el transcurso del viaje a Sevilla, la madre muere a manos de unos ladrones y Elena, ahora en solitario, vuelve a Madrid. Al faltar la madre, Elena entra en una segunda etapa y se busca al rufián Motúfar al que hace partícipe de su negocio:

> me aficioné a tus buenas partes, siendo el primer hombre que ha merecido mi voluntad y con quien hago lo que los caudalosos ríos con el mar que todas las aguas que han recogido, así de otros ríos menores como de varios arroyos y fuentes, se las ofrecen juntas, dándote lo que a tantos he quitado. (47)

Como rufián, Montúfar tiene que cumplir y proteger a su "banco"; sin embargo, Elena va dándose cuenta de que es cobarde y que no le sirve como protector, para lo cual decide apartarse de él con el consejo de la Méndez, que lo califica de "pícaro, hombre de ruines entrañas y de bajo ánimo… que se ocupa estafando mujeres" (79). De esta forma, aprovechando que Montúfar cae enfermo, preso de calenturas, la Méndez y Elena se deciden a abandonarlo, no sin soltarle este irónico sermón:

> Pues cosa cierta es que ha de ver vuestra merced muy premiado en la otra vida el cuidado que siempre ha tenido de que

Capítulo cinco

> las mujeres que ha tratado no sean vagabundas, puniéndolas a oficio y haciéndolas trabajadoras que no solamente comían de la labor de sus manos sino de la de todo el cuerpo. (82)

Sin embargo, la separación no es tan fácil y, después de la venganza que unos días más tarde toma de ellas, dejándolas atadas a unos árboles en mitad de los montes, Montúfar vuelve a buscar a su "verdadero caudal" (92) y se reanuda su relación mercantil.

En esta segunda reunión comprobamos cómo se cumple otra de las etapas de la vida de una típica prostituta protegida por un rufián. Esta vida está llena de movimiento—recordemos que en su compañía recorre Toledo, Burgos, Sevilla y Madrid—de mascaradas, engaños y de peleas. Por fin los dos llegan a la corte, cumbre de todo recorrido picaresco, casados a montar tienda. Esta nueva asociación les permite llevar a cabo el negocio carnal de forma menos peligrosa, aprovechando la licencia que el matrimonio les concede.[10] Ya situados en la corte, Montúfar empieza su nuevo oficio de marido consentido y "volvió con más danzantes a casa que día de Corpus Christi" (138), con lo cual el negocio familiar prospera. No obstante, Elena comienza a mostrar preferencia por otro rufián y después de una paliza que le propina su marido decide deshacerse de Montúfar, esta vez para siempre. Pero viéndose engañado, éste reacciona y arremete contra ella, hasta que sale de su escondite Perico el Zurdo, nuevo amante de Elena, que le propina una estocada en el corazón, causa ésta que lleva a los dos nuevos amantes al patíbulo.

Hasta aquí hemos podido comprobar las diferentes formas por las que discurre el negocio carnal. Según Salas, todas éstas son clandestinas. Por lo tanto, pensamos que la narración de Salas saca a la luz muchos de los espacios de la clandestinidad, para poner de manifiesto la desorganización imperante en torno al supuesto orden y control de la prostitución. Es ilustrativo en este respecto, que uno de los argumentos aducido por los regidores, en su petición a la Corona para la implantación de las mancebías en el siglo XV, es el peligro que supone para el orden público y la seguridad ciudadana las frecuentes riñas y homicidios suscitados por las peleas entre rufianes y prostitutas (Lacarra 271). Sin embargo, dos siglos más tarde, y a pesar de la instauración de las mancebías y del supuesto control que éstas traerían a la población, el orden no se produce. Prueba de este fenómeno es la reiteración de los delitos de prostitutas y rufianes, sobre todo en el lugar de trabajo. De igual forma, las riñas constantes, las palizas y el homicidio que el texto reproduce, demuestran dentro de la narración que el pretendido orden público no es posible. Por lo tanto, el espacio de la ficción le permite a Salas—además del uso de convenciones literarias, cómicas y paródicas, dentro de la tradición—analizar y comentar este tipo de situaciones sociales literariamente.

Al mismo tiempo, Salas incluye unos avisos bastante precisos sobre los peligros que este comercio ocasiona a aquellos que en principio quiere proteger. Recordemos que uno de los argumentos aducidos para la legalización de la prostitución era la protección de las doncellas; sin embargo, esto no se produce en la narración, ya que Don Sancho "a más de una doncella había forzado" (28). Es más, debido a su insaciable apetito está a punto de poner en peligro la institución recién estrenada del matrimonio. Así se lo recuerda el narrador en una especie de sermón muy a tono con los manuales de conducta y los libros de confesión:

> Hombre miserable... ¿qué buscas si tienes dentro de tus puertas debajo de tus llaves para el alma entretenimiento para el cuerpo deleite, seguridad para la honra, acrecentamiento para la hacienda y al fin quien te dé herederos. (71)

Además, en este sermón el narrador compara a la mujer honrada con un caballo mal montado, que corre el peligro de desbocarse si no está bien dirigido.[11] Por tanto, el hombre tiene la responsabilidad de dirigir a la mujer honrada para que ésta lo siga siendo:

> La mujer honesta, la de más buen ejemplo, si la ponen ocasiones apretadas... corre desenfrenada y no para hasta dar con el marido y su honra por uno y otro despeñadero sin dejar barranco adonde a él y a ella no los arrastre. Verdades he dicho... a quien bien le pareciere, cárgase dellas. (71)

De esta forma, además de la instrucción que el hombre debe poseer para descubrir los males encubiertos que la mujer libre presenta, el discurso de Salas muestra las claves necesarias para distinguir entre la mujer honrada y la libre.

Capítulo cinco

Salas subraya esta polaridad desde el principio de la narración al describir a las mujeres de Toledo, diferenciando las que están dentro de casa, de las que se pasean por las calles:

> Las ventanas estaban pobladas de varias luces... Porque esta felicísima ciudad goza insignes mujeres, bellas en los cuerpos, discretas en las almas, curiosas en el traje, suaves en la condición, liberales en el ánimo, honestas en el trato... siempre son necesarias, y jamás su lado parece inútil. (25)

Frente a éstas, que se mueven en el espacio interior, se contrasta el otro tipo de mujer que se mueve en el espacio exterior:[12] "Por las calles y plazas públicas también andaban muchas de menor calidad en la sangre a cuyo olor iban mozuelos verdes y antojadizos... uno destos se le arrimó a nuestra Elena" (26). Salas también subraya este contraste entre el comportamiento de las mujeres libres y las mujeres honradas en lo relativo al discurso. Peter Stallybras en una elocuente cita subraya los mecanismos de control que distinguen los diversos tipos de mujer en este momento histórico:

> The surveillance of women concentrated upon three specific areas: the mouth, chastity, the threshold of the house. These three areas were frequently collapsed into each other. The connection between speaking and wantonness was common to legal discourse and conduct books.[13] (126) [3]

Elena, como ejemplo de la mujer libre, se mostrará elocuente. Somos testigos de su elocuencia en los halagos que le presta al mozo Antonio, en el engaño al viejo Don Rodrigo, o en cómo sale del aprieto de verse cogida camino a Madrid por Don Sancho.

Frente a esta elocuencia de la pícara, Salas antepone el silencio de la esposa de Don Sancho, de quien no se conoce ni el nombre propio, ya que antes de que se case se refiere a ella como: "una señora" (25) y después, como su mujer o su honesta esposa. Cruz subraya este aspecto con relación a la locuacidad de Lozana frente a las matronas silenciosas con las que se cruzan la andaluza y Rampín en *La Lozana andaluza*:

> Unlike the rest of the characters who populate the novel, the noblewomen never interact with Lozana... Treated with un-

> common respect by the author, they signify his concern with maintaining order among the different social classes, and exemplify besides his own beliefs as to how matrons should behave. (*Discourses* 147) [4]

Ésta es también la aproximación de Salas con respecto al personaje de la esposa de Don Sancho, al que contrapone a todo lo que simboliza Elena.

Por lo tanto, creemos que la importancia del proxenetismo y de la prostitución clandestina en la obra de Salas no es casual, sino que responde a un tema de actualidad que tanto legisladores como moralistas e intelectuales del momento estaban evaluando. En efecto, consideramos que nuestro análisis del texto de Salas Barbadillo a la luz de las vicisitudes del complejo mundo de la prostitución puede ofrecer una nueva perspectiva para entender cómo este ambiente de control y descontrol sexual crea un espacio para la reflexión, el escrutinio y la crítica por parte de los creadores literarios.[14] Como hemos comprobado en *La hija de Celestina* no sólo se pasa revista a los cauces por donde se escapa la prostitución sino que Salas analiza cómo y qué es lo que esta escapada pone en peligro.

En efecto, Salas reflexiona cómo la prostitución ilegal conduce al robo, al engaño—poniendo en peligro instituciones como el matrimonio—e incluso al asesinato. De la misma forma, es evidente que estas escapadas a la vez que muestran de forma expositiva el desorden que la prostitución conlleva, también proveen material narrativo suficiente con el que deleitar al lector. No obstante, el mensaje principal que se desprende del análisis de Salas pone de manifiesto que la sexualidad de la mujer "is a social factor to be repressed, bartered, and controlled by the male structures of power" (Cruz, *Discourses* 158) [5]. La vida picaresca de Elena atenta contra el orden social—no se atiene a las normas de la mancebía, asume el papel de mujer honrada, de devota, provoca desorden en la institución del matrimonio y no duda en matar cuando encuentra un reemplazo que la satisface más—y por esta razón es natural que la más libre de las pícaras reciba el mayor de los castigos. Por lo tanto, en aras del bien común Elena muere a garrote y encubada, el orden público queda asegurado y los peligros de la mujer libre claramente expuestos.

Capítulo cinco

María de Zayas y el discurso prostibulario de la picaresca

Doña María de Zayas y Sotomayor, única autora que incluimos en este estudio sobre la picaresca femenina, produce un texto picaresco-cortesano que ofrece novedades en cuanto a su acercamiento al género. En efecto, el discurso eminentemente masculino que se despliega en la picaresca femenina es retomado por la autora de una manera singular, pues sin ser subversiva, aporta un enfoque diferente. Zayas condena a la pícara-prostituta porque es un elemento desestabilizador para su sociedad, pero no lo hace desde el punto de vista propiamente masculino, sino que la condena de la mujer pública es a favor de sus protagonistas, las virtuosas mujeres, ya que por culpa de ellas, éstas quedan despreciadas, engañadas y ultrajadas.

Para analizar la toma de postura de la autora con respecto al discurso de la picaresca femenina nos centraremos particularmente en "El castigo de la miseria" incluida en su colección *Novelas amorosas y ejemplares* (1637).[15] La elección de esta novela responde a su carácter híbrido que ha permitido su inclusión dentro de la modalidad picaresca por parte de la crítica.[16] Nos interesa en este sentido, analizar el papel de las pícaras y su relación con las pícaras-prostitutas de la picaresca de autor masculino para ver hasta qué punto Zayas se despega, si es que lo hace, de la tradición eminentemente masculina de la picaresca femenina. Por lo tanto, planteamos investigar cómo en el caso particular de la picaresca "the female discourse of Zayas's work involves the appropriation of discursive models from the masculine world of letters and the performative reworking of them" (Nina Davis 326) [6]. Así, en adelante analizaremos las condiciones necesarias que permiten a Zayas construir una narración que, siguiendo las pautas del discurso literario masculino también ofrece otra alternativa.

Antes conviene señalar que el vocabulario polisémico que se puede aplicar a "mujer pública" también tiene su correlación con el término acuñado por Amezúa que da nombre al género en que mayoritariamente escribe la autora, esto es, novelas cortesanas.[17] Recordemos que mientras el *Diccionario de Autoridades* recoge la acepción del término *cortesano* como "Lo perteneciente o propio de la Corte" o "comedido, atento, urbano, cortés" (630), el término femenino apunta que *cortesana* es "la mujer libre que vive licenciosamente" (630).[18] Por lo tanto, en vista de la confusión que este término pueda sugerir, la hispanista Shifra Armon sugiere otro nombre que se adapte mejor al tipo de novela que en general describe relaciones amorosas o cortejos: "Instead, I propose replacing the ambiguous feminine adjective *cortesana*, possibly connoting wantonness, with the equally polyvalent, but far more relevant word, *cortejo*" (4) [7]. Sin embargo, aunque comparto con Armon la necesidad de un cambio para referirse a la novela corta, para nuestro estudio, centrado en el papel de la prostituta en la picaresca femenina, este término de *novela cortesana* resulta particularmente preciso.

De hecho, cinco de sus diez *Novelas amorosas* incluyen a cortesanas que ponen en peligro la estabilidad del matrimonio de sus virtuosas y ejemplares heroínas.[19] En efecto, si en la picaresca femenina de autor masculino es al hombre al que se le previene de las acciones de la cortesana, en la obra de Zayas además de a éstos, se informa también a las mujeres. Este aviso a la mujer honrada es doble, pues ésta debe tener cuidado tanto de la acción perniciosa de las prostitutas como de la de los hombres que tienen por pareja. Además, en Zayas, frente a los ejemplos de sus homólogos masculinos, las prostitutas pierden todas las características positivas, pues como señala Hsu:

> Downplaying courtesans' positive qualities such as beauty, grace, elegance, and culture, which many contemporary male authors cannot fail to notice, Zayas enhances the danger that courtesans embody and convey. In Zayas, the *dama de la corte* represents the most fearful enemy to virtuous women, and therefore family stability, and social order. (199) [8]

En efecto, el discurso de Zayas sobre las escapadas y los engaños de estas mujeres públicas forma parte también del debate que contemporáneamente se estaba llevando a cabo sobre lo insostenible del argumento tradicional que apoyaba la necesidad de la prostitución como mal menor.

Así, aunque Zayas participa en este debate y hace uso en su narración de los mismos argumentos que despliegan en sus tratados los moralistas y los escritores de la picaresca, la autora introduce un contraataque novedoso. Zayas, consciente de su estado, demuestra en sus novelas con cortesana el peligro que

Capítulo cinco

ésta supone para la familia y el matrimonio. Sin embargo, y de ahí lo que la separa de sus homólogos masculinos, no son sólo éstas las culpables del desorden. Zayas incrimina también a esos hombres que sólo toman como esposas a mujeres castas y recogidas cuando ellos hacen uso de las cortesanas y no dudan en poner a sus mujeres en segundo lugar. Como ejemplo de esta actitud en *La hija de Celestina*, la honesta esposa de Don Sancho, descrita como "una señora, deuda de todos" (25), no recibe mucha atención ni de su esposo ni del escritor. Ambos sólo tienen ojos para la pícara Elena, mientras que a la devota esposa ni siquiera se le da nombre propio en la narración. Siempre se hace alusión a su honestidad pero carece de la personalidad de las mujeres honestas de Zayas, es decir, el mensaje del autor no está destinado a ella sino al libertino de su marido, que por cierto queda sin castigar.

Además, el narrador, no contento con la conducta irreprochable de la esposa, le advierte a Sancho que ponga cuidado:

> ¿Qué fías en tu mujer porque agora es santa y virtuosa?... La mujer honesta, la de más buen ejemplo, si la ponen ocasiones apretadas, se cansa si no en ésta en aquélla y si no en aquélla, en la otra y dando concorvos, corre desenfrenada y no para hasta dar con el marido y su honra por uno y otro despeñadero sin dejar barranco adonde a él y a ella no los arrastre. (71)

En efecto, el narrador señala que sus escapadas amorosas pueden causar esta situación, pero en lugar de centrar el problema en Sancho, éste se traslada al peligro que pueda ocasionar su mujer.

Muy diferente es la actitud de Zayas en este sentido, y su mensaje contraataca el discurso masculino al conceder un espacio de acción a la mujer honesta y virtuosa que se ve engañada por maridos infieles y viciosas cortesanas. Como señala Mireya Pérez-Erdelyi:

> Muestra Zayas que la mujer virtuosa vive en un mundo hostil donde es asediada no sólo por los hombres traidores, sino también por las mujeres depravadas motivadas por los celos en el caso de las terceras y de las mancebas, o el del provecho en el caso de las alcahuetas. (102)

Sin embargo, aunque Zayas nunca absuelve al hombre por su comportamiento, las mujeres malas salen peor paradas que éste al ser descritas como el "otro." Para conseguir esta separación frente a las verdaderas protagonistas, la autora les da nombres extranjeros como Flora o Lucrecia, asociados con Roma, o la napolitana Nise.

Al mismo tiempo, es relevante notar que Zayas participa con su narración en el cariz diabólico que en este momento se le quería infundir a la labor de las meretrices desde el discurso moral. Por ejemplo, recordemos la descripción del moralista Velázquez del cuerpo muerto de una prostituta como "tizón del infierno" (14). Así participando de este discurso, Zayas les concede a sus cortesanas poderes diabólicos como a Lucrecia "grandísima hechicera" (380) con su conjuro para poseer la voluntad de Don Fernando. Además, es notable comprobar que también Zayas, como los moralistas que escribían a favor de la ilegalización de las mancebías, atribuye a las prostitutas deseos contra natura como la sodomía y el lesbianismo: "las rameras de pura malicia suelen pecar unas con otras torpísimamente" (Velázquez 11). En este sentido, tenemos el ejemplo de Flora en "La burlada Aminta": "Aguarda hermano, no pasemos aquí, que ya sabes que tengo gusto y deseos más de galán que de dama, y donde las veo y más tan bellas, como esta hermosa señora, se me van los ojos tras ellas y se me enternece el corazón" (Zayas, *Novelas amorosas* 223). Por lo tanto, estoy de acuerdo con Hsu respecto a la posición de Zayas frente a la prostituta, pues:

> Demonstrating the destructive danger that courtesans represent to the survival of family and marriage, Zayas further discredits the hypocrisy of the moral double standard that regards prostitution as a "necessary evil." For Zayas, courtesans deviate from the ideal of virtuous womanhood and disrupt many potentially happy marriages between social equals. (201) [9]

El mensaje de Zayas en este sentido resulta novedoso pues aunque no deja de aliarse al mensaje patriarcal que ve en la mala mujer la causa de la desviación de la norma, del pecado y del desorden social, también culpa al hombre. Este hombre que ha dejado de lado los valores que sustentan la sociedad y lo que lo hacen realmente hombre digno, esto es, la virtud, el honor, la valentía o la integridad.

Debido a este fracaso, como los moralistas advertían, las sociedades y las naciones decaen y se descomponen. De ahí,

Capítulo cinco

la llamada que desde distintos ángulos de la sociedad se hacía para la reforma de costumbres, como única manera de resolver los muchos problemas en los que el país se encontraba. Con su texto, podemos comprobar cómo Zayas contribuye a esta llamada a levantar el país señalando a los causantes del desorden: los malos hombres y las cortesanas.

Al mismo tiempo, en estos ejemplos sus heroínas sustentan el orden, ya que no buscan un lugar al margen de las normas sociales ni tampoco rechazan los papeles tradicionales que garantizan su virtud. Sus protagonistas, las mujeres honestas, quieren convertirse en la "perfecta casada," pero por culpa de las malas mujeres y los depravados maridos esta vía no es posible. Es por esta razón que muchas de ellas eligen el convento, otra salida que sin ser subversiva, ya que está dentro del espacio asignado a la mujer honrada, les ofrece mayor libertad.

Mujer pública contra "mujer pública"

En este apartado, analizamos la posición de Zayas y sus estrategias discursivas respecto a su posición de defensa de sí misma como "mujer pública," es decir en su sentido de mujer elocuente que escribe ficción. Al hacerlo repasamos las connotaciones de carácter sexual que, desde la literatura de los manuales de conducta femeninos, se asocian a este tipo de mujer, como son la promiscuidad, la desenvoltura y la falta de recato. Estas mismas características también se asocian con la otra "mujer pública," esto es la prostituta.

Recordemos que en el Siglo de Oro, el discurso público, oral o escrito, de la mujer es fuertemente condenado por predicadores, tratadistas y escritores, De hecho, como señala Brownlee:

> The possibility of a *public* mind and a *private* body posed a threat to the integral nature of woman as she had been socially constructed for centuries… Writing women were socially tainted in the seventeenth century not simply as divided, unintegral human beings but also as whores, potentially monstrous. (14; lo subrayado es de Brownlee) [10]

Consecuentemente, se prescribe que a la mujer no le es necesario aprender a escribir y que la lectura debe aproximarse con extrema cautela.[20] La mujer sólo debe leer libros piadosos donde aprenda a comportarse y reciba ejemplos de las santas de la cristiandad. Por el contrario, la lectura de ficción es vista según este discurso como un mal a evitar ya que la mujer, más débil que el hombre, aprende a perderse por completo. Los moralistas advierten que de esta práctica se siguen grandes agravios para la virtud, pues las jóvenes al leerlos se creen heroínas rendidas en los brazos de sus amantes, como se atestigua en *Tratado del govierno de la familia y estado de las viudas y doncellas* (1597) donde leemos:

> ¿No es lo mismo que si estuviera hablando con un hombre de las mismas cosas que lee? Pues lo que con él podía hablar de palabra lo habla en el libro que lee: pues aquellas letras la enseñan lo que ha de hablar y responder: y aún en alguna manera es peor este negocio y más dañoso y peligroso. Porque esto puede hacer siempre que lee, más lo otro no, sino cuando el padre, o otra persona no la ve ni la siente, o lo sabe. (Astete 184–85)

En cuanto a la escritura por parte de la mujer, el mismo hecho de hacer públicos sus escritos la señala. En efecto, mientras el silencio femenino se relaciona con la castidad, la elocuencia lo hace con la promiscuidad.[21] La razón principal de esta represalia masculina es que la mujer al hacer públicos sus escritos, implícitamente busca la fama, y la fama es privilegio y condición del hombre. Por lo tanto, por el mero hecho de hacer públicos sus escritos, la mujer se hace "mujer pública" y por consiguiente, se expone a toda clase de invectivas masculinas (Olivares, en Zayas, *Novelas amorosas* 23).

Partiendo de este punto, resulta por lo tanto interesante tener en cuenta el carácter de escapada sexual o de promiscuidad que desde la sociedad patriarcal se asocia con la práctica de la lectura y la escritura de ficción por parte de la mujer. De hecho, es común relacionar la desenvoltura retórica en el discurso público, oral o escrito, con la falta de decoro por parte de la mujer que los ejercita. Por ejemplo, recordemos cómo en los *Coloquios matrimoniales del licenciado Pedro Luján* se reitera esta idea: "La mujer que es honesta y grave no se ha de preciar de donosa y decidora… la mujer jamás yerra callando y muy poquitas acierta hablando (Luján 77).[22] El peligro viene, según estos moralistas, de que del observar la desenvoltura en otros acontece el ponerla en práctica, entonces estos libros se convierten en manuales de galanteo donde las jóvenes aprenden a comportarse de forma desenvuelta. También es posible que se den a la escritura "profesional" como los moralistas desaconsejan, ya que según éstos la mujer no ha de ganar sustento ni fama por esta actividad como el hombre pues "así como es gloria para el hombre pluma en mano, y espada en cinta, así es gloria para la mujer, el huso en la mano y la rueca en la cinta y el ojo en la almohadilla" (Astete 170). Repite Astete lo que venían ya diciendo otros moralistas como por ejemplo, el dominico Antonio de Espinosa en su *Reglas del bien vivir muy provechosas* (1552):

> Si no fuera tu hija ilustre o persona a quien le sería feo no saber leer ni escribir, no se lo muestres, porque corre gran peligro en las mujeres bajas o comunes el saberlo, así para recibir o embiar cartas a quien no deben, como para abrir las de sus maridos, y saber otras escrituras o secretos que no es razón, a quien se inclina la flaqueza y curiosidad mujeril. (citado por Cátedra y Rojo 53)

Sin embargo, la presencia y variedad de este tipo de escritos, así como su reiteración en libros de conducta (León; Cerda) pone de manifiesto, además de la ansiedad que la agencia femenina en el mundo de las letras producía en el discurso masculino, que estas normas no eran seguidas y que cada vez más la mujer está ocupando su tiempo en leer y escribir.[23]

De hecho, la lectora y escritora María de Zayas, como bien deja patente en "Al que leyere," reclama para sí y para las de su sexo el derecho a la lectura, la educación y la publicación.[24] En este sentido, la autora pone sus esfuerzos en hacerse con un lugar reconocido como mujer que publica su obra "Porque hasta que los escritos gozan en las letras de plomo, no tienen valor cierto" (*Novelas amorosas* 159). Teniendo en cuenta la connotación que mujer pública tiene, la alusión de Zayas al "valor" que adquieren los escritos al hacerse públicos e impresos resulta llamativa ya que, como apunta Armon, con la llegada de la imprenta,[25] la retórica que la envuelve hizo uso de imágenes cargadas de significación genérica:

> For example, pundits deemed the pen superior to the printing press by aligning quills with masculinity and the printing press with promiscuity. That in Elizabethan slang "being pressed"

> meant losing one's virginity... The dictum, "Est Virgo Hec Penna: Meretrix Est Stampificata," which translates, "The pen is a virgin, the printing press a whore" provides a glimpse of the powerful gendering forces with which early modern women writers contended. (x) [11]

En efecto, pensamos que Zayas está muy consciente de las reticencias que su actividad literaria puede causar, de hecho se puede considerar todo el prólogo como una defensa y justificación de esta actividad que contraataca la sensación de "admiración que una mujer tenga despejo no sólo para escribir un libro, sino para darle a la estampa" (*Novelas amorosas* 159). Es por ello que Zayas se encarga de legitimar la actividad intelectual de la mujer desde todos los puntos de vista que pudieran objetarla.

Entre ellos, critica el discurso patriarcal que pone coto a la publicación y a la educación de la mujer y argumenta elocuentemente en contra de la común inferioridad cultural, espiritual y biológica que se atribuye a la mujer.[26] Al mismo tiempo, como contrapunto a la actitud agresiva del principio del prólogo, y consciente de que se encontraría ante un lector resistente, Zayas se vale de una noción patriarcal para apelar a la cortesía que se debe tener hacia una dama: "No es menester prevenirte de la piedad que debes tener, porque si es bueno no harás nada en alabarle; y si es malo, por la parte de la cortesía que se debe a cualquier mujer, le tendrás respeto" (161). De hecho, como señala Nina Davis, "Zayas deliberately speaks from within that order [male], experimenting with the ironic, metacritical potencial of the exemplum tradition that had long been a tool of male authors in shaping the behavior of readers, and she does so with a similar intention to be efficacious" (331) [12]. En efecto, siguiendo esta estrategia comprobamos cómo el desarrollo del prólogo sigue una línea que va desde el atrevimiento inicial hasta retroceder a un espacio pasivo. Ambas son fórmulas que resultan eficaces y que le permiten legitimar su escritura dentro de un espacio literario dominado por el discurso masculino.

Pero, si bien esta retirada es irónica y se realiza a través del "topos humilitatis" típico de prólogos al uso, lo original es que la autora subvierte el orden de este tipo de formulas y lo coloca al final, terminando su prólogo con estas palabras: "Te ofrezco este libro muy segura de tu bizarría y en confianza de que si te desagradare, podrás disculparme con que nací mujer, no con

Capítulo cinco

obligaciones de hacer buenas Novelas, sino con muchos deseos de acertar a servirte" (*Novelas amorosas* 161). Con esta afirmación, Zayas ofrece una actitud sumisa como forma de estrategia para atraer al lector masculino y así, igual que hicieran las pícaras en sus poses de doncellas virginales, Zayas seduce al lector y apela a su curiosidad.

Para satisfacerla, éste debe seguir leyendo la obra; si es buena, no tiene que alabarla y si es mala, el lector habrá satisfecho su expectativa y comprobado la falta de capacidad de la mujer para escribir. De todas maneras, Zayas sale ganando y vende su texto porque ha sabido negociar texto y sexo, o más precisamente porque hace propaganda de su sexo para vender su texto. De esta forma, Zayas subvierte las características negativas de la mujer que publica a la vez que condena en su texto la actividad de la mujer pública; ambas estrategias ofrecen un espacio de acción posible donde la actividad literaria de Zayas puede ser valorada positivamente.

En este sentido, pensamos que el siguiente texto publicado en Barcelona merece ser subrayado como ejemplo de que la obra y estrategias de Zayas tuvieron continuidad. Me refiero a "Defensa política y gustosa conversación entre Marido y Muger en la qual mi señora con sapientíssimas razones convence y se defiende del oprobio [que] le hizo, leyéndole el papel intitulado 'Registro, y estado de la imperfección, ruindad y malicia de las mugeres'" (1699), ambas obras reproducidas por Teresa Langle de Paz en *¿Cuerpo o intelecto?* El texto ("Registro") al que hace referencia "Defensa" y al que contesta, lo publica la imprenta de Geronymo Palol en 1698 en Gerona. Como este título adelanta, el libro/panfleto del "Registro" repite todos los tópicos sobre la inferioridad femenina.

Esta virulencia hacia la mujer en el texto provoca la respuesta de la autora, que aunque no se hace esperar para defender a las de su sexo, deja fuera su nombre. Esta reticencia a firmarlo subraya una estrategia aunque más pasiva, similar a la de Zayas en su negociación del texto. De hecho, al hacerse referencia en el mismo título que "Sácala a la luz, con licencia de su Marido, la misma Muger" ésta se protege de la asociación que existe entre desenvoltura retórica/promiscuidad y, a pesar de usar una retórica combativa en sus argumentos, presenta la imagen de una mujer recatada, digna esposa de su marido que convence con razones y obras. En efecto, este texto crea una relación recato/desenvoltura retórica que hacen que se valore positivamente la agencia textual de la mujer porque ésta, sin abandonar su actitud sumisa, negocia su texto dentro de los parámetros por los que la sociedad patriarcal se guía.

También es posible que no haya tanta diferencia entre el anonimato buscado de la autora de la *Defensa política* y el posterior anonimato en el que se sumió la vida de María de Zayas. La incógnita de su vida—no se conoce la fecha segura de su nacimiento, ni de su muerte, si estaba casada o no, si se educó formalmente o si entró a un convento—resulta bastante chocante cuando se la compara al éxito del que sin duda gozó su obra y su persona en su momento. Prueba de ello, son las menciones que de la autora hicieron nombres de literatos consagrados como Lope de Vega, Pérez de Montalbán o Castillo Solórzano y las justas poéticas en las que participó de manera activa.[27] Sin embargo, parece como si la fama y la gloria que los moralistas de la época demandaban para el hombre le hubieran sido negadas, habiéndola acallado el tiempo por su condición de mujer que publica. Es cierto también que la fama y atención que su obra recibió en el momento de su publicación ha sido recobradas finalmente por Zayas, aunque no los detalles sobre su vida. Éstos, pensamos, son víctimas palpables del silencio al que se intentó condenar a las mujeres que buscaban para sí el espacio público.

Elementos picarescos-prostibularios en "El castigo de la miseria"

En esta obra, inserta en las *Novelas amorosas y ejemplares*, donde no existe el mundo de las virtuosas mujeres, la posición de Zayas resulta ambigua. En primer lugar la historia es narrada por un hombre, Don Álvaro, que cuenta la aventura de engaño y traición del miserable Don Marcos perpetrada por Doña Isidora. La figura de la pícara entronca con la tradición picaresca femenina y también están presentes sus bases donde la lección moral y el castigo, además de la caracterización de la pícara como prostituta, se cumplen.

De hecho, si bien es verdad que en un principio el castigo aludido en el título se refiere a la miseria de Don Marcos, también es verdad que el narrador siente cierta compasión por el miserable, pues no deja que los demás salgan absueltos. Como

Capítulo cinco

señala Brownlee, a pesar de los detalles que narra Don Álvaro y que ponen de manifiesto la ridiculez de Don Marcos—comer y beber de gorra, desvestirse por la calle para usar la luz de fuera, abandonar a criados para no pagarles, no darse a los vicios de mujeres o cartas porque implican gasto e incluso en la salida de fluidos corporales como excrementos y semen[28]—está claro que "While he considers Marcos a fool, Alvaro repeatedly presents his incapacity for deceit in positive terms" (Brownlee 136) [13]. También el lector acaba contagiado de este sentimiento, ya que si al principio la miseria excesiva de Don Marcos recibe la justicia poética merecida, más tarde el abuso continuo le hacen merecedor de lástima.[29] Es también claro, que la victoria de Doña Isidora es un tanto ambigua porque si ella queda como "woman on top" en la burla a Don Marcos, especialmente con la carta firmada "Doña Isidora de la Venganza" (288), ella no acaba demasiado bien, pues termina en la miseria, recordando cada día la razón de su desgracia: el engaño al hombre.

Su final, aunque no es el legal y punitivo de la Elena de Salas, es un castigo moral, pues la pícara acaba expuesta a todos los que la ven por las calles de Madrid, en las que recibe las limosnas de los que se molestan en escucharla. En efecto, el recuento de la historia de su desgracia a los transeúntes le recuerda cada día la razón de su estado miserable, a la vez que sirve de castigo continuo. Además, su naturaleza grotesca que antes se encontraba camuflada por el maquillaje, la ropa y las joyas ahora se encuentra expuesta al público como forma también de castigo. Ahora sin belleza y sin dinero que son los fantasmas que siempre persiguen a la vieja cortesana, como previene el personaje titular de *La Lozana andaluza*, está acabada:

> Herjerto: Señora... ¿quién es aquella galán portuguesa que vos dejiste?
> Lozana: Fue una mujer que mandaba en la mar y en la tierra, y señoreó a Nápoles... y tuvo dineros más que no quiso, y véslaa allí asentada *demandando limosna* a los que pasan. (408; lo subrayado es mío)

En este sentido, el castigo de Doña Isidora resulta bastante efectivo ya que acaba recibiendo el final que toda prostituta teme y queda sola y despreciada de aquellos que antes buscaban sus servicios. Además, con este final el narrador-hombre pone de manifiesto que no sólo el miserable Don Marcos recibió lo que se merecía sino también la que ideó el engaño. Ahora bien, ¿quién sale triunfante de éste? ¿Agustín e Inés? Pensamos que no, los dos acaban en la metrópolis de la prostitución como se describía a Nápoles como rufián y prostituta, cumbre de la vida picaresca vendiéndose al mejor postor. Ellos acaban donde un día comenzó Doña Isidora o la galán portuguesa de la que habla Lozana, quedando la historia de estos personajes, frente a la de los principales, abierta para la continuación a la manera de las típicas novelas picarescas.

Del mismo modo, el final de la narración pone de manifiesto que el mensaje didáctico está destinado al hombre al que insta a que aprenda de sus errores "para que aprendan los miserables el fin que tuvo éste y, viendo no hagan lo mismo, escarmentando en cabeza ajena" (71). En este sentido, no sólo aprende el hombre de los estragos de la miseria, pero también de los engaños que las mujeres libres representan. Pues si no es con el señuelo del sexo, aplicarán el que convenga para atraer al hombre, en este caso, la riqueza prestada que se despliega en la casa alquilada de la pícara.[30] Además, el caso de Don Marcos no es claramente el del engañador engañado, como en el caso de la novela ejemplar de Cervantes *El matrimonio engañoso* de la que Zayas se inspira libremente. No es Marcos, un pícaro como Campuzano que encuentra la horma de su zapato en Estefanía; es más bien un hombre simple y aquejado de una sola obsesión, el ahorro.

Asimismo, el mensaje de "escarmentar en cabeza ajena" que generalmente se dirige al hombre en las narraciones picarescas, queda aún más patente después del castigo gatuno de Don Marcos. Esta ansiedad que la agencia femenina provoca en el narrador masculino ofrece a Zayas, gracias al marco, la oportunidad de analizar sus reacciones. En este sentido, la lectura de Margaret Greer, a pesar de que en español el elemento gatuno no conlleva la misma asociación, resulta original:

> We can find in the articulation of this tale Zayas's intuition of the unconscious logic behind masculine anxiety fantasies regarding the opposite sex. The logic is that imputed to her male narrator, who would punish the "pussy" [Isidora] to evoke and exorcize the devil from it that makes a fool of man, while punishing the man as well for being such a fool...

Capítulo cinco

> Male narrators both evoke female desire and attempt to contain or punish it. (176) [14]

Por lo tanto, podemos decir que Zayas participa del discurso de la picaresca otorgando a su narrador los mismos mecanismos que le permiten llevar a cabo la enseñanza moral y el castigo típicos de la picaresca para la mujer pública. Sin embargo, Zayas contraataca el discurso masculino de la picaresca con sus propias armas, de forma que sin ser subversivo condena la actitud de castigo solitario de la pícara e involucra a la sociedad patriarcal como parte culpable, a la vez que defiende a las mujeres virtuosas. En este sentido, como señala Nina Davis, el discurso de Zayas triunfa porque:

> It establishes her legitimacy and authority as an author in a male-dominated literary world, while simultaneously allowing her to speak to her readers from another voice and place, challenging them to think critically about experiences unadmitted or repressed by their own culture. (331) [15]

Consecuentemente y como punto final a este apartado podemos decir que María de Zayas se apropia del mensaje de la picaresca femenina de los autores masculinos y sin ser contestatario, negocia un espacio donde el sexo y el texto femenino pueden ser finalmente valorados positivamente.

Conclusión

Nuestro recorrido por la cultura del mundo prostibulario de la España de la temprana modernidad nos ha llevado a una serie de conclusiones sobre la importancia del papel que juega la prostitución en la literatura picaresca. En primer lugar, aunque una aproximación inicial apunte al comercio carnal como un resorte que proporciona a la pícara un espacio en el que moverse con libertad, más adelante resulta evidente que esto no siempre es así.

De hecho, comprobamos que las restricciones de corte social, legal y moral que en torno a la sexualidad y a su comercio surgieron en este momento, también juegan un papel preponderante en la forma en la que se retrata a la pícara-prostituta. Socialmente se la margina, legalmente se la intenta controlar y si el control no se consigue, moralmente se la condena. Al mismo tiempo, en términos literarios nuestro estudio nos lleva a la conclusión de que las novelas picarescas calman los peores presagios de los lectores que presencian el modo en que la narración coloca estos elementos fuera de control en su lugar.

En efecto, al presentar a la pícara como ejemplo diametralmente opuesto a todo lo que se valora en la mujer—el silencio, la castidad, la obediencia, el recato—se pone de manifiesto y se enumeran los elementos fuera de control—la voz en la mujer, el movimiento, la libertad sexual—para así definirlos y mostrarlos dentro de la ficción. Por lo tanto, la creación del discurso patriarcal hegemónico, al que también se suma como parte integrante la novela picaresca femenina, depende de la construcción de la mujer como sujeto/otro controlado, lo que requiere en primera instancia que se muestre a la mujer fuera de control.

Irónicamente, las obras picarescas analizadas y discutidas en este trabajo nos muestran que la descripción de las pícaras

Conclusión

como putas y alcahuetas siempre vagabundas, habladoras y sensuales exterioriza una crítica incisiva hacia la prostitución clandestina. Sin embargo, pensamos que esta crítica sobrepasa las barreras de la prostitución y se encamina a catalogar a toda mujer que no se comporte dentro de las coordenadas prescritas para ella. De hecho, podemos decir que las posturas de control y descontrol presentes en los tratados de conducta, en los manuales de confesión y en la literatura picaresca responden a una misma ideología que cuando se analiza en conjunto demuestra que estos discursos comparten un proyecto común. Éste consiste en señalar a la mujer como elemento en necesidad de control y al mismo tiempo, catalogar a toda la que se salga fuera de este orden establecido como mujer pública.

Consecuentemente, es importante notar que la acusación moral de la pícara representa sobre todo un intento por dominar el incómodo descontrol que la prostituta trae a la sociedad y transportarlo a la literatura para presentar una imagen amaestrada y controlada por su autor. En las páginas de la ficción, la prostituta se convierte en un objeto atractivo cuya naturaleza grotesca se muestra menos peligrosa para sus lectores, quienes comprueban cómo los principios de pureza y recato quedan restablecidos al silenciar, adoctrinar o ajusticiar a la mujer libre. Por lo tanto, la subversión de estos textos es sólo momentánea, al mismo tiempo que pierde su cualidad transgresora al reproducir el sistema de valores hegemónico del que surge y al que confirma.

Por otro lado, nuestro estudio de los manuales de conducta femenina, los avisos y tratados morales—informativos y enfocados a la confesión—en torno a la prostitución y al comportamiento sexual de la mujer, junto con las leyes que se encaminaron a poner orden en esta conducta, nos llevan a ciertas conclusiones. En primer lugar, la cantidad y la reiteración de las leyes y avisos ponen de manifiesto la ansiedad que la mujer y su conducta presentan para la sociedad. Al mismo tiempo, nuestro estudio nos induce a pensar que esta explosión de tratados se encuentra dialógicamente relacionada con la novela picaresca y que la popularidad de este género responde a algo más que a una moda pasajera.

La mujer en ambos discursos se convierte en un elemento sujeto a la mirada y el escrutinio de legisladores, teólogos, religio-

Conclusión

sos, reformadores, confesores y literatos que en su observación apuntan indirectamente a la inquietud que la libertad de la mujer supone para la sociedad. De hecho, estos textos demuestran el esfuerzo colectivo por atajar los conflictos que la mujer libre presenta, cuyo disentimiento con respecto al comportamiento que se espera de ella, pueden lanzar al hombre—marido, padre, superior—a un estado de desorientación que haga tambalearse sus valores. Esta desorientación ocurre sobre todo cuando la pícara utiliza estos valores—como en el caso de la virginidad de Justina o el recato de Elena—para engañar.

Esta postura de ansiedad se combate desde diversos ángulos y estrategias. Los éxitos de Justina, su palabrería y descaro, sólo la conducen a verse reconocida como truhana de corte; sin embargo su conducta nos muestra mucho más. Ofreciéndole al lector la oportunidad de observar la diferencia entre el "ser" y el "parecer," Justina se apropia del estado de virgen para venderse más cara, porque está consciente del valor que la sociedad atribuye a la mujer que lo es. Sin embargo, todas sus estrategias para "parecer"—su uso del maquillaje, disfraces, posturas de mujer honrada o en apuros—la muestran como lo que es, una prostituta. Las conclusiones que se desprenden apuntan a que el autor, consciente de estas diferencias y de la problemática que podía suponer el malinterpretar las acciones de Justina, ofrece con su narración una especie de instrucción lúdica en las artes del desengaño. Esta postura no está exenta de graves problemas, puesto que el hombre debe aprender a distinguir entre el ser honesta y virtuosa, y la apariencia de serlo.

Del mismo modo, aunque más radical en su condena, el autor de *La hija de Celestina* deja en claro las consecuencias que se deben inferir de la confusión que supone el "parecer" frente al "ser" del comportamiento de la pícara. Elena engaña al viejo y honorable Don Rodrigo porque éste no sabe leer los engaños de la pícara y acepta su palabra de mujer de honor. Por otra parte, el criado Antonio de Valladolid y Don Sancho quedan cegados por la lujuria, y ambos son burlados por desatender la fidelidad que deben, el primero a su señor y el segundo a su esposa. Sin embargo, resulta ilustrativo comprobar que esta conducta, aunque reprendida por el autor, es más bien calificada de "travesura" mientras que a la pícara se la sube al patíbulo. De hecho, con este gesto el autor expone que el engaño y el asalto a los valores

Conclusión

de la sociedad patriarcal tienen un precio. En efecto, el objetivo que se persigue en el texto es principalmente la instrucción—enseñar a distinguir entre el "ser" y el "parecer"—y la reforma del hombre.

Por otra parte, las conclusiones que se desprenden de nuestro análisis de *La Lozana andaluza* y *Vida y costumbres de la madre Andrea*—separadas por más de un siglo—son similares, en el sentido de que suponen un comentario en cuanto al estado de la prostitución organizada. En ambos textos, ésta no resulta una solución—como los primeros moralistas subrayaban—sino que son las causas de que, en el caso de *La Lozana*, Roma se convierta toda ella en un burdel. El objetivo sigue siendo la reforma e instrucción del hombre que sucumbe, como Roma, al pecado y la sensualidad. Sin embargo, los métodos empleados por Delicado para llegar a esta conclusión son ambiguos. En efecto, lo mismo que la medicina puede ser tanto la cura como la enfermedad, el texto se presenta como antídoto y solacio. El lector no sólo experimenta el placer que el texto ofrece en su recuento de escapadas sexuales, sino que a la vez sirve de contraveneno para que tanto el lector como el autor se "curen" y reformen.

Del mismo modo, el autor anónimo de *Vida y costumbres* expone en su narración que las mancebías como lugares de control, contrario a lo que se pensaba, resultan nefastas, pues ni se controla ni se ataja el problema del desorden que supone el comercio carnal. De esta forma, pensamos que los textos subrayan la asociación que se hace entre el desorden y la prostitución. Al mismo tiempo, aliándose al mensaje de los moralistas que condenan el comercio carnal, los textos señalan también lo corrosiva que esta institución resulta para la sociedad pues provoca dudas en los nuevos cristianos, incita a pecar a los jóvenes, llena de bubas a los ciudadanos y no preserva el orden de la ciudad.

En cuanto al comentario sobre la prostitución tal como aparece en *Don Quijote*, Cervantes ofrece ciertas variaciones que si de alguna forma refuerzan la postura de control hacia la mujer, presente en la literatura picaresca, también exponen otras posibilidades. En efecto, al igual que las pícaras canonizadas como tales, las pícaras de Cervantes acaban contenidas al final, bien dentro de los principios que sustentan la ideología patriarcal, o bien en el caso opuesto, totalmente desahuciadas. Sin embargo,

Conclusión

los personajes de Maritornes, Altisidora y Dorotea presentan importantes comentarios respecto a la mujer libre y, aunque Cervantes no contradiga abiertamente los presupuestos ideológicos que condenan a la pícara-prostituta, el autor presenta una postura menos reprobatoria que la de la novela picaresca propiamente dicha. De hecho, pensamos que su narración constituye una réplica ante los supuestos de la novela picaresca en cuanto al castigo moral y social de la mujer. Esta respuesta de Cervantes se sitúa en una posición intermedia desde la que analiza en más profundidad algunas de las causas como: raptos, abandonos, seducciones, que llevan a estas mujeres a comportarse como lo hacen. Por lo tanto, su actitud es menos condenatoria y más comprensiva.

Por otro lado, la contribución de María de Zayas muestra cómo una mujer escritora de su tiempo interpreta y participa en el discurso predominantemente masculino de la novela picaresca. En efecto, Zayas deja constancia de su posición al sumarse a la condena de la pícara-prostituta puesto que ésta supone un elemento desestabilizador en la sociedad tradicional que la autora defiende. Sin embargo, su condena también la separa del punto de vista masculino pues por una parte resulta más absoluta, ya que mientras el autor-hombre no puede dejar de notar cierta atracción hacia la pícara, Zayas la señala como la responsable de romper el orden establecido. Por otra parte, el castigo no es solitario ya que Zayas la hace acompañar de esos hombres, maridos o novios, que no supieron comportarse como debían y se dejaron seducir por las mala mujeres. De esta forma, el mensaje de Zayas, sin ser subversivo, ofrece una posición claramente femenina al discurso de la prostitución, pues señala a la buena y honesta mujer como la víctima de este comercio. Y es a ellas, las "perfectas casadas" verdaderas protagonistas de sus historias, a las que dirige su mensaje para que aprendan lo que les puede devenir de las acciones de las malas mujeres y de los viciosos hombres.

Proponemos una lectura de la novela picaresca femenina en la que el papel de la prostitución pone de manifiesto que el comercio carnal supone algo más que el telón de fondo en el que se mueve la pícara. En efecto, al delinear las características de la pícara-prostituta y contraponerlas a la de la perfecta casada, los autores de la picaresca están contribuyendo al discurso

Conclusión

general que sobre la mujer y su comportamiento tenía lugar contemporáneamente. Sirvan los ejemplos de la novela picaresca como botón de muestra en el que estudiar cómo la sociedad patriarcal del Siglo de Oro intentó hacer frente también desde la literatura al incómodo y escurridizo personaje de la mujer libre. Como hemos podido comprobar las conclusiones que proveen los textos son ilustrativas, pues los autores de la novela picaresca femenina "prostituyen" y utilizan a sus pícaras para que en el espacio de la ficción al menos, provean el servicio esperado, esto es, el entretenimiento, la instrucción y la reforma del hombre.

Notas

Introducción

1. Esta nueva pastoral y las razones a las que aluden los moralistas como el aumento de la confusión espiritual, la extensión de la sífilis, el auge de la sodomía y las reyertas en lugares donde existían mancebías serán foco de estudio en el capítulo 1.

2. Los delitos de fornicación vienen de la confusión que incita a decir que el tener trato sexual con prostituta no era pecado si se paga, ya que según alegaban los bienintencionados ciudadanos, el rey y la Iglesia no iban a permitir a sabiendas tales lugares de perdición. La cuestión es del todo paradójica, más si se tienen en cuenta dictados como el del *Manual de confesores* de Martín de Alpizcueta: "De manera que las mujeres públicas que se ponen a ganar con sus cuerpos malaventurados, aunque pecan por ello, pero no pecan tomando su salario" (136).

3. No creo necesario detenerme aquí en la cuestión—debatible y larga—de la aceptación de la picaresca femenina como subgénero por parte de la crítica. De esto comentaré en más detalle en el apartado "El submundo de la picaresca femenina" incluido en el capítulo 1. Véase también Enriqueta Zafra, "Teaching the Role of Prostitution in the Female Picaresque," en *Approaches to Teaching "Lazarillo de Tormes" and the Picaresque Tradition*, ed. Anne J. Cruz, forthcoming.

4. En *Felipe IV*, R. A. Stradling hace un comentario sobre la profunda religiosidad del rey y su convencimiento en que la reforma de las costumbres, incluso la suya propia, traería a España la vuelta al esplendor:

> la política de regeneración moral que marcó los primeros años del reinado se había visto recompensada con la asombrosa racha de triunfos militares… En 1644, Felipe IV se felicitó por un raro éxito contra los rebeldes portugueses diciendo: "Lo que más me alegra es que fuera el día del Corpus, porque es señal de que por fin nos hemos ganado el favor de Dios." (387)

5. Lo mismo se puede decir de las doncellas, como aconseja Juan de la Cerda en *Vida política*: "No las consientan que hablen a boces, no se rian disolutamente y amonestelas que traigan los ojos bajos, y que no miren en la cara: más si alguno les habla, repondan con mucha modestia" (15) Continúa diciendo: "Ni tampoco se las embie con sirvientes, ni escuderos a devociones y romerias revueltas, tapadas y hechas cocos, porque no acaezca, que vayan romeras, y vuelvan rameras… la doncella no sea salidera, ni ventanera: y que cuando saliere, sea con su madre" (17-18).

6. Las listas de novelas picarescas nunca son exhaustivas ni completas, sino que obedecen a diferentes criterios, entre otros: carácter autobiográfico, punto de vista único, estructura abierta, afán de medro o determinismo social desde el origen vil. Sin embargo seguimos la relación del canon picaresco de Howard Mancing en "The Protean Picaresque," al que añadimos una que el crítico deja fuera, *La Lozana andaluza*. Consideramos que los recientes estudios sobre la novela picaresca femenina (Damiani; Imperiale; Cruz) dan suficiente prueba de que esta obra merece ser incluida dentro del canon picaresco.

7. Ángel Valbuena Prat recoge esta novela en su antología de *La novela picaresca española*.

8. Gracias a una beca de investigación Buchanan otorgada por la Universidad de Toronto, tuve la oportunidad de viajar a España y llevar a cabo mis estudios en la Biblioteca Nacional de Madrid y el Archivo Municipal de Sevilla. En el primero consulté las obras de moralistas como Farfán, Gerónimo Velázquez, Alfonso Rubio y Gabriel Maqueda, quienes se ocuparon del tema de la sexualidad y del control de ella en sus discursos. Sus objetivos en casi todos los casos eran el orden de la institución de la prostitución o su erradicación en vista de la imposibilidad de mantener ese orden. Cuando he reproducido estos textos, he modernizado la grafía para adaptarla a las reglas de ortografía actuales y así hacer más fluida su lectura. En el Archivo de Sevilla, localicé algunas ordenanzas que se ocupaban del control de la prostitución y de los miembros que la componían, y que estipulaban según los casos penas y sanciones, de las cuales hablaremos en el apartado sobre el debate moral.

9. Según apunta Vázquez García y Moreno Mengíbar en *Poder y prostitución*, la normativa sevillana fue la seguida en otras ciudades con mancebías importantes como Málaga, Granada, Valencia, Ronda y Toledo, y es por esta razón que en el 1570 Felipe II decidió hacerlas extensivas para todas las mancebías del reino, promulgando así la primera reglamentación nacional sobre la prostitución. Sin embargo, este documento tuvo que ser retocado en 1571 para adecuarlas a los diferentes lugares, pues se dieron algunas quejas que alegaban que las ordenanzas sevillanas iban en contra de algunas costumbres prostibularias locales. (93)

Capítulo uno
Discurso prostibulario y la creación literaria de la pícara-prostituta

1. Para un estudio detallado de la evolución del personaje de la alcahueta desde la época clásica, pasando por la tradición árabe, hasta llegar a la creación española del personaje de Celestina, resulta esclarecedor el libro de Leyla Rouhi, *Mediation and Love*.

2. Esta situación pone de manifiesto lo poco de fiar que es la rama paterna del pícaro. En este caso, de lo único que puede estar seguro es del origen de la madre. Lo mismo le ocurrirá con sus hijos, al casarse con prostituta. Algunas pícaras, como Andrea, llegan incluso a alegar que ésta es la razón de su diversa sabiduría en todo tipo de temas y sujetos, pues: "salí promíscuamente compuesta" (149).

3. Las Pragmáticas señalan como castigo que:

> a los maridos que por precio consintieren que sus mujeres sean malas de cuerpo les sean puestas la misma pena que por leyes

de nuestros reinos está puesta a los rufianes, que es, por primera vez, vergüenza pública y diez años de galeras y, por segunda vez, cien azotes y galeras perpetuas. (citado por Rico en su edición del *Lazarillo de Tormes* 130)

Es por tanto evidente que a Lazarillo le convenía responder a las acusaciones que las "malas lenguas" estaban levantando contra él. Al mismo tiempo, la severidad de la condena parece indicar que ésta no se llevaría a cabo con mucha puntualidad.

4. Véase Bullough y Bullough, *Women and Prostitution: A Social History*.

5. Según la definición del RAE la *hetaira* o *hetera* era: "En la antigua Grecia, cortesana, a veces de elevada consideración social" (1100).

6.

Item, por el escándalo que causan las mujeres públicas cantoneras que al presente hay en esta ciudad repartidas por las calles y plazas de ella, inquietando con su mal vivir a los vecinos; y asimismo por los grandes inconvenientes… que han resultado muchas muertes e inficcionar como inficcionan a los que con ellas tratan. (*Ordenanzas de la mancebía de Sevilla* [1553] citadas por Vázquez García y Moreno Mengíbar 203)

7. Se ha demostrado que la existencia de burdeles contribuyó a la disminución de delitos de índole sexual perpetrados contra mujeres. Es el caso de las ciudades de Dijon y Valencia. En la primera, las agresiones sexuales de las llamadas *abadías de la juventud* como la violación colectiva de mujeres escalaron, lo cual llevó a las autoridades francesas a considerar la conveniencia de un prostíbulo (Natalie Davis). En la segunda ciudad, la existencia del burdel contribuyó a que el número de violaciones fuera mucho más bajo. Según los datos ofrecidos por Pablo Pérez García en *La comparsa*, en Dijon, una ciudad con una población inferior a los 10.000 habitantes, se perpetraban alrededor de 3.8 violaciones al año, mientras que en Valencia, que podía superar los 40.000 habitantes, sólo se producía un caso de violación cada dos años (115–16). Es significativo también el caso de Vizcaya, estudiado por Renato Barahona en *Sex Crimes,* donde nunca se llegó a formalizar el comercio carnal en mancebías y donde los casos legales de acusaciones de estupro, rapto y cohabitación eran frecuentes.

8. Un ejemplo de entre las más altas capas lo constituye el caso del rey Felipe IV y de su hijo natural Don Juan José de Austria, fruto de su relación con la comedianta madrileña conocida como la Calderona. La inicial negativa del rey a legitimar a este hijo natural representaba "la mayor dificultad para el acceso de Don Juan José a los puestos más altos de la Monarquía. Aunque muchos veían en él al personaje más capacitado para regir los destinos de España" (Baltar Rodríguez 113).

9. Véase Narbona Vizcaíno y Pérez García para ejemplos concretos de los tipos de altercados (asaltos por parte de la familia al sospechoso de un caso de violación) que el sexo sin regularizar estaba provocando. Para estas disputas consúltese también Barahona el cual muestra casos legales (estupro, violación, barraganía) llevados a juicio por familias vizcaínas. Otra fuente para el estudio de crímenes de carácter sexual es el estudio de William Naphy, *Sex Crimes*.

10. Es común en los tratados de la época referirse a la virginidad como un tesoro (caudal), puesto que el medro de algunas familias depende de la conservación de ésta por parte de la hija. Es así como leemos en *Vida política*:

> Es tan gran tesoro la virginidad... Y si ellas [se refiere a las hijas] quisieran ponerla en peligro, hablando con hombres sospechosos, han de cortarles las lenguas. Y si quisieren mirar, sacarles los ojos, y si quisieren callejear, cortarles las piernas. (Cerda 15)

11. Véase Sánchez Ortega para ejemplos específicos de los abusos, casos de solicitación, que se estaban llevando a cabo hasta en el confesionario.

12. Los casamientos clandestinos habían sido causa de conflicto ya que se prestaban a engaños. Fueron prohibidos por el Concilio de Trento, que en 1563 decretó que para que el matrimonio fuera válido era necesaria la presencia de un sacerdote y dos testigos (*Consilium*, 1901–67, 9: 968–69, citado por Cruz en "Redressing Dorotea" 17). De ahí también el dicho "Prometer hasta meter."

13. Barahona cita numerosos casos de coerción, violencia y subordinación en casos de crímenes sexuales que fueron demandados judicialmente y que recoge en su estudio sobre Vizcaya. Mencionamos algunas de las declaraciones citadas en su libro y remitimos a éste para un examen más detenido: "después de averla maltratado, por fuerza y violencia la desfloró," "con fuerza y violencia... la estupró y la quitó su flor," "y metiéndole un paño en la boca... la corrompió de su berginidad y estupró" (64).

14. Citamos el ejemplo que recoge Moreno Mengíbar y Vázquez García con respecto al caso de la mancebía de Córdoba. Debido al crecimiento de la ciudad que pasó de los 25.000 a los 50.000 habitantes en el curso de un siglo (de finales del XV a finales del XVI; a este factor hay que añadir que por su situación geográfica era paso obligado de comerciantes, trajinantes y viajeros de camino a Sevilla o Castilla), la mancebía se quedó pequeña: "más clientes atrajeron más mujeres, y éstas no tuvieron más remedio que instalarse en casas colindantes a la mancebía, pero fuera del recinto cerrado, lo que a finales del siglo XV empezó a provocar más de un altercado" (*Historia* 33). Estos hechos hicieron que las autoridades tomaran cartas en el asunto y "Como era de esperar, dada la demanda de espacio y las buenas perspectivas que el negocio de la carne debía presentar... no faltaron solicitudes para levantar nuevos locales" (*Historia* 33).

15. Para un estudio detallado de esta situación en la corte, consúltese Villalba Pérez. Su libro *¿Pecadoras o delincuentes?* contiene gráficos y datos sobre el tipo de delitos cometidos por mujeres, en contraste con los cometidos por hombres.

16. Véase *Sins of the Flesh* editado por Kevin Siena donde se investiga la relación entre la enfermedad y el sexo femenino.

17. Según Moreno Mengíbar y Vázquez García, para que una localidad se estableciese una mancebía debían darse una serie de circunstancias. Entre ellas, el poseer una población elevada que permitiera una clientela potencial considerable. El límite inferior de habitantes rondaba entre los 4.000 o 5.000; a pesar de esta información existen mancebías en poblaciones con un censo menor. Esto se debe, y de ahí la razón por la que se permiten, a que estas poblaciones presentan una población flotante importante. Este es el caso de Cádiz (2.500) y de Lepe (3.500) por ejemplo (*Historia* 25–26).

18. Debido a los diferentes trazados de las ciudades, a veces las mancebías no se encontraban a las afueras, sino en el centro mismo. Este es el caso de Sevilla. Para más información consúltese Moreno Mengíbar y Vázquez García en *Historia*, especialmente la distribución en el mapa de las mancebías andaluzas y los planos de los burdeles de Sevilla, Málaga y Córdoba (s.n.). También véase Enrique Villalba Pérez para el caso de Madrid, donde aunque el "Barranco" o la calle de Lavapiés son los lugares escogidos, no existe lugar oficial señalado. Este hecho se intenta paliar como comprobamos en: "para rremedio de lo qual fue costumbre ussada y guardada en los años pasados tener estas mujeres todas juntas en un barrio que fue el de labapiés porque una calle que ay en el tiene muchas casas menudas que son a proposito para esta gente y aunque el barrio es solo y apartado esta muy zerca de todo" (AHN, *Consejos*, libro de gobierno 1203, ff. 471–72, 1611, enero, II, Madrid, citado por Villalba Pérez 282).

19. "Item, se ordena y manda que... se hagan tablas en que se escriba estas dichas ordenanzas y se pongan en casa de cada uno de los dichos padres de la dicha casa pública, donde a todos pueda ser notorio lo en ellas contenido y no puedan pretender ignorancia" (*Ordenanzas de Sevilla*, citadas por Vázquez García y Moreno Mengíbar 204).

20. Está documentada la concesión hecha en 1486 por Fernando el Católico a Alonso Yáñez Fajardo de: "todas las casas y sitios en que ahora están y usan todas las mujeres públicas del partido de las ciudades de Ronda, y Loja, Alhama y Marbella... y de todas las otras ciudades del Reino de Granada al tiempo que por obra de Dios se ganaren" (citado por Moreno Mengíbar y Vázquez García en *Crónica* 58). También pertenecieron mancebías a la casa nobiliaria de Medina-Sidonia e incluso a órdenes militares como la de Calatrava.

21. Merece ser notado el hecho de que esta prohibición adquiere un carácter pecaminoso cuando se acusa a los mesoneros que tal hacen: "Los mesoneros pecan mortalmente en las cosas siguientes... Tener en su casa, o traer a alguna persona, de quien usen mal los huéspedes, o consentirlo a ellos o a otros (Alcocer, *Confesionario breve* 101–02).

22. "Si alguna de aquellas mujeres quisiere convertirse y dejar aquella vida, lo podrá hacer libremente aunque esté adeudada, ni por esta causa la podrán impedir que no se vaya" (Mariana 448).

23. Véanse los ejemplos ofrecidos por Chaves en *Relación*.

24. El uso de cirujanos que revisaran el estado de salud de las prostitutas no fue instaurado obligatoriamente hasta mucho después de la legalización de las mancebías. La inspección médica de estas casas siguió el modelo empleado en el campo de batalla por el duque de Alba, el cual la hizo obligatoria porque las bubas, contagiadas por las "maletas," prostitutas ambulantes que se movían con los ejércitos, estaban mandando a muchos hombres al hospital.

25. Esta idea del hombre como víctima la reitera Magdalena de San Jerónimo en su apartado sobre las "enfermedades contagiosas" donde dice que estas malas mujeres:

> inficionan y *pegan mil enfermedades asquerosas y contagiosas á los tristes hombres* que, sin reparar ni temer esso, e juntan con ellas, y éstos juntándose con otras, ó con sus mujeres, si son casados, las pegan la misma lacra; y ansí, una destas, contaminada, basta para contaminar mucha gente. (309; lo subrayado es mío)

26. Durante su reinado se hacen públicos "Acuerdos referentes a la honestidad pública" y recogidos en *Biblioteca de Autores Españoles* que ponen de manifiesto el descontrol:

> somos informados, e por vista de ojos visto muchas vezes que el cimenterio de la iglesia de Santa Cruz desta villa, se juntan muchas vezes muchos pícaros y mozas con ellos a ofender a Dios nuestro señor, carnalmente, y a encubrir y partir los hurtos que hazen (4 de agosto de 1586). (317)

El 29 de octubre de 1596 se recoge en el mismo documento:

> mandaron que se notifique a todas las mugeres enamoradas que de tres años a esta parte an estado en el Barranco de Lavapies desta villa, que dentro de tres días se vuelvan al dicho Barranco, y no esten en calles ni casas, dibididas, si no es en el dicho Barranco... so pena de cada quatro años de destierro de la Corte y cinco leguas. (317)

También se anuncia en 1597 ya casi al final del reinado de Felipe II que "se notifique al padre y madre de la casa pública... que guarden y cumplan el aranzel que se les dió... y no ezedan en manera alguna, so pena de cien azotes y quatro años de destierro" (317).

27. Igual estado presentan las medidas tomadas por Felipe III donde se reiteran en 1609 las ya tomadas anteriormente: "Los señores alcaldes mandaron que se reduzcan a una calle que llaman del Barranco; como antiguamente solían estar, para que se eviten los inconvenientes que resultan" ("Acuerdos" 318). Otra vez en 1616 se reitera que las mujeres andan fuera de la mancebía: "Que las mujeres cortesanas que están en la calle del Duque de Maqueda, donde vive el embaxador de Venecia, salgan de la dicha calle, y cassas en que viben, y se vayan a otra parte" (319). Estos informes se vuelven a repetir en 1617 y 1618.

28. En la escala de pecados sexuales, el que merece menor pena es la fornicación simple (que no va encaminada a la procreación) entre solteros, a pesar de ser condenada como pecado. Además, la Inquisición se encargó de procesar por fornicarios a todo aquel que dijera que esto no era pecado.

29. Nos interesa la lectura de santo Tomás y san Agustín según la reprodujeron e interpretaron estos moralistas, por lo cual no hemos creído necesaria una consulta o contraste con la original, pues lo importante es cómo se adaptó.

30. La referencia es a san Pablo en su carta a los corintios: "Mas, si no tienen dominio de sí, cásense. Pues más vale casarse que abrasarse" (Corintios 7.9).

31. Según Gema Martínez Galindo, mediante esta analogía con la galera masculina, Magdalena de San Jerónimo y Cristóbal Pérez de Herrera, pretendían expresar tanto la condición de forzada, como las penalidades que en ella habían de sufrir las mujeres. Asemejándose ambas penas, en abstracción del medio (la galera como embarcación que navega por el mar, y el lugar de reclusión en tierra), en la severidad del trato empleado: rasura del cabello, alimentación pobre y escasa, trabajo incansable y agotador (41–42).

32. Respecto a la existencia de la galera véase Gema Martínez Galindo e Isabel Barbeito. La primera estudiosa apunta que si bien Pérez de Herrera ya había propuesto antes de 1608, en 1598 la necesidad de crear un espacio específico para la expiación de los pecados-delitos de las mujeres (en *De la forma de reclufión y caftigo para las mujeres vagabundas y deliquentes deftos Reynos*) estas casas de trabajo no se crearon de momento. Tuvieron que esperar unos años más para que otra obra, la de Magdalena de San Jerónimo, les diese una realización práctica (46). Así lo corrobora Isabel Barbeito cuando señala que en un documento de la Sala de Alcaldes de Casa y Corte, fechado en Madrid a 9 de septiembre de 1609 (Archivo Histórico Nacional, fol. 441 r.) consta cómo "estando los Alcaldes en la Audiencia de la Cárcel Real de esta Corte, dijeron que mandaban y mandaron que la obra que se ha de hacer en la casa de la Galera, se haga y se pague a costa de gastos de Justicia; y para ello se libre lo que fuera necesario" (citado por Barbeito 20). También, el cronista Luis Cabrera de Córdoba señala: "Y han puesto el nombre de Galera a una casa donde recogen las mozas que no quieren servir y otras amancebadas, y las mudan de vestido con un saco de sayal, y las quitan el cabello y las cejas… Danlas limitadamente de comer y castigo ordinario si lo han menester, hasta que las vean reformadas, y que darán mejor cuenta de sí que antes" (citado por Barbeito 57). Asimismo, en 1610 Lorenzo Domingo Juan reclama el pago de las celosías que ha hecho, "y sentado en la Galera, y sentar, una ventana por donde comulgar las mujeres" (citado por Barbeito 21).

33. Véase la descripción de la cárcel de las mujeres en Sevilla tal como la describe Chaves en su *Relación* (22) para comprobar el descontrol en el que estos establecimientos se encontraban. Aquí no eran raras las músicas, los papeles y los requiebros con los presos de la parte colindante que albergaba a los hombres.

34. Aunque en términos generales ambos contribuyeron a crear las bases de un nuevo sistema punitivo para la mujer, existen algunas diferencias. La opinión general es que la propuesta de la monja es más rigurosa, ya que busca solución inmediata en el temor y dolor, elemento que si está presente en Pérez de Herrera, no es tan obvio. De esta opinión son por ejemplo Gema Martínez Galindo y Anne Cruz. Sin embargo, creo que el hecho de ser mujer, ya lo sabía bien la misma monja cuando dice: "particularmente siendo inventada por muger contra mugeres" (San Jerónimo 307) la pone a otro nivel a la hora de juzgarla a ella y a su obra. De hecho, pienso que en principio las propuestas de ambos son bastante similares.

35. Prueba de este ataque es el acontecimiento ocurrido en Antequera, donde el Convento de Jesús y la mancebía colindaban. Esta vecindad resultaba molesta para los religiosos, quienes instaron a la justicia a que trasladara la casa pública. El fallo fue favorable a las prostitutas que pudieron quedarse. Ante esta situación los frailes recurrieron a un ingenioso artificio que recoge Ángel Caffarena en sus *Apuntes para la historia de las mancebías de Málaga*:

> abrieron una puerta frente a la de la casa de las rameras, instalaron allí una imagen devota que por las noches lucía gran luminaria, celebrándose toda clase de cultos, novenas, etcétera. Lógicamente hubiera sido temerario y escandaloso a los clientes de la mancebía su entrada en ella en estas circunstancias, por lo que perdieron la "clientela," al extremo de que, finalmente, se trasladaron a otro lugar, con gran regocijo de los benditos frailes que consideraron esto como una gran victoria. (45)

36. Archivo Municipal de Sevilla, sección 4, tomo 22, número 17.

37. Existen casos anotados por Pérez García respecto al burdel valenciano que recogen la existencia de delitos cometidos en la casa pública. Entre ellos, se subraya la existencia de relaciones homosexuales entre prostitutas, quienes debieron pagar una multa por haber sido "halladas durmiendo juntas." Asimismo, las prostitutas pasan fuera de la ley al acceder a practicar ciertos tipos de exigencias sexuales que reportarían más beneficios, tales como dormir dos mujeres con un hombre o viceversa (223–24).

38. En Deuteronomio 23 según la versión que Mariana reproduce en *Contra los juegos*: "...no habrá ramera de las hijas de Israel, ni fornicario de los hijos de Israel." En una versión de la Biblia moderna dice: "La prostitución sagrada. No haya entre las hijas de Israel ninguna hieródula [esclavo/a destinado al servicio de una divinidad en la antigua Grecia]; ni hombre hieródula entre los hijos de Israel" (Deuteronomio 23.17).

39. Márquez Villanueva en *Orígenes y sociología*, apunta que en la tradición judía la prostitución estaba totalmente prohibida y además, alude a que muchos de los tratados producidos en la época para la erradicación de la prostitución fueron escritos por conversos. Es por tanto significativo que el género picaresco, asociado también con los conversos, utiliza en su versión femenina, el personaje de la prostituta como consecuencia que provoca la corrupción del clero y de la sociedad en general.

40. En 1617 en los "Acuerdos" se documenta que:

> Los alcaldes dizen que de estar las mugeres de mala bida... alojadas en calles principales... se an seguido y siguen mui grandes inconvenientes, porque demás del mal exemplo que dan a la gente honrada... y de ser ocasión que a exenplo suyo sean malas otras mugeres, que no lo fueran si no las tuvieran cerca. (319)

41. La actitud del Santo Oficio en estos casos no era excesivamente grave si tomamos en consideración las penas que se dictaban contra judaizantes, luteranos o moriscos. Gracias al escepticismo de los inquisidores estas mujeres nunca fueron relajadas al brazo secular. En el peor de los casos recogidos, la sentencia consistió en el destierro y una pena máxima de 200 azotes (Sánchez Ortega 160).

42. Según A. Sarrión Mora expone en *Sexualidad,* la identificación de mujer y pecado, mujer y carne, mujer y deseo, es constante. Además, para la Iglesia en este momento inmediatamente anterior y posterior a Trento, la carne es "el otro" que no se distingue de la mujer. En ella se encarnan las tentaciones de la tierra, del sexo y del demonio (49). El caso extremo de esta asociación se puede encontrar en el caso de la prostituta; por eso no es raro encontrarnos con estas imágenes que la comparan con el diablo.

43. El padre Mariana es nombrado cronista real en 1623, y los confesores de Olivares y del rey son también jesuitas.

44. Archivo Municipal de Sevilla, Sección 13, tomo 5, número 21.

45. Según los "Acuerdos" y las provisiones tomadas por el Consejo Real entre los años 1538 hasta 1618, los esfuerzos por reducir a las mujeres públicas a la zona del Barranco resultaban vanos. En estos documentos se registra que "las mugeres de mala vida que llaman damas cortesanas, [están] alojadas en calles principales de esta Corte" (319). No sólo el lugar es importante, sino también algunos de los personajes que las tienen por vecinas: "Que las mugeres cortesanas que están en la calle del Duque de Maqueda, donde vive el emperador de Venecia, salgan de la dicha calle" (319). En 1618 se lee "mandaron se notifique a todas las mugeres cortesanas que resciben bisitas, que biven a la redonda de las cassas donde vive el Enbaxador de Persia, dentro del segundo día salgan de las dichas cassas y calles" (319).

46. La publicidad del negocio de alcahuetería a la altura de 1656 conducen a la Margaritona, famosa celestina de 88 años a vergüenza pública en asno y con coroza. Sin embargo, por su avanzada edad no recibe los consabidos azotes (Deletito y Piñuela 85–86).

Capítulo dos
La literatura como fenómeno social ante el debate sobre la prostitución: La prostituta y su función literaria en *La pícara Justina*

1. Todas las citas de *La pícara Justina* pertenecen a la edición de Bruno Damiani (1982).

2. Como ejemplo resulta interesante recordar que lo primero que hace Lazarillo cuando tiene algo de dinero es comprarse una espada para adquirir "hábito de hombre de bien" (127). Con este hábito, Lazarillo intenta aparentar un estado social que no le pertenece, pero que él reconoce como superior. Lo mismo ocurre con Don Pablos, pero sus intentos de vestirse y comportarse como hombre de bien serán rápidamente castigados por Quevedo.

3. Véase David R. Castillo, "Look Who's Talking! Justina and Cultural Authority." Castillo ofrece en su estudio una aproximación a las contradicciones del libro de la pícara, dentro del mismo y también en cuanto a la crítica que se ha ocupado del tema. Además de aportar un resumen de estas posturas, Castillo añade la posibilidad de leer el texto y sus complejidades desde la técnica pictórica del perspectivismo.

4. Además el carácter didáctico y ejemplar de los libros de caballerías es evidente en algunos casos, lo que confirma que en ocasiones se les tome como ejemplo pues no se diferencian de ciertos tratados de conducta. Véase al respecto el apartado del libro de caballerías *Florisando* titulado "Avisos de Anselmo contra las mujeres y los pecados de la carne" (citado por J. Lucía Megías 33).

5. En el artículo "Estado, Iglesia, Universidad" de Tatiana Bubnova se profundiza sobre el cambio que este proceso supuso en el estado eclesiástico y cómo se llevó a cabo su plasmación e interpretación en la literatura.

6. Véase H. Sánchez Ortega, *La mujer y la sexualidad en el Antiguo Régimen,* que cita múltiples ejemplos que recogen las transgresiones de tipo sexual del clero. Por ejemplo: "sólo sentían escrúpulos ante el orgasmo... En otra ocasión que fue el sacerdote el que alcanzó el clímax, reprochó a María la situación diciéndole: Mira lo que me has hecho hacer" (244).

7. Resulta interesante la toma de postura del agustino Fray Martín de Córdoba, consejero espiritual de Isabel la Católica, desarrollada en su libro *Jardín de nobles doncellas* (1476) respecto al lugar del pecado, el arrepentimiento y la virtud en hombres y mujeres. Su comentario al verso del Eclesiástico: "Mejor es la maldad en el varón, que el bien hecho de la mujer" (107) culmina con la siguiente explicación:

> Acaece, pues, que el varón firme peca, pero de sus pecados luego se levanta y hace penitencia; la mujer hace bien, pero desto ha vanagloria y soberbia. Pues ved aquí como es mejor el pecado del varón que la buena obra de la mujer, que Dios más ama peca-

dor penitente que justo soberbio. Pues la Señora [se refiera aquí a Isabel, que es a quien va dirigido el libro], aunque es hembra por naturaleza, trabaje por ser varón en virtud, y así haga bien y no se ensalce por vanagloria, más abaje por humildad. (107)

El agustino deja claro el lugar de inferioridad espiritual que posee la mujer con respecto al hombre, a cuya perfección siempre debe aspirar.

8. Es significativo el nombre del pueblo "Mansilla" que se podría asociar con "mancilla" o mancha, como alusión a la falta de virtud en Justina. También en el prólogo se alude a la mancha de tinta que ensucia su falda, la cual también podría ser una referencia a la misma falta.

9. Remitimos también a Fernando de la Flor (293), quien enumera la cantidad de penitentes femeninas arquetípicas (santa María Egipciaca, la Magdalena) que suben con éxito a los escenarios del barroco con Pérez de Montalbán, *La gitana de Menfís. Santa María Egipciaca. Relación primera y segunda* (Córdoba, s.a.) o Sánchez de Villamayor, *La mujer fuerte. Santa María Egipciaca* (Madrid, 1677). Las penitentes también tuvieron gran difusión en la literatura de cordel, por ejemplo en el romance publicado en Córdoba por Juan de Medina (siglo XVI) titulado: *Romance curioso de la maravillosa conversión de una muger, y cómo estubo catorce años haziendo penitencia en una cueva en Sierra Morena, cerca del convento de los Ángeles, y el dichoso fin que tubo*. Véase también, a propósito de la figura de María Egipciaca en el Siglo de Oro, el *Romancero General* (326–29).

10. Ponemos como ejemplo las Magdalenas siempre representadas en actitud penitente junto a la calavera, con los ungüentos y con cabellera larga, que por esta época son objeto de numerosas obras pictóricas. Entre otros muchos tienen cuadros de la Magdalena: Ribera (1591–1652), Murillo (1617–1682) y Tiziano (ca. 1485–1576), que la pinta por encargo de Felipe II alrededor de 1561. Entre otras exaltaciones de la figura de la santa en la época podemos citar a Lope de Vega, "Las lágrimas de la Magdalena" en *Romancero espiritual y rimas sacras* (1614) y Juan Bru de la Madalena, *Excelencias de Santa María Magdalena, recogidos en la fiesta que le hizo Roma* (1591) (citados por Flor 293).

11. Para un estudio detallado de la diferencia entre la Magdalena bíblica y la alteración de ésta en la construcción cristiana que se hizo de ella, por ejemplo con relación a los lugares de peregrinación, véase el trabajo de E. Moltmann-Wendell, en *The Women around Jesus*.

12. No sólo Malón de Chaide, sino también otros escritores asimilaron las tres figuras en una. Véase Raymond Willis: "Mary Magdalene, Mary of Bethany, and the Unnamed Woman Sinner." Como ejemplo Willis cita a Berceo en el *Milagro de Teófilo*: "La sancta Magdalena, de Lázaro ermana, / pecadriz sin mesura, ca fue muger liviana" (90).

13. Para un análisis de esta polémica y sus pormenores, véase el trabajo de Aladro Font, *Pedro Malón de Echaide y la conversión de la Magdalena*.

14. La crítica anterior a Bataillon tendió a ver en el autor de *La pícara Justina* al religioso Andrés Pérez, entre ellos estudiosos del peso de Nicolás Antonio y Mayáns y Siscar en el siglo XVIII. Según Siscar la referencia a "Pérez de Guzmán el bueno" en la Introducción general apunta al clérigo: Pérez respondería al apellido del autor y Guzmán al fundador de la orden de los dominicos de la cual él era miembro. El debate continúa con Menéndez Pelayo y Julio Puyol, los que apuntan al dominico como autor, a pesar de que por la misma época Cristóbal Pérez Pastor encontró referencias que aseguraban la existencia de López de Úbeda. Una reevaluación del debate iniciado por Rodríguez Marín y continuado en la misma línea por Marcel Bataillon prueba la existencia de López de Úbeda, basándose en datos bio-bibliográficos, como la pertenencia de éste al círculo de la corte y de sus favoritos, y su condición de médico-bufón (Damiani en *Francisco López de Úbeda* 14–16).

15. "La liebre búskala en el kantón, i la puta en el mesón" (Correas 184).

16. Según la definición del *Diccionario de Autoridades* "Se aplica regularmente a los oficios baxos de la Republica," la segunda entrada subraya que: "Se toma también por cofa baxa, foez è indecorofa. Lat. *Villis. Illiberalis.* Hortens. Mar. f 46. Con fer pafsion tan gloriofa la del amor, tiene achaques de *mechánica*" (523). También se puede leer con el mismo sentido en "Marcelo es criado placentero... Estos no dan placer, sino que lo venden y el hacerlo mecánico, siendo una joya inestimable, les ocasiona su infamia" (Salas Barbadillo 16).

17. También apunta este sentido Juan de la Cerda en sus recomendaciones a la hora de criar a una doncella: "Ni tampoco se las embie con sirvientes, ni escuderos a devociones y romerías revueltas, tapadas y hechas cocos, porque no acaezca que vayan romeras, y vuelvan rameras" (17).

18. Así lo anuncia ya en 1527 Antonio de Guevara, conocedor indiscutible de la corte, en su epístola 27 titulada "Letra para mosén Rubín, valenciano enamorado..." en la que avisa a su amigo y enamorado viejo de que:

> No os engañe el demonio a que tornéis agora de nuevo a ser enamorado, pues no conviene a la salud de vuestra persona, ni a la autoridad de vuestra casa; porque yo os doy mi fe que más aína os acaben los enojos de la amiga, que no los dolores de la gota. (147)

19. Como comprobamos, el discurso de defensa del truhán es similar al de la prostituta, ya que según apunta Alcocer todo depende del contexto en que se practique:

> El oficio de truhanes *usándose del por persona a quien conviene y en tiempos decentes y lugares oportunos*, no es de suyo malo y reprobado, y los que están en el tal oficio no están en estado condenado y malo... [sino] sirven para alivio de los trabajos. (*Tratado* 280; lo subrayado es mío)

Capítulo tres
El uso literario de la prostituta y la prostitución en *Don Quijote:* Las "mujeres libres"

1. Todas las citas de *Don Quijote* pertenecen a la edición de Martín de Riquer en la editorial Planeta (2004).

2. Para un análisis de la figura de estas cortesanas por parte de Antonio de Guevara y el préstamo de Cervantes resulta esclarecedor el estudio de Nadeau, "Recovering the Hetaire."

3. Véase "Dos caras del erotismo" (147–70) en *Otra manera de leer el "Quijote"* de Augustín Redondo en que se hace un estudio exhaustivo de todos los significados eróticos de este episodio.

4. En la definición de *ramera* de Covarrubias leemos lo siguiente: "Éstas salían algunas vezes a los caminos reales, no lexos de los molinos del trigo y otras vezes de los del azeyte, y sobre unas estacas armavan sus choçuelas y las cubrían con ramas, de donde se dixeron rameras" (895).

5. El artículo de Ruth Mazo Karras "Sexuality, Money, and Prostitution" es una fuente excelente de información en este apartado. También es iluminadora la introducción de Julián Olivares a la edición de las *Novelas amorosas y ejemplares* de María de Zayas, en que el crítico subraya la condena del discurso público de la mujer por parte de predicadores, tratadistas y escritores, quienes piensan que la liberalidad de su discurso se relaciona con la inmoralidad (22). Para apoyar este punto Olivares cita el caso del padre Domingo Báñez que en 1574 se opuso a que se hicieran copias de la *Vida* de Santa Teresa y amenazó quemar el manuscrito original, porque "no convenía que escritos de mujeres anduviesen en público" (22). También cita el caso del tratadista italiano Francesco Brabaro, en su *De Re Uxoria Liber (Los deberes de la esposa)* traducido al italiano en 1548, que equipara el discurso femenino con la desnudez: "Es apropiado que el discurso de la mujer nunca se haga público, puesto que el discurso de una mujer noble no es menos peligroso que la desnudez de los miembros de su cuerpo" (citado por Olivares 23).

6. Resulta muy esclarecedor en este punto el artículo de Cruz "Redressing Dorotea," en que se discute el papel otorgado por algunos de los más representantes cervantistas a los personajes femeninos del *Quijote*. Cruz se muestra reacia, sobre todo en el caso de Dorotea, a aceptar el papel tradicional otorgado por Cervantes a estos personajes, donde al final se presentan en conformidad con la sociedad que las oprime. Según Cruz, el texto demuestra "Cervantes' desire to script a singularly new fictional narrative by proffering both the limitations imposed on and the choices open to real women in early modern Spain" (15) [1].

7. Para un análisis del tema picaresco en Cervantes remito, además de a la discusión de Castro en *El pensamiento de Cervantes* (1925), a la aportación de Julio Rodríguez-Puértolas (1972) en la edición revisada y aumentada de esta misma obra y en ella, al debate que le dedica al tema (242, notas 90, 91). Además, el famoso artículo de Carlos Blanco

Aguinaga sobre "Cervantes y la picaresca" (1957) aporta importantes observaciones sobre los dos tipos de realismo, muy diferentes según el crítico, que ofrece por un lado la picaresca y por otro Cervantes. Este asunto es retomado por Peter Dunn en su artículo "Cervantes De/Re-Constructs the Picaresque" (1982), y más tarde en *Spanish Picaresque Fiction* (1993), en que hace una lectura del trabajo de Aguinaga, y las consecuencias que éste tuvo en la crítica posterior, entre ellas, el descartar a Cervantes como autor de obras picarescas. Dunn no va tan lejos, y subraya que Cervantes al igual que muchos escritores del momento crea su propia construcción de la picaresca, y que la riqueza de su obra no consiste en catalogarlo como autor picaresco o seudopicaresco sino en la forma en la que usa los elementos picarescos. También, el artículo de Gustavo Alfaro: "Cervantes y la novela picaresca," aporta novedades cuando subraya que casi todos los críticos de una u otra forma, aunque por diversos cauces, coinciden en que Cervantes usa el tema picaresco de una manera muy particular, ampliando las posibilidades tanto para el pícaro como para la pícara, a los que no restringe por su herencia, sangre ni raza.

8. Hay que tener presente el éxito del *Guzmán* y la influencia que este libro tuvo no sólo en las obras que se publicaron después como *El Buscón* o *La pícara Justina*, además de la versión apócrifa del mismo, sino también el peso que tuvo en la reedición de *Lazarillo de Tormes*. En general y producto del éxito de la obra de Alemán, los años de principios del XVI están marcados por un gran aumento de la producción de novelas picarescas, fenómeno del que la obra de Cervantes también hace eco.

9. Según el *Diccionario de Autoridades*: *Cortesano,-na* se refiere a "Lo perteneciente o propio de la Corte," mientras *Cortesana* es:

> La muger libre, que vive licenciosamente, que oy por lo regular fe llama Dama cortefana. Llamafe así del Latino *Cohors, tis*, porque antiguamente les era permitido feguir las cohortes en tiempos de guerra, por evitar mayores males. Oy dia fe entiende por Dama cortefana la que no es tan común y pública... Hai otro género de perdidos en la Corte, los quales ni tienen Amo, ni fafalario, ni faben oficio, fino que eftán allegados, o por mejor decir, arrufianados con una *Cortefana*: la qual porque le procura pofada, y la acompaña quando la Corte se muda, le da ella a él quanto gana de dia labrando, y de noche pecando. (630)

10. El origen sexual de la locura de Don Quijote o su preocupación por la relación entre los sexos ha sido subrayado por numerosos críticos, entre ellos Carroll B. Johnson en *Madness and Lust*, Ruth El Saffar en "Sex and the Single Hidalgo: Reflexions on Eros in *Don Quixote*," Edward Dudley en "The Wild Man Goes Baroque" y Robert Morales Flores en "¿Por qué se embarcó Don Quijote en sus aventuras?."

11. La asociación del amor y la locura era un tema común en las novelas de caballerías. En estas novelas como se demuestra en *Amadís de Gaula*, la infatuación del hombre por la mujer lleva a la locura y el desenfreno, pero lo grotesco de la condición de Don Quijote queda todavía más subrayado si su enajenación es debida a la abstinencia sexual.

12. Existen múltiples ejemplos de esta entrega amorosa en los libros de caballerías. Es interesante el ejemplo de Feliciano de Silva en *Lisuarte de Grecia* (1514):

> Una noche después de cenar... la duquesa... propuso de descubrirle su pensamiento... enchándole los braços al pescueço, añudándole las manos atrás, le llegó el rostro con el suyo. El cavallero que assí se vido, no pudo tener tanta lealtad a su señora que más piedad no oviesse a la duquesa, y besándola en la boca, tomándola entre sus braços, la llevó sobre un lecho que en la cámara estava, donde haziendo dueña aquélla que fasta allí donzella era, con gran solaz passaron gran parte de la noche... Y con aquel vicio que avéis oído passaron quinze días, teniendo el [caballero] de la Espera cada noche a la duquesa a su voluntad. (citado por José Manuel Lucía Megías 38).

Para más ejemplos, véase la *Antología de libros de caballerías castellanos* de Lucía Mejías.

13. El licenciado Luján reitera en el mismo trabajo lo que entiende por "honrada":

> No debe ninguna mujer de ningún estado, en especial la doncella o casada, cuya honra es más estrecha y más delicada, *tener estrecha conversación con extraños*... llamo honrada a la que es muy honesta en el vivir, y muy recatada en el hablar, y muy esquiva en el conversar. (79; lo subrayado es mío)

14. Al mismo tiempo el nombre de Dorotea significa "regalo de Dios," en el sentido que el Creador puso todos los mejores atributos en ella: belleza, gracia, don de palabra e inteligencia.

15. Es necesario tener en cuenta que la historia de Micomicona se convierte en un trasunto de la "verdadera historia" de las desdichas de Dorotea (Zimic). El gigante Pandafilando representa a Don Fernando, "grande de España" a cuya unión tan desigual Dorotea, así como Micomicona con respecto al gigante, se opone. A pesar de su negativa, Don Fernando/gigante: "había de pasar con gran poderío sobre mi reino, y me lo había de quitar todo" (303). Aquí "su reino" se podría entender como su virginidad. Al quitarle ésta se lo quita "todo." También es significativo notar cómo Cervantes ofrece la historia de Dorotea desde dos perspectivas, una en contacto con la realidad y otra como parte de una ficción. Así, a pesar de que las historias son semejantes, se tendería a defender más la inocencia de la princesa de un reino de fantasía que la de la labradora y seducida Dorotea, a la que nadie ha ayudado a defenderse hasta el momento que se le ofrece Cardenio, con la excepción del loco Don Quijote.

16. La postura de servidumbre adoptada por Dorotea al final de su discurso es analizada por Cruz en su artículo "Redressing Dorotea," en que subraya la incomodidad de tal decisión para los críticos pues: "Dorotea's marriage to Fernando appeases neither those critics who reproach her apparent narcissism nor those who, like myself, applaud her authenticity and agency" (27) [2]. Sin embargo, como Cruz elocuentemente analiza, Dorotea es ante todo una mujer de su tiempo que inteligentemente entra por el aro del matrimonio como única vía de salvar su honor. Además, esta postura no significa que Dorotea sea conformista, pues su matrimonio con un grande de España constituye un asalto a las reglas que dictan el orden social respecto a los estados. (27)

17. Según Zimic, Dorotea elabora además otro argumento más persuasivo. Este discurso consiste en que al atribuirse el título de esposa (por su entrega sexual a Don Fernando), y otorgarle el mismo a Luscinda respecto a Cardenio, Dorotea está insinuando que lo mismo que ella ha tenido trato sexual con él, Luscinda lo ha tenido con Cardenio. De esta forma, la única opción viable para Don Fernando es aceptarla.

18. La definición de truhán que ofrece el diccionario de Covarrubias es la siguiente: "El chocarrero burlón, hombre sin vergüença, sin honra y sin respeto; este tal, con las sobredichas calidades, es admitido en los palacios de los reyes y en las casas de los grandes señores, y tienen licencia de dezir lo que se le antojare" (981).

19. En su *Relox de príncipes* Guevara amonesta a los grandes y su debilidad por los truhanes: "que sólo porque diga un truhán en público: ha la gala de fulano, ¡viva viva su generosa persona!: sin más ni más le dan un sayón de seda: y partidos de alli si entran a una yglesia no darán al pobre una blanca" (citado por Márquez Villanueva en *Menosprecio* 156). Además, es relevante en este respecto la obra de Fernando Bouza, *Locos, enanos y hombres de placer* en que se da una idea de la proporción a que había llegado la moda de tener este tipo de personajes para el recreo en las casas reales y de los grandes.

20. El relato de Dorotea respecto a sus distracciones en los ratos de ociosidad parece calcado de los consejos que los moralistas de la época recomendaban:

> Los ratos que del día me quedaban… los entretenía en ejercicios
> que son a las doncellas tan lícitos como necesarios, como son los
> que ofrece la aguja y la almohadilla, y la rueca muchas veces; y
> si alguna por recrear el ánimo, estos ejercicios dejaba, me acogía
> al entretenimiento de leer algún libro devoto. (297)

Sin embargo, sabemos que no eran devotos todos los libros que la doncella leía, distracción muy criticada y desaconsejada por los mismos moralistas que parece seguir.

21. De opinión contraria es el artículo de Isabel Colón Calderón "La Tolosa y la Molinera," donde la autora discute cómo estas prostitutas se transforman en el transcurso de su encuentro con Don Quijote y "se hacen merecedoras de un 'don,' aunque oficialmente no pudiesen llevarlo" (323).

22. Véase Sánchez Ortega, Sarrión Mora o Barahona para estos casos.

23. La asociación de Nápoles con la sífilis es evidente en la *Lozana andaluza*: "las mujeres en esta tierra [en Roma], que son sujetas a tres cosas: la pinsión de la casa, y a la gola, y al mal que después les viene de Nápoles" (114). En la misma obra, otro personaje hace alusión a los comienzos de la enfermedad en esta ciudad (202); por lo tanto, es evidente la conexión entre el adjetivo *viciosa* y el comercio sexual que debía de florecer en Nápoles, destino de Leandra.

24. Véase el artículo de Alicia Redondo Goicoechea, "Cúanto hablan las mujeres del *Quijote*" donde se presta particular atención al discurso de Dorotea y donde relaciona la libertad de palabra con la libertad del cuerpo: "Quizá por ello la protagonista discursiva de este primer *Quijote* es una mujer con experiencia sexual" (458).

Capítulo cuatro
El mundo de la prostitución en *La Lozana andaluza* y *Vida y costumbres de la madre Andrea*

1. Todas las citas de *La Lozana andaluza* pertenecen a la edición de Claude Allaigre (1985).

2. Para un estudio de la tradición picaresca y en particular la relación entre *La Lozana andaluza* y *La pícara Justina* véase el capítulo 7: "*Justina* and *Lozana*: The Exuberant Andalusian Woman—Artistic Parallels" en *López de Úbeda* de Bruno Damiani. Este capítulo ofrece un estudio de las semejanzas entre ambas obras, concluyendo que el autor de *Justina* debía conocer la obra de Delicado por las afinidades de lenguaje que comparten así como por el dibujo del frontispicio. También se repite entre los críticos la conjetura, imposible de comprobar, de que Cervantes podría haber conocido la obra del clérigo durante su estancia en Italia, y que la estructura de *La Lozana* podría haber influido la creación del *Quijote*. Además de Damiani, quien recoge algunas de las influencias que pudo tener Delicado en Cervantes, véase el trabajo de otros críticos, entre ellos José Rodríguez Feo en "Un excéntrico: Francisco Delicado," Vilanova en "Cervantes y *La Lozana andaluza*" y más tarde Francisco Maldonado de Guevara en "*La Lozana andaluza* y el *Quijote*."

3. Véase el apartado "Aldonza soi sin vergüenza" del capítulo 3 para la significación y connotaciones del nombre Aldonza.

4. Véase el apartado dedicado a Aldonza en el *Quijote*, en que *conversar* tiene el sentido de tener relaciones sexuales.

5. Ya hemos subrayado el doble sentido que conlleva el uso de los vocablos de parentesco para encubrir relaciones ilícitas. *Madre* y *tía* son usados por muchos de los personajes de *La Celestina* para referirse a la alcahueta. Por ejemplo Lucrecia, sirvienta de Melibea, la llama así a su entrada a la casa de la vieja "Buena pro os haga tía" (234), donde se encontraba en reunión con sus sobrinas: "Yo vi, mi amor, a esta mesa donde agora están tus primas assentadas, nueve moças de tus días, que la mayor no passava de deziocho, y ninguna avía menor de quatorze" (234).

6. Consúltese la interpretación de Allaigre en su prólogo a la edición de *La Lozana* (también en "Amours et prostitution" 292) sobre la relación entre Diomedes y Lozana, y de su comercio sexual por Levante y la Berbería, donde "no había otra en aquellas partes que en más fuese tenida, y era dicho entre todos de su lozanía, ansí en la cara como en todos sus miembros" (43) ¿Cómo conocían todos sus miembros? Este estudio es retomado por Manuel Da Costa Fontes en su interesante artículo "The Art of Sailing in *La Lozana andaluza.*"

7. Son esclarecedores en este respecto los artículos de Alberto Bagby, "La primera novela picaresca española" y Bruno Damiani, "*La Lozana andaluza* as Precursor to the Spanish Picaresque."

8. En la cita 3 del artículo de Allaigre "Amours et prostitución" se lee: "las mujeres conoscidamente malas que llaman rameras, o mujeres enamoradas o cantoneras, estén en lugares apartados de la conversación de las mujeres onestas" (premática de 1548).

9. Esta alusión también puede interpretarse según la tradición folclórica, la cual asocia la vagina con un anillo que es penetrado por el dedo/pene.

10. Según Rosa Navarro Durán en *Alfonso de Valdés, autor del "Lazarillo de Tormes,"* éste fue el creador de la famosa obra picaresca. Entre las influencias cita como muy importante a *La Lozana*, pues ambos autores compartían la misma opinión sobre las consecuencias que provocaron el Saco. Navarro Durán argumenta que Valdés debió leer el libro de Delicado con atención pues más tarde aplicaría semejante aproximación a su creación: "Además al escritor le interesaba subrayar que esos eclesiásticos que vivían de la caridad y que la desconocían... vivían en Castilla y no en la Roma Babilonia" (149). Es decir, que el desorden y amoralidad de Roma también estaban presentes en España.

11. Véase el artículo de Sanford Shepard "Prostitutes and Picaros in Inquisitional Spain" por la relación que hace entre la prostituta, la pícara y la falta de fe de la que se acusa a los conversos. Al asociar la falta de fe con la promiscuidad, la pícara-prostituta se convierte en la metáfora perfecta que simboliza a ambas. Shepard subraya que en el caso de *La Lozana andaluza* esta falta de fe resulta extremadamente patente cuando la practicalidad de la protagonista la lleva a comportarse con los cristianos, cristiana y con los judíos, judía. Por lo tanto, la condición de prostituta a la que el converso Delicado somete a la Lozana coincide con la tradición bíblica judía que usa la promiscuidad y la imagen de la prostituta como metáfora del infidel (Isaías 3–16, 17, Jeremías 3–6, Ezequiel 16–32, Proverbios 7–10, 19, citados por Shepard 365).

12. Según una anotación en la Biblia, "Babilonia es en el Antiguo Testamento un seudónimo para Roma. Algunos intérpretes sólo ven en la ramera la antigua Roma" (1492). Además, en la parte del Apocalipsis en que se describe la caída de Babilonia se la relaciona a ésta con la imagen de la gran ramera:

> Ven, te mostraré la condenación de la gran ramera, que tiene su asiento al borde de muchas aguas... Y en la frente tenía

escrito este nombre: Misterio, Babilonia la grande, madre de las fornicaciones y abominaciones de la tierra.... Por eso un día sobrevendrán sus plagas, mortandad, llanto y hambre, y será abrasada del fuego; porque poderoso es el Dios que ha de juzgarla. (Apocalipsis 17.1–18.8)

13. Véanse las notas 2 y 7 de este capítulo donde se subraya y demuestra la influencia de *La Lozana* en Cervantes y la picaresca femenina, en particular en *La pícara Justina*. También se encuentra su influencia en la picaresca masculina, como por ejemplo *El Lazarillo*. Véase nota 10 de este capítulo donde se discute este tema. Esto demuestra que la obra tuvo un influjo importante en las letras hispánicas y que circuló y era conocida en España por estos autores, aunque también es posible que éstos la leyeran durante sus estancias en Italia, sin embargo el resultado es el mismo.

14. Entre otros, consúltese Bruce Wardropper: "La novela como retrato" y sobre todo la edición de Bruno Damiani de *La Lozana*, donde el crítico refuta las ideas de Menéndez Pelayo, en cuanto a la influencia de la obra en las letras hispánicas.

15. El artículo de Damiani "*La Lozana andaluza* as Precursor..." (61), así como en el de Jacques Joset "De los nombres de Rampín (III)" ponen en perspectiva los múltiples sentidos del personaje picaresco del criado-marido-alcahuete de Lozana.

16. Resulta interesante el comentario de Menéndez Pelayo en *Orígenes de la novela* en cuanto a la historicidad de alguna de estas cortesanas, como la célebre Imperia Romana, manceba del banquero Agustín Chigi de la que, según el crítico, la Imperia Aviñonesa tomó el nombre. También apunta que todos los personajes tienen trazas de ser históricos, incluso el de Lozana, a quien relaciona con una tal Isabel de Luna de quien la literatura italiana guarda memoria: "pasaba en Roma por la más astuta e ingeniosa mujer que podía encontrarse, la de más entretenida conversación y dichos agudos, prontísima en las réplicas mordaces y en tomar desquite de quien la ofendía" (60).

17. Para un análisis del número tres y su relación con la Trinidad, consúltese el artículo de Manuel Da Costa Fontes: "The Holy Trinity in *La Lozana andaluza*."

18. También es verdad, que la Lozana vivía en un barrio español de Roma, habitado en su mayoría por conversos y que su llegada no supuso una ruptura con su antigua religión. Sin embargo, pensamos que tanto el catolicismo como el judaísmo practicados en Roma se convierten en farsas. El "arrepentimiento" o transformación supuesta se podía entender como una vuelta a la "verdadera religión" sea cual sea su denominación.

19. Véase *El mundo converso* (48) de Márquez Villanueva. Se puede consultar también a Angus MacKay en "The Whores of Babylon." MacKay apunta que la mudanza de nombre de la protagonista señala un cambio de fe, en el cual más que el arrepentimiento por su vida de pecado, lo que representa Vellida es una vuelta a la religión "verdadera" a la que nunca debía haber renunciado, vista la falsedad y falta de moral por la que se rige el catolicismo, cuya cabeza, Roma, queda finalmente castigada.

20. Véase el artículo de Damiani, "Some observations on Delicado's *El modo de adoperare el legno de India Occidentale*."

21. Este discurso se asemeja al de López de Villalobos, según lo apuntado por M. Solomon, el cual avisa a los hombres, que deben huir del objeto de sus deseos, "como en pestilencia se apartan los hombres del ayre dañado" (citado por Solomon 64).

22. En cuanto a la elección de Valencia y Zaragoza, unos de los focos principales y más famosos de la prostitución hispana, véase la sección "Debate moral" incluido en este trabajo.

23. La exageración o su sinónimo la andaluzada es una característica estereotipada del modo de hablar y ser del andaluz. Pensamos que el autor emplea esta expresión para caracterizar a Divicia como andaluza, así también parece indicarlo la forma en que se dirige a Lozana: "Mira, hermana… Dime, hermana" (421), forma familiar entre compatriotas que se encuentra también al principio cuando Lozana entabla conversación con las andaluzas (una sevillana, un par de cordobesas y una jienense) del barrio de Pozo Blanco (191).

24. Picota: "Rollo o columna de piedra o de fábrica, que había a la entrada de algunos lugares, donde se exponían públicamente las cabezas de los ajusticiados, o los reos" (RAE). El *Diccionario de Autoridades* recoge prácticamente la misma información: "El rollo u horca de piedra que suele haber a las entradas de los lugares, adonde ponen las cabezas de los ajusticiados, u reos a la vergüenza. Llámase así, porque es una columna con su basa que remata en punta."

25. Encorozar: "poner la coroza a uno por afrenta; castigar públicamente" (recogido por Damiani en su Glosario de la edición de *La Lozana andaluza*). Además existe una curiosa ilustración de tal castigo en *The Mirror of Spain*, de Hillgarth.

26. Mis esfuerzos por localizar el texto original en la Universidad de Utrecht no resultaron fructíferos. Tampoco se encuentra en la biblioteca de la Universidad de Ámsterdam donde Jonas Van Praag se retiró. Los encargados de la sección de manuscritos de ambas universidades me informaron que entre los libros donados por Van Praag no se encontraba tal obra. Tampoco se encuentra un manuscrito de esta novela en las respectivas Bibliotecas Nacionales de España u Holanda.

27. Resulta también desconcertante que en la última frase de su introducción y antes de reproducir el texto, Van Praag diga "Añado fotocopia de la portada postiza—una que parece ser del XVIII y que representa a una mujer suscrito el nombre de Violette y con unos versos que dicen 'La Madre Andrea / muestra que no fue fea / y como habla disoluta / parece que fue P…'—y primera página del manuscrito" (127), pero sin embargo esto nunca se reproduce en la *Revista de Literatura*.

28. Estoy en proceso de preparación de una edición crítica de *Vida y costumbres*.

29. En el apartado de la pícara Justina en el capítulo 2, señalamos su observación sobre la mancebía de León por cuyas puertas pasa, aunque ella siempre va por libre. En el caso de *La Lozana* ésta vive en principio como mujer enamorada en casa particular y, aunque asentada en un barrio conocido por su actividad en el comercio carnal, nunca regenta ni visita una mancebía. Sin embargo, en este caso puede decirse que toda Roma es burdel, según el autor.

30. Además de los ciegos que siguen el modelo de *Lazarillo*, también aparece un "criadillo" (146) que recuerda directamente a Lázaro, el que se queja de los maltratos del ciego. También se alude al *Buscón* y su licenciado Cabra, al cual se hace referencia con respecto a la escasez de comida con que el ciego le paga a su criadillo.

31. Este aspecto es apuntado por el padre Mariana:

> Los muchachos en su tierna edad, la cual no se debería tan presto inficionar con vicios por ser cosa de tanto perjuicio, con esta libertad y ocasión ó de sí mismos ó movidos de otros, corren á las casas, y con aquel dañoso deleite debilítanse las fuerzas, y encendida una vez la llama del deseo torpe, cada día se hacen más destemplados. Sin duda donde no hay estas casas, los mozos son muy más castos. (446)

Capítulo cinco
Salas Barbadillo y Zayas:
Dos aproximaciones al discurso de la picaresca

1. Todas las citas de *La hija de Celestina* pertenecen a la edición de José Fradejas Lebrero (1983).

2. Para un estudio del debate sobre los aspectos picarescos de la *hija de Celestina* véanse Antonio Rey Hazas, "Novela picaresca y novela cortesana"; Alberto del Monte, *Itinerario de la novela picaresca española*; Francisco Rico, *La novela picaresca y el punto de vista*; y Fernando Lázaro Carreter, "Para una revisión del concepto de novela picaresca," en *Lazarillo de Tormes en la picaresca*.

3. Como hemos comprobado, las leyes obligan a estas mujeres que lleven señales distintivas en la ropa que las diferencien de las mujeres honradas, con el doble objeto de que los hombres las identifiquen y sepan con quien tratan, y también las distingan de las mujeres honestas a quienes deben respetar. El texto literario sigue un semejante patrón instructivo, mostrando al hombre los peligros que la mujer no identificada puede presentar.

4. Los críticos parecen estar de acuerdo respecto a la inferioridad de la ampliación frente al original: "What modern critics find wrong with these interpolations [is] their patent moralizing, the confusing mixture of verse and prose, and above all, their apparent disregard for the unified variety of the 1612 version" (Brownstein 93) [3]. Esta ampliación consiste de: dos relaciones en verso, *La madre* y *El marido*; una novela ejemplar en prosa, *El pretendiente discreto*; y una serie de romances-jácaras, *Vida de un jaque* y *Malas manos*.

5. Según el *Diccionario de Autoridades*: "Meter por castigo y disposición de las leyes a algún reo en una cuba, como al parricida a quien encerraban en ella con una mona, un gallo, un perro, y una víbora, y le arroban al mar." La definición se repite prácticamente en el RAE: "Meter a los reos de ciertos delitos, como el parricidio, en una cuba con un gallo, una mona, un perro y una víbora, y arrojarlos al agua; castigo que se usó en otro tiempo." Existe una ilustración bastante interesante de este proceso en *Vidas poco ejemplares* (127) de Emilio Temprano.

6. Parece que Salas Barbadillo, según el estudio de Myron Peyton en *Alonso Jerónimo de Salas Barbadillo*, tenía la mala costumbre de meterse en problemas cada vez que criticaba a las susodichas mujeres. En enero de 1609 hay un altercado entre Diego de Persia, Eugenio de Heredia, músico de la casa del rey, y Salas que acabó con heridos y en el juzgado. El tal Persia insistió durante su declaración que la pelea se desencadenó debido a las calumnias levantadas, por Salas y Heredia, sobre cierto grupo de mujeres conocidas de la corte (17). Meses más tarde, en ese mismo año, Salas es acusado y sentenciado a cuatro años de exilio de la corte que luego quedan reducidos a uno, por la composición de unos versos bastante escabrosos contra ciertas mujeres de la ciudad y sus consortes (18). Este altercado prueba que las mujeres libres, a las que señala con nombre y apellido, eran foco importante de sus diatribas y que *La hija de Celestina* responde a esta misma motivación.

7. Son también similares las edades de las prostitutas que durante "los buenos tiempos" tenía a su cargo Celestina en *La Celestina* "la mayor no passava de dieciocho años, y ninguna avía menor de quatorze" (234).

8. También se puede comprobar en la jácara "la madre," inserta en la ampliación de 1614: "Doce años contaba la criatura / cuando se halló hecha dueña una mañana / que todo fue acertar la coyuntura" (50).

9. La madre, Zara/María/Celestina, esclava morisca, lavandera, prostituta y alcahueta de su hija al final de su vida, enseña todo lo que sabe a Elena. Su padre, Alonso Rodríguez, más conocido por el nombre de Pierres, borracho y cornudo, completa la herencia de la pícara.

10. El matrimonio era en estos casos usado como una tapadera que permitía una fachada de orden. A pesar de las leyes que se promulgaron desde las *Partidas* contra "los maridos que sirven de rufianes a sus mujeres" (citado por Temprano 94), era común que a las prostitutas se las quisiera reinsertar a través del matrimonio (véase Magdalena de San Jerónimo o López de Herrera). También se daba el caso, mencionado por el padre León (Herrera Puga), de perdonar las penas a los reos si contraían matrimonio con prostitutas.

11. Según Fray Luis de León, la mujer una vez lanzada a un vicio pierde el control:

> Y como los caballos desbocados cuando toman el freno, cuanto más corren tanto van más desapoderados; y como la piedra que

cae de lo alto, que cuanto más desciende, tanto más se apresura, así la sed déstas crece en ellas con el beber, y un gran desatino y exceso que hacen le es principio de otro mayor. (León 96)

12. A pesar de que se aconseja a la doncella y a la casada que no sean ventaneras, el asomarse a la ventana está justificada por la fiesta que se celebraba.

13. Ejemplos claros se dan en manuales como *La perfecta casada*:

> Visitando las calles corrompen los corazones ajenos y enmollecen las almas de los que las veen... Y si es de lo propio de la mala mujer el vaguear por las calles... bien se sigue que ha de ser propiedad de la buena el salir pocas veces en público. (Léon 159)

El mensaje se repite en *Vida política*: "Enséñela que en todo momento sea callada, y que hable muy poco, y esto cuando fuere preguntada... No la consientan pasarse a la ventana a mirar, o a parlar en la calle con mancebos" (Cerda 10).

14. Es evidente que el tema de la prostitución interesó profundamente a Salas Barbadillo. Fruto de este interés lo constituyen las jácaras y romances que incluyó en la versión ampliada de *La hija de Celestina*. En *La madre* se relatan los negocios de una mujer que prostituye a sus hijas a la vez que presenta el germen de lo que más tarde el autor desarrollaría en *La comedia de la escuela de Celestina* (1620). Compárense los siguientes fragmentos de ambas obras en cuanto a los consejos de la elección de los amantes:

> Si entrare un mancebito peligroso,
> hablalde en pie porque esperáis visita;
> Si fuere hombre rico, éste se admita...
> Si es grueso mercader o un excelente
> príncipe, bien podéis en el estrado
> sentarle en una almohada afablemente
>
> (*La ingeniosa Elena* 54)

> Ser prenda de mercader
> rico, es dicha, que aunque quiebra,
> por más que los executen,
> nunca llevan tales prendas.
> De los caballeros niños huid,
> ... ya que todos son de San Juan
> en el padecer pobreza
>
> (*La comedia de la escuela* 12)

De la misma forma, en *El marido* y el romance del rufián *Malas manos*, insertos en la ampliación de *La hija de Celestina*, así como en *El sagaz Estacio, marido examinado* (1620) Salas explora otras caras de la clandestinidad, como son la de los maridos consentidos y los rufianes. En *Corrección de vicios* (1615), una colección de novelas ejemplares, Salas inserta *La dama de perro muerto*, en que a una ambiciosa prostituta se le da el pago que se merece. En *El escarmiento del viejo verde* o *La niña de los embustes*, parte de la misma colección, Salas muestra de nuevo los engaños y estratagemas de los que se valen las prostitutas para engañar a los hombres.

15. Todas las citas siguen la edición de Julián Olivares (2000).

16. Ángel Valbuena Prat recoge esta novela en su antología de *La novela picaresca española*.

17. Véase *Formación y elementos de la novela cortesana* (1929) donde nace el término que Agustín Amezúa explica: "tiene por escenario la Corte y las grandes ciudades, cuya vida bulliciosa, aventurera y singularmente erótica retrata" (citado en la Introducción de Alicia Yllera a los *Desengaños amorosos* 26). Yllera ya apunta desde aquí su reserva hacia este término pues "El que la acción ocurra en Madrid o en las grandes ciudades no parece justificar la denominación, ya que *cortesana*, aplicado a otros géneros, tiene un sentido más específico." (26)

18. La *cortegiana* italiana y su incursión e influencia en la vida social de las clases privilegiadas a la vez que su participación en las artes y las letras no tiene precedente en España.

19. Estas cortesanas son Flora en "La burlada Aminta y la venganza del honor," Isidora e Inés en "El castigo de la miseria," Nise en "La fuerza del amor," Lucrecia en "El desengaño amando y premio de la virtud" y Claudia en "El juez de su causa."

20. Para un estudio detallado sobre los peligros que la lectura podía ocasionar a la mujer véanse los trabajos de María Teresa Cacho, de Pedro Cátedra, de Evangelina Rodríguez Cuadros y de B. W. Ife.

21. Olivares subraya en su introducción de *Novelas* la condena del discurso público de la mujer citando el caso del padre Báñez que en 1574 se opuso a que se hicieran copias de la *Vida* de Santa Teresa y amenazó con quemar el manuscrito, aludiendo a que "no convenía que escritos de mujeres anduviesen en público" (22). También cita el caso del tratadista italiano Francesco Bárbaro, en su *De Re Uxoria Liber* (*Los deberes de la esposa*) traducido al italiano en 1548, que equipara el discurso femenino con la desnudez: "Es apropiado que el discurso de una mujer nunca se haga público, puesto que el discurso de una mujer noble no es menos peligroso que la desnudez de los miembros de su cuerpo" (citado por Olivares 23).

22. Luján aclara el término diciendo "entiendo por honrada a la que es muy honesta en el vivir, y muy recatada en el hablar, y muy esquiva en el conversar" (79).

23. Ife señala que el aumento de lectores no especializados en el siglo XVI tiene parte de su explicación en el número creciente de lectoras (13).

24. Para un estudio del feminismo en Zayas véase "Fleshing out Feminism" de Lisa Vollendorf. También trata el tema Julián Olivares en un apartado de su introducción. El tema ha sido ya estudiado y es punto de debate entre los críticos; por esta razón no creo necesario detenerme en ello. Zayas es una mujer de su tiempo; por necesidad debía defender un lugar para la mujer escritora.

25. Es interesante en este aspecto resaltar que la imprenta como una tecnología relativamente nueva hizo posible que el libro como posesión de consumo privado fuera una realidad. En cuanto a esta relación del libro de ficción y la lectura privada por parte de la mujer son muchos los moralistas, como Cerda o Chaide por ejemplo, que advierten del peligro que supone. Esto no es algo nuevo ni tampoco desfasado como he podido descubrir en el artículo de Glenn Sumi, "Tech Know," sobre el documental *Web Girls* donde se discute la privacidad y publicidad de mujeres que han decidido ser "públicas" y mostrar sus vidas en Internet. La directora, Weissman, discutida en el artículo, advierte que desde siempre la ecuación "New technology + women = fear" (*Now Magazine*) [4].

26. Véase María Teresa Cacho para el tema de la educación de la mujer.

27. Estas referencias además de un estudio más detallado de la incógnita de su vida se pueden encontrar en las ediciones de la obra de Zayas de Alicia Yllera y Julián Olivares.

28. Según Margaret Greer "On marrying her, he is contemplating not sensual gratification but ways to save money, and perhaps even spare himself the need for creative outlay" (169) [5]. Por esto rápidamente está dispuesto a aceptar al "sobrino" de doña Isidora como hijo.

29. Sobre todo en la versión primera de esta novela que Zayas corrigió donde el miserable Don Marcos acababa ahorcado víctima de otro engaño más. Véase la edición de Olivares (289) que ofrece las dos versiones.

30. Para un estudio de la casa como espacio arquitectónico usado por la sociedad patriarcal para el control de la mujer, véase Yolanda Gamboa, "Arquitectural Cartography." Además en el caso de esta novela, la casa se convierte en un instrumento importante del engaño a Don Marcos, pues es el señuelo con el que la pícara atrae al miserable.

Apéndice

Traducciones

Los números en corchetes de las citas en inglés y francés presentes en el libro se corresponden con estos de las traducciones. Todas las traducciones son mías.

Introducción

1   ... estudiemos la literatura como un discurso entre los discursos producidos y consumidos por una sociedad dada, e... investiguemos en el análisis textual la confluencia de todos los agentes que forman parte del fenómeno literario como una *semiosis comunicativa, situada en un momento determinado, en una sociedad determinada y participando de los canales de interacción verbales (y no verbales) de esa misma sociedad.* (Gómez Moriana)

2   El siglo diecisiete fue el principio de una era de represión... Llamar al sexo por su nombre se hizo cada vez más difícil y más costoso. Como queriendo ganar control sobre éste en realidad, se hizo necesario primero subyugarlo al nivel de la lengua... la lengua del decoro probablemente produjo, como contrapunto, una valorización e intensificación de un discurso indecente. Pero aún más importante fue la multiplicación de discursos sobre sexo en el mismo campo del ejercicio del poder: un incitamiento institucional a hablar más y más sobre éste, una determinación por parte de las agencias de poder, de oír hablar sobre el tema, y potenciar su discurso a través de su articulación explícita con un sin fin de detalles. (Foucault)

3   Incluso cuando escapa del orden institucional a su rol parasitario, la antiheroína picaresca confirma la autoridad de

Traducciones a las páginas 6–18

ese orden de forma fundamental. La pícara no tiene un rol sexual excepto el que es legitimizado por ese mismo orden institucional. (Dunn)

4   Escribir la historia de la prostitución es imponer una categoría moderna en el pasado. Si miramos hacia el pasado en busca de comercio sexual, lo encontraremos, pero eso no significa que cada sociedad entendiera estas prácticas de la misma manera… si otra cultura ha catalogado a ciertas mujeres con alguna palabra que habitualmente traducimos como "prostituta" esto no quiere decir necesariamente que esas mujeres eran lo que nosotros entendemos como prostitutas. (Mazo Karras)

5   Al final del siglo dieciocho y principios del diecinueve, el tenebroso festival de castigos estaba dando sus últimos coletazos… Los castigos tenderán a partir de entonces a convertirse en la parte más escondida del proceso penal… es la certeza de ser castigado y no el horrorífico espectáculo del castigo público lo que debe disuadir de perpetrar el crimen. (Foucault)

6   La difuminación de las fronteras que tradicionalmente separaban el texto literario del grupo de prácticas verbales asociadas con la producción textual en el Renacimiento y el Barroco español ha posibilitado considerar las producciones literarias entre los muchos indicadores que fielmente traducen las mentalidades de la temprana modernidad, así como un factor determinante en sus creaciones. (Cooley)

Capítulo uno
Discurso prostibulario y la creación literaria de la pícara-prostituta

1   Teniendo en cuenta que la sociedad española del momento no permitía a la mujer la movilidad esencial para ser un verdadero pícaro, estas heroínas son, estrictamente hablando no "pícaras" sino prostitutas intentando vivir de su ingenio. (Rodríguez-Luis)

Traducciones a las páginas 18–22

2   La misión del "Yo" [frente al otro que es la mujer] es mantener el control sobre las fuerzas que lo amenazan... La insistencia cultural— a través de sermones, tratados educativos, libros de cortesía, y teatro [añadimos novela picaresca]—en el silencio y la obediencia requerida a la mujer refleja el esfuerzo colectivo por detener el conflicto con el otro (mujer) exterior cuya disidencia o auto expresión pueda provocar rabia o desorientación en su marido, padre, u otro superior masculino. Las mujeres, como en el mito de Pandora, se convirtieron en los contenedores en los que se acumulaban la rabia colectiva, el miedo y el deseo. El permitir que se escapara alguno de estos miedos ponía en peligro la estabilidad de toda la cultura. (El Saffar)

3   En este momento, tuvo un efecto devastador la estratagema de emplear la repetición, la acumulación de adjetivos y las comparaciones con animales. La famosa letanía de borrachos de Johan Fischart... es una celebración de la borrachera la cual se sirve de la literatura moral contra la bebida... La literatura de represión y la literatura del exceso son dos caras de la misma moneda. (Roper)

4   Como práctica discursiva, la literatura es un producto histórico así como una construcción simbólica que posibilita un lugar donde las relaciones entre los géneros, cuando se comparan con otros discursos sociales, distinguen y revelan tanto la actitud dominante masculina así como la de subyugación femenina. (Cruz)

5   Incluso cuando escapa del orden institucional a su rol parasitario, la antiheroína picaresca confirma la autoridad de ese orden de forma fundamental. (Dunn)

6   ... sino es individual, la sociedad en general se venga de la desviación de lo que ésta considera las normas de comportamiento. Las pícaras se enfrentan a la desesperación, a matrimonios indeseables e incluso a la muerte a causa de sus engaños y rebelión. (Friedman)

7 La voz silenciada lleva un mensaje de represión y un signo de esperanza... Cada acto de resistencia contiene un doble significado, pues el crimen y el castigo mantienen la identidad de la pícara viva. El perder la batalla puede tomarse como un primer paso para ganar la guerra. (Friedman)

8 La picaresca femenina ofrece un oportuno lugar para... analizar la severa crítica del género picaresco hacia la corporalidad femenina y al mismo tiempo, investigar en términos generales el castigo y el encierro de la prostituta de la temprana modernidad por parte del patriarcado español. (Cruz)

9 ... demuestra que el cuerpo de las mujeres debe ser dominado y disciplinado por el bien común. (Cruz)

10 ... ideas que tienen que ver con la separación, la purificación, la demarcación y el castigo de las transgresiones tienen como principal función imponer un sistema en una experiencia inherentemente desordenada. (Douglas)

11 La tarea de historiar el Siglo de Oro conlleva una investigación sobre la forma en la que la literatura es moldeada por las tensiones que están enfocadas al nivel de la estructura social. Al mismo tiempo, también supone investigar la forma en que la literatura misma es una fuerza social que activamente propone soluciones a conflictos históricos que parecen no tener solución en otro espacio que no sea la ficción o, por el contrario, resistiéndose a soluciones a esos mismo conflictos. (Cascardi)

12 En la mayoría de las historias que hablan del origen de la enfermedad, la prostitución tiene un papel central. Por ejemplo, una teoría popular era que una prostituta valenciana se contagió al tener relaciones sexuales con un caballero leproso. A su vez, esta prostituta se acostó con los soldados de Carlos VIII, que estaban de paso por Valencia de camino a Nápoles. (Cady)

Traducciones a las páginas 34–57

13 Cualquier hombre que pusiera su miembro en tan enfermo recipiente (matriz) y aplicara calor (sexo) estaba abocado a infectarse. De esta forma, dependiendo del estado marital de cada uno, la mejor defensa era la fidelidad matrimonial o la castidad. (Naphy)

14 Esta directa ecuación entre la moralidad nacional y la fortuna nacional tenía cierto peso entre los dirigentes españoles. (Elliott)

15 El estudio del discurso no diferencia entre textos que son designados como literarios y textos que no son literarios. (Mills)

16 ... para la discusión de la construcción de, digamos, los discursos de la feminidad y la masculinidad, es posible incluir textos literarios junto a otros textos como por ejemplo de historia o autobiografía, pero también es posible incluir otros textos aún más efímeros, como libros de cocina y de conducta, con el motivo de revelar las similitudes que estos textos muestran a pesar de formar parte de géneros diferentes. El discurso que se desprende al estudiar conjuntamente los diferentes textos es valioso en el sentido que permite analizar similitudes entre un grupo variado de textos como productos de un determinado grupo de relaciones poder/conocimiento. (Mills)

17 Si la heterosexualidad es la norma pregonada, entonces la homosexualidad será percibida como brujería, y si la castidad es la última condición para llegar a la santidad entonces obviamente uno debe esperar que a las brujas se las relacione con orgías sexuales. (Brain)

18 El reconocimiento de la existencia de prostitutas comerciales... permitió la asociación de toda perversión sexual femenina con la venalidad y permitió la asimilación de toda mujer de vida desordenada con la prostituta. (Mazo Karras)

Traducciones a las páginas 73–79

Capítulo dos
Literatura como fenómeno social ante el debate sobre la prostitución: La prostituta y su función literaria en *La pícara Justina*

1   A través de los siglos, María Magdalena ha sido objeto de profundas proyecciones por generaciones de hombres... encontramos a nuestra disposición una enorme cantidad de homilías, material exegético, literario, poético, pictórico y de otras características artísticas describiendo, no la realidad de María Magdalena, sino los rasgos sicológicos de los hombres que la han representado en todas sus variedades. (Ricci)

2   Una vez que pierden [se refiere a las mujeres pecadoras] su estatus de castas se convierten, sin embargo, en modelos de Magdalena o Jezabel. (Perry)

3   ¿Sabéis que cada una de vosotras es Eva? La sentencia de Dios sobre vuestro sexo vive en este tiempo... Sois el portal por donde entra el diablo. Sois las que profanasteis el árbol prohibido. Sois las desertoras de la ley divina. Sois ésa que persuade al hombre a quién el diablo cobarde no se atrevió a atacar. (citado por Noddings)

4   ... la efectividad del matrimonio para reformar a la protagonista, por implicación, cuestiona su poder como institución social para proteger a la sociedad completamente de la debilidad moral de las mujeres. (Cruz)

5   El cuerpo de Justina es de atractivo comercial pero no está en venta; ella coge el dinero y corre antes de que los hombres puedan abusar de ella. En su noche de bodas, se lamenta de su falta de educación en los deberes de la esposa y se enfrenta al tálamo nupcial con cierto grado de modestia. (Friedman)

6   La virginidad es valiosa no por sus connotaciones religiosas o éticas, sino por su valor monetario en forma de pago. (Welles)

7   ... ella opera explotando expectativas masculinas que tienen que ver con su sexualidad... pero es importante subrayar que aunque los hombres son engañados, las prácticas en las que se sustentan sus expectativas no se exponen como ridículas. (Dunn)

8   Al combinar de forma insegura a la prostituta y a la virgen... el autor revela su propia actitud de inseguridad hacia todas las mujeres. Pero lo más importante es que, al admitir su creencia en la naturaleza "superior" del hombre, intenta justificar la necesidad de control masculino sobre el sexo "débil." (Cruz)

Capítulo tres
El uso literario de la prostituta y la prostitución en *Don Quijote:* Las "mujeres libres"

1   En lugar del desprecio y la repugnancia que su amonestación moralista pueda inspirar, la descripción de Guevara de las cortesanas, irónicamente traiciona su incontenible admiración por sus encantos sensuales. (Hsu)

2   ... disolvían barreras sociales y ponían a unos y otros en tentadora proximidad, al mismo tiempo podían ser una puerta a ese mundo fuera de control en el que libertad era sinónimo de promiscuidad. (Dunn)

3   No lo presenta en términos negativos, sino al contrario: repetidamente crea situaciones en las que sus personajes eligen someterse a sus leyes ostensiblemente de buen grado... El decir "Sí quiero" parece correcto y dicho con libertad, porque la trama nos convence de que la heroína debe decidir sólo entre casarse con X o con Y, o entre casarse o quedarse en la casa del padre, o entre casarse o meterse a monja. (Sears)

4   ... los signos de la prostituta son su discurso y la frecuentación de lugares públicos. (Stallybrass)

Traducciones a las páginas 93–107

5   … ella no se convierte en la silenciosa, pasiva y casta mujer y madre que su espacio socio-simbólico le prescribe. (Hernández-Pecoraro)

6   No existe categoría para una mujer soltera que es sexualmente activa sino es por dinero; esto sugiere que cualquier mujer soltera que no fuera casta corría el riesgo de ser catalogada y tratada como una prostituta. (Mazo Karras)

7   El derecho canónico también describía a una mujer como prostituta si ésta hacía pública muestra de sí, exhibía lujuria, o simulaba amor. (Jansen)

8   … si un hombre pedía a una mujer que fuera su amante, significaba que la consideraba una prostituta; si él creía que era casta, no se lo pediría, y si no es casta, es una prostituta. (Mazo Karras)

9   Un caso particularmente llamativo de promesa se encuentra en un pleito de 1600 entre Mari Cruz de Ocharán y Julián de Elorza; un testigo cuenta que había visto al acusado solemnemente jurar ante la imagen de Cristo que se casaría con la demandante. Mari entonces procedió a acostarse con él. (Barahona)

10 … la seductora bíblica con atuendo de prostituta cuyo efecto en sus víctimas, los infatuados simios, es tan mortal como el del basilisco. (Janson)

11 … la armonía es impedida por una oposición binaria: bien pureza inaccesible (el mundo de Dulcinea) o por lujuria (el mundo de Maritornes). Una conexión obvia conecta estos dos mundos y hace que la transición de una a la otra sea más fácil. De esta forma, los finales felices [los matrimonios] se convierten en un ideal— el ideal de un autor… que retira a sus afligidas criaturas del peligro de los extremos. (Feal)

12 Cervantes… domestica el deseo para que sea satisfecho sin que atente contra el orden. De esta forma, para él, la trama del matrimonio viene a significar no un orden moral

o teológico sino social y literario... Provee un patrón para la satisfacción del deseo a la vez que su contención. (Sears)

13 La mujer aprende a navegar los callejones oscuros que la sociedad trata de imponerle aprendiendo la lengua que necesita usar para triunfar en la arena pública. (Tadeo)

14 Dorotea personifica las tensiones explícitamente *terrenales* provocadas por la pérdida de virginidad de una joven en una cultura que tiene como fetiche la castidad femenina. (Cruz)

15 Mucha gente intentaba mantener control sobre las prostitutas que les proveían dinero, pero otros simplemente las empeñaban a los burdeles por un suma. (Perry)

Capítulo cuatro
El mundo de la prostitución en *La Lozana andaluza* y *Vida y costumbres de la madre Andrea*

1 La literatura refina conceptos, expone contradicciones, critica suposiciones, y revisa conclusiones desde el discurso de la retórica [en este caso el discurso sobre la prostitución]. Tiene, en resumen, una relación activa y crítica en ese discurso. (Redhorn)

2 El Panóptico era también un laboratorio; podía ser usado como una máquina para llevar a cabo experimentos, alterar comportamientos, entrenar y corregir a individuos. Para experimentar con medicinas y controlar sus efectos. (Foucault)

3 De forma similar, no importan los motivos que lo animan: [se refiere al director u observador del panóptico] la curiosidad del indiscreto, la malicia del niño, la sed de conocimiento del filósofo... o la perversidad de esos que sienten placer en espiar y castigar. El Panóptico es una máquina maravillosa que, cualquier uso a la que uno la someta, produce efectos de poder homogéneo. (Foucault)

4   ... la madre de Aldonza es una mujer enamorada, digna esposa de un hombre putañero y jugador. (Allaigre)

5   ... la aparición de Lozana como un sujeto femenino autónomo... Ella no es el "otro," un objeto del sujeto masculino, sino que un sujeto que deshumaniza a Rampín y le impone su subjetividad. (Parrack)

6   El lado religioso del erotismo era el que más le importaba a la Iglesia, al que lanzaba toda su ira. A las brujas se las quemaba, a las prostitutas de baja estopa se les permitía vivir. Pero se subrayaba y usaba la degradación para ilustrar la naturaleza del pecado. (Bataille)

7   Una vez que la imagen de la mujer haya sido re-presentada como enferma, cuando lo que prometía placer se vea como una fuente de dolor... y cuando lo que una vez fue atractivo se convierta en algo completamente repugnante, entonces es cuando se pensaba que la fijación en la amada se había finalmente roto y la mente y el cuerpo se habían sanado. (Solomon)

8   En el Renacimiento tanto como en el mundo moderno, la medicina y el veneno son simplemente indistinguibles. Como resultado, la retórica, caracterizada en tales términos no ayuda sino que más bien, a pesar del deseo por tranquilizar, inquieta, no porque la cura que ofrece sea peor que la enfermedad que trata sino porque es a la vez cura y enfermedad. (Redhorn)

9   A causa de la íntima asociación del mal francés con el pecado de sexualidad femenina, la reacción a la enfermedad se enfocó en el máximo símbolo del pecado sexual femenino—la prostituta, o de forma más precisa, en la mujer fuera de lugar—más que en la enfermedad misma. (McGough)

10 Fray Luís de Granada, imaginando al predicador entrenado retóricamente como médico cuya tarea es arrancar de raíz los vicios de sus congregados, también reconoce la delgada línea que separa a la buena de la mala retórica, a la medicina del veneno: "Dejo a la prudencia del predicador la cautela

que se debe usar en estos casos, vayamos a ofrecer a la gente veneno o algún material de grave ofensa en lugar de medicina sanadora." (Redhorn)

11 Las situaciones retóricas son ensayadas en los espacios liminares de los textos literarios. Ese ensayo permite a los autores examinar el discurso retórico mientras lo repiten; les permite analizar y evaluar suposiciones, afirmaciones o juicios sobre los seres humanos y el mundo socio-político en el que viven. (Redhorn)

Capítulo cinco
Salas Barbadillo y Zayas: Dos aproximaciones al discurso de la picaresca

1 La literatura hace, en otras palabras, lo que los tratados retóricos y manuales no pueden... presenta un ejemplo directo de situaciones retóricas. La literatura es un discurso privilegiado, en este sentido, porque abre lo equivalente a un espacio liminar, un lugar adyacente pero separado del espacio del mundo real, en el que los autores pueden representar ese mundo de tal forma que mientras la mayoría de las veces meramente ensayan ideas y planes convencionales, también tienen la libertad de analizarlos, refinarlos y criticarlos. (Redhorn)

2 Como resulta, con una futura agenda en la que cortejarla en Madrid, el lascivo noble está más que dispuesto a dejar que la pícara quede libre. (Hsu)

3 La vigilancia de las mujeres se concentraba en tres áreas específicas: la boca, la castidad, el umbral de la casa. Estas tres áreas se encontraban frecuentemente colapsadas unas en las otras. La conexión entre la mujer habladora y la vida disipada era común en el discurso legal y en los libros de conducta. (Stallybras)

4 Frente a los demás personajes que pueblan la novela, las mujeres nobles nunca se relacionan con Lozana... El autor las trata con un respeto inusitado, pues representan su preocupación por mantener orden entre las diferentes clases

sociales, además de ejemplificar sus propias creencias sobre cómo se deben comportar las matronas. (Cruz)

5   ... es un factor social a reprimir, canjear y controlar por las estructuras de poder masculino. (Cruz)

6   ... el discurso femenino en la obra de Zayas implica la apropiación de los modelos discursivos de un mundo de letras masculino y el uso revisado de los mismos. (Nina Davis)

7   Propongo reemplazar el ambiguo adjetivo femenino "cortesana," posiblemente con la connotación de vida libertina, por el igualmente polivalente, pero más relevante adjetivo femenino "cortejo." (Armon)

8   Al minimizar las cualidades positivas de las cortesanas como la belleza, la gracia, la elegancia y la cultura, que muchos de los hombres escritores no pueden evitar reconocer, Zayas aumenta los peligros que la cortesana encarna y trasmite. La "dama de la corte" en Zayas representa la mayor y más temida enemiga de la mujer virtuosa, y por lo tanto de la estabilidad familiar y el orden social. (Hsu)

9   Al demostrar el peligro de destrucción que las cortesanas representan para la supervivencia de la familia y el matrimonio, Zayas desacredita aún más la hipocresía de una doble moral que tiene a la prostitución como un "mal necesario." Para Zayas, las cortesanas significan una desviación del ideal de la mujer virtuosa a la vez que un trastorno para matrimonios potencialmente felices entre iguales. (Hsu)

10 La posibilidad de una mente *pública* y un cuerpo *privado* planteaba una amenaza a la naturaleza integral de la mujer tal y como ésta había sido construida por siglos... Las mujeres que escribían en el siglo diecisiete tenían mala reputación socialmente, no solamente como seres humanos divididos y desintegrados sino también como prostitutas, potencialmente monstruosas. (Brownlee)

11 Por ejemplo, los expertos estimaban superior la pluma a la imprenta al alinear a la pluma con la masculinidad y a la imprenta a la promiscuidad. Lo que en la jerga Isabelina "prensado" tomaba el significado de la pérdida de la virginidad... La máxima "Est Virgo Hec Penna: Meretriz Est Stampificata," que se traduce como "La pluma es una virgen, la imprenta una prostituta," provee una muestra de las poderosas fuerzas de género a las que las mujeres de la temprana modernidad se tenían que enfrentar. (Armon)

12 Zayas habla deliberadamente desde ese orden [masculino], experimentando con el irónico, meta crítico potencial de la tradición de los exemplum que había sido una herramienta de larga tradición entre los autores masculinos para moldear el comportamiento de los lectores, y ella los usa con la misma intención. (Nina Davis)

13 A pesar de que considera a Marcos un tonto, Álvaro representa repetidamente su incapacidad para el engaño en términos positivos. (Brownlee)

14 En esta historia podemos comprobar cómo Zayas intuye la lógica del inconsciente masculino y sus ansiedades y fantasías por el sexo opuesto. La lógica es que imputadas en su narrador masculino, que castigará al "gato" [se refiere a Isidora y al órgano sexual femenino, lo que en español sería "conejo" para mantener el juego imposible de traducir en esta cita] para evocar y exorcizar al diablo que hace a los hombres parecer tontos, mientras al mismo tiempo también castiga al hombre por ser tan tonto... Los narradores masculinos evocan tanto el deseo femenino como la intención de contenerlo o castigarlo. (Greer)

15 [Zayas] Establece su legitimidad y autoridad como autora en un mundo literario dominado por hombres, a la vez que esto le permite simultáneamente dirigirse a sus lectores desde otra voz y lugar, retándolos a pensar críticamente sobre experiencias no admitidas o reprimidas por su propia cultura. (Nina Davis)

Traducciones a las páginas 185–197

Notas

1   Cap. 3, nota 6: [El texto demuestra] el deseo de Cervantes para escribir una nueva narrativa al mostrar tanto las limitaciones impuestas a mujeres reales como las oportunidades que éstas tenían en la España de la temprana modernidad. (Cruz)

2   Cap. 3, nota 16: El matrimonio de Dorotea con Fernando no apacigua ni a esos críticos que le reprochan su aparente narcisismo ni a esos que, como yo misma, aplauden su autenticidad y su diligencia. (Cruz)

3   Cap. 5, nota 4: Lo que a los críticos modernos les parece equivocado con estas interpolaciones es la patente moralización, la confusa mezcla de verso y prosa, y sobre todo, su aparente indiferencia por la variedad unificada de la versión de 1612. (Brownstein)

4   Cap. 5, nota 25: Nueva tecnología + mujer = miedo. (Weissman)

5   Cap. 5, nota 28: Al casarse con ella, está considerando no gratificación sexual pero formas de ahorrar dinero, y quizá incluso también ahorrarse la necesidad de un desgaste para procrear. (Greer)

Obras citadas

"Acuerdos referentes a honestidad pública adoptados por la Sala de Alcaldes de Casa y Corte: Años 1583–1618." BAE 270. Madrid: Atlas, 1975.

Aladro Font, Jorge. *Pedro Malón de Echaide y La conversión de la Magdalena (Vida y obra de un predicador)*. Pamplona: Gobierno de Navarra, 1998.

Alcocer, Francisco de. *Confesionario breve, y muy provechoso para los penitentes: Compuesto por fray Francisco Alcocer, de la orden de los frayles menores de observancia de la provincia de Santiago... Y declarase quando el pecado es mortal, y quando venial. Y van puestas las cosas particulares que en lo que aquí se toca se declararon, y ordenaron en el Santo Concilio Tridentino.* Salamanca, 1568. R 25935, BNM.

———. *Tratado de juego*. Salamanca, 1559. R 6636, BNM.

Alemán, Mateo. *Guzmán de Alfarache*. Ed. Benito Brancaforte. Madrid: Cátedra, 1984.

Alfaro, Gustavo. "Cervantes y la novela picaresca." *Anales Cervantinos* 10 (1971): 23–31.

Allaigre, Claude. "Amours et prostitution dans le Retrato de la Lozana andaluza." *Amours légitimes, amours illégitimes en Espagne (XVIe–XVIIe siècles)*. Colloque international (Sorbonne, 3–6 octubre 1984). Bajo la dirección de Augustín Redondo. Paris: Publications de la Sorbonne, 1985. 284–99.

Alonso Hernández, José Luis. *El lenguaje de los maleantes españoles de los siglos XVI y XVII: La Germanía*. Salamanca: Ediciones Universidad de Salamanca, 1979.

Alpizcueta, Martín de. *Manual de confesores y penitentes*. Salamanca, 1556.

Amezúa, Agustín G de. *Formación y elementos de la novela cortesana*. Madrid: Tipografia de Archivos, 1929.

Archivo Municipal de Sevilla (AMS). Sección 4, tomo 22, número 17.

———. Sección 13, tomo 5, número 21.

Armon, Shifra. *Picking Wedlock: Women and the Courtship Novel in Spain*. Lanhan, MD: Rowman & Littlefield, 2002.

Arredondo, Soledad. "Pícaras: Mujeres de mal vivir en la narrativa del Siglo de Oro." *Dicenda* 11 (1993): 11–34.

Astete, Gaspar. *Tratado del gobierno de la familia y estado de las viudas y doncellas*. Burgos, 1597. R11207, BNM.

Obras citadas

Bagby, Alberto Ian. "La primera novela picaresca española." *La Torre* 18 (1970): 83–100.

Baltar Rodríguez, Juan Francisco. *Las juntas de gobierno en la monarquía hispánica (Siglos XVI–XVII)*. Madrid: Centro de Estudios Políticos y Constitucionales, 1998.

Barahona, Renato. *Sex Crimes, Honour, and the Law in Early Modern Spain: Vizcaya, 1528–1735*. Toronto: U of Toronto P, 2003.

Barbeito, Isabel. *Cárceles y mujeres en el siglo XVII*. Madrid: Castalia, 1991.

Bataille, Georges. *Erotism, Death and Sensuality*. San Francisco: City Lights, 1986.

Bataillon, Marcel. *Pícaros y picaresca: "La pícara Justina."* Trad. Francisco R. Vadillo. Madrid: Taurus, 1969.

Bazán, Iñaki, Ricardo Córdoba de la Llave y Cyril Pons. "Transgresiones." *Historia 16* 306 (2001): 23–38.

Blanco Aguinaga, Carlos. "Cervantes y la picaresca: Notas sobre dos tipos de realismo." *NRFH* 11 (1957): 314–42.

Bourdieu, Pierre. *The Field of Cultural Production: Essays on Art and Literature*. Cambridge: Polity Press, 1993.

Bouza, Fernando. *Locos, enanos y hombres de placer*. Madrid: Temas de Hoy, 1991.

Brain, James L. "An Anthropological Perspective on the Witchcraze." *Politics of Gender In Early Modern Europe*. Ed. Jean R. Brink, A. Coudert et al. Tempe: Sixteenth Century Essays & Studies, 1989.

Brioso Santos, Héctor. *América en la prosa literaria española de los siglos XVI–XVII*. Huelva: Diputación Provincial de Huelva, 1999.

———. *Sevilla en la literatura de ficción del Siglo de Oro*. Sevilla: Área de Cultura, Ayuntamiento de Sevilla, 1998.

Brownlee, Marina. *The Cultural Labyrinth of María de Zayas*. Philadelphia: U of Pennsylvania P, 2000.

Brownstein, Leonard. *Salas Barbadillo and the New Novel of Rogues and Courtiers*. Madrid: Playor, 1974.

Bubnova, Tatiana. "Estado, Iglesia, Universidad: Prostitución y proxenitismo como problema de conciencia en la vida cotidiana y en la expresión literaria." *Caballeros, monjas y maestros en la Edad Media: Actas de las V Jornadas Medievales*. Ed. Lillian von der Walde et al. México: UNAM, 1996. 415–31.

Bullough, Vern, y Bonnie Bullough. *The Subordinate Sex: A History of Attitudes toward Women*: Urbana: U of Illinois P, 1973.

Obras citadas

———. *Women and Prostitution: A Social History*. Buffalo: Prometheus, 1987.

Cacho, María Teresa. "Los moldes del Pygmalión (Sobre los tratados de educación femenina en el Siglo de Oro)." *Breve historia feminista de la literatura española: Modos de representación desde la Edad Media hasta el siglo XVII*. Coord. Iris M. Zavala. Barcelona: Anthropos, 1993.

Cady, Diane. "Linguistic Dis-ease: Foreign Language as Sexual Disease in Early Modern England." *Sins of the Flesh: Responding to Sexual Disease in Early Modern Europe*. Ed. Kevin Siena. Toronto: U of Toronto P, 2005. 159–86

Caffarena, Ángel. *Apuntes para la historia de las mancebías de Málaga*. Málaga: Juan Such, 1968.

Carboneres, Manuel. *Picaronas y alcahuetes o la mancebía en Valencia: Apuntes para la historia de la prostitución*. Valencia: Bonaire, 1978.

Carreter, Fernando Lázaro. *Lazarillo de Tormes en la picaresca*. Barcelona: Ariel, 1983.

Cascardi, Anthony J. *Ideologies of History in the Spanish Golden Age*. University Park: Pennsylvania State UP, 1997.

Castillo, David R. "Look Who's Talking! Justina and Cultural Authority." *(A)wry Views: Anamorphosis, Cervantes and the Early Picaresque*. West Lafayette, IN: Purdue UP, 2001. 63–71.

Castro, Américo. *El pensamiento de Cervantes*. Ed. Julio Rodríguez Puértolas. Barcelona: Noguer, 1972.

Cátedra, Pedro, y Anastasio Rojo. *Bibliotecas y lecturas de mujeres siglo XVI*. Salamanca: Instituto de historia del libro y de la lectura, 2004.

Cauz, Francisco A. *La narrativa de Salas Barbadillo*. Santa Fe: Colmegna, 1977.

Cerda, Juan de la. *Vida política de todos los estados de mujeres: En el cual se dan muy provechosos y cristianos documentos y avisos, para criarse y confesarse devidamente las mujeres en sus estados*. Alcalá de Henares, 1599. R 4067, BNM.

Cervantes, Miguel de. *El ingenioso hidalgo Don Quijote de la Mancha*. Ed. Martín Riquer. Barcelona: Planeta, 2004.

———. *El ingenioso hidalgo Don Quijote de la Mancha*. Ed. Luis Andrés Murillo. Madrid: Castalia, 1978.

———. *El ingenioso hidalgo Don Quijote de la Mancha*. Ed. Francisco Rico. Barcelona: Crítica, 2001.

———. *Rinconete y Cortadillo*. Ed. Florencio Sevilla Arroyo y Antonio Rey Hazas. Madrid: Alianza, 1996.

Obras citadas

Chaide, Malón de. *La conversión de la Magdalena, en que se ponen los tres estados que tuvo, de pecadora, de penitente y de gracia.* BAE 27. Madrid: Atlas, 1948.

Chamorro, María Inés. *Tesoro de villanos: Lengua de jacarandina.* Barcelona: Herder, 2002.

Chaves, Cristóbal de. *Relación de la cárcel de Sevilla.* Madrid: Clásicos el Árbol, 1983.

Colón Calderón, Isabel. "La Tolosa y la Molinera (*Quijote*, I, 2–3) en el marco de la prostitución de comienzos del siglo XVII." *El "Quijote" en clave de mujer/es.* Ed. Fanny Rubio. Madrid: Complutense, 2005. 305–23.

Cooley, Jennifer. *Courtiers, Courtesans, Pícaros, and Prostitutes: The Art and Artifice of Selling One's Self in Golden Age Spain.* New Orleans: UP of the South, 2002.

Córdoba, Fray Martín de. *Jardín de nobles doncellas.* Madrid: Joyas Bibliográficas, 1956.

Correas, Gonzalo. *Vocabulario de refranes y frases proverbiales.* 1627. Ed. Louis Combet. Bordeaux: Institut d'Études Ibériques et Ibéro-américanes, 1967.

Covarrubias Orozco, Sebastián de. *Tesoro de la lengua castellana o española.* Ed. Felipe C. R. Maldonado. Madrid: Castalia, 1994.

Criado de Val, Manuel. "Antífrasis y contaminaciones de sentido erótico en *La Lozana andaluza.*" *Homenaje a Dámaso Alonso.* Madrid: Gredos, 1960. 431–56.

Cruz, Anne J. *Discourses of Poverty: Social Reform and the Picaresque Novel in Early Modern Spain.* Toronto: U of Toronto P, 1999.

———. "Redressing Dorotea." *Cervantes for the 21st Century: Studies in Honor of Edward Dudley.* Ed. F. La Rubia Prado. Newark: Juan de la Cuesta, 2000. 11–31.

———. "Studying Gender in the Spanish Golden Age." *Cultural and Historical Grounding for Hispanic and Luso-Brazilian Feminist Literary Criticism.* Ed. Henán Vidal. Minneapolis: Institute for the Study of Ideologies and Literature, 198–222.

Da Costa Fontes, Manuel. "The Art of Sailing in *La Lozana andaluza.*" *Hispanic Review* 66 (1998): 433–45.

———. "Holy Trinity in *La Lozana andaluza.*" *Hispanic Review* 62 (1994): 249–57.

Damiani, Bruno M. *Francisco López de Úbeda.* Boston: Twayne, 1977.

———. "*La Lozana andaluza* as Precursor to the Spanish Picaresque." *The Picaresque: A Symposium on the Rogue's Tale.* Ed. Carmen Benito-Vessels and M. Zappala. Newark: U of Delaware P, 1989. 57–68.

Obras citadas

———. "Some Observations on Delicado's *El modo de adoperare el legno de India Occidentale.*" *Quaderni Ibero-Americani* 37 (1969): 13–17.

———. "Parody of Hagiographic Literature in *La pícara Justina.*" *Estudios en homenaje a Enrique Ruiz-Fornells*. Ed. Juan Fernández Jiménez, José J. Labrador Herraiz, L. Teresa Valdivieso. Erie, PA: ALDEEU, 1990. 138–41.

Davis, Natalie Zemon. *Society and Culture in Early Modern France*. Stanford: Stanford UP, 1975.

Davis, Nina Cox. "Re-framing Discourse: Women before Their Public in María de Zayas." *Hispanic Review* 71 (2003): 325–44.

Deleito y Piñuela, José. *La mala vida en la España de Felipe IV*. Madrid: Alianza, 1987.

Delicado, Francisco. *La Lozana andaluza*. Ed. Bruno Damiani. Madrid: Castalia, 1969.

———. *Retrato de la Lozana andaluza*. Ed. Claude Allaigre. Madrid: Cátedra, 1985.

Diccionario de Autoridades. Ed. Facsímil. Madrid: Gredos, 1979.

Díez Borque, José María. *La sociedad española y los viajeros del siglo XVII*. Madrid: Temas, 1975.

Domínguez Ortiz, Antonio. "Un memorial contra la prostitución en el reinado de Felipe IV." *Historia y pensamiento*. T. 1. *Homenaje a Luis Díez del Corral*. Madrid: Universidad Complutense de Madrid, 1987. 217–24.

Dopico-Black, Georgina. *Perfect Wives, Other Women: Adultery and Inquisition in Early Modern Spain*. Durham: Duke UP, 2001.

Douglas, Mary. *Purity and Danger: An Analysis of the Concepts of Pollution and Taboo*. 1966. London: Routledge, 1993.

Duby, Georges. *Leonor de Aquitania y María Magdalena*. Madrid: Alianza, 1995.

Dudley, Edward. "The Wild Man Goes Barroque." *The Wild Man Within: An Image in Western Thought from Renaissance to Romanticism*. Ed. Edward Dudley y Maximillian Novak. Pittsburgh: U of Pittsburgh P, 1972. 115–39.

Dunn, Peter. "Cervantes De/Re-Constructs the Picaresque." *Cervantes* 7.2 (1982): 109–13.

———. "The Pícara: The Rogue Female." *Upstarts, Wanderers or Swindlers: Anatomy of the Pícaro: A Critical Anthology*. Ed. Gustavo Pellón y Julio Rodríguez-Luis. Amsterdam: Rodopi, 1986. 245–48.

———. *Spanish Picaresque Fiction: A New Literary History*. Ithaca and London: Cornell UP, 1993.

Obras citadas

Durán, Agustín. *Romancero general; o, Colección de romances castellanos anteriores al siglo XVIII, recogidos, ordenados, clasificados y anotados por Don Agustín Durán*. BAE 10, 16. Madrid: Atlas, 1945.

Elliott, John Huxtable. *Spain and Its World: 1500–1700*. New Haven: Yale UP, 1989.

El Saffar, Ruth. "The 'I' of the Beholder: Self and the Other in Some Golden Age Texts." *Cultural Authority in Golden Age Spain*. Baltimore: Johns Hopkins UP, 1995. 178–205.

———. "Sex and the Single Hidalgo: Reflexions on Eros in *Don Quixote*." *Studies in Honor of Elias Rivers*. Ed. Bruno Damiani y Ruth El Saffar. Potomac: Scripta Humanistica, 1989. 76–93.

Erasmo. *Coloquios*. Ed. Pedro R. Santidrián. Madrid: Austral, 2001.

Farfán, Francisco. *Tres libros contra el pecado de la simple fornicación donde se averigua, que la torpeza entre los solteros es pecado mortal, según la ley divina, natural y humana: y se responde a los engaños de los que dicen que no es pecado*. Salamanca, 1585. R 4696, BNM.

Feal, Carlos. "Against the Law: Mad Lovers in *Don Quixote*." Ed. Ruth El Saffar. *Critical Essays on Cervantes*. Boston: G. K. Hall, 1986. 179–99.

Flor, Fernando de la. *Barroco: Representación e ideología en el mundo hispánico (1580–1680)*. Madrid: Cátedra, 2002.

Flores, Robert Morales "¿Por qué se embarcó Don Quijote en sus aventuras?" *Revista de Estudios Hispánicos* 31 (1997): 249–70.

Foucault, Michel. *Discipline and Punish: The Birth of the Prison*. New York: Vintage, 1995.

———. *The History of Sexuality*. T. 1. New York: Vintage, 1980.

Fra-Molinero, Baltasar. "El disfraz de Dorotea: Usos del cuerpo negro en la España de Cervantes." *Indiana Journal of Hispanic Studies* 2 (1994): 63–85.

Friedman, Edward H. *The Antiheroine's Voice: Narrative Discourse and Transformation of the Picaresque*. Columbia: U of Missouri P, 1987.

———. "Man's Space, Woman's Place: Discourse and Design in *La pícara Justina*." *La Chispa '85* (1985): 115–23.

Galán Sánchez, Angel, y Teresa López Betrán. "El 'status' teórico de las prostitutas del Reino de Granada en la mitad del siglo XVI (las ordenanzas de 1538)." *Las mujeres en las ciudades medievales: Actas de las Terceras Jornadas de Investigación Interdiscipli-*

naria. Ed. Cristina Segura Graiño. Seminario de Estudios de la Mujer. Madrid: Universidad Autónoma de Madrid, 1984. 161–69.

Gamboa, Yolanda. "Arquitectural Cartography: Social and Gender Mapping in María de Zayas's Seventeenth-Century Spain." *Hispanic Review* 71.2 (2003): 189–204.

García Verdugo, María Luisa. *La Lozana andaluza y la literatura del siglo XVI: La sífilis como enfermedad y metáfora*. Madrid: Pliegos, 1994.

Gómez Moriana, Antonio. *Discourse Analysis as Sociocriticism: The Spanish Golden Age*. Minneapolis: U of Minesota P, 1993.

González Jiménez, Manuel. *El concejo de Carmona a fines de la Edad Media (1464–1523)*. Sevilla: Diputación Provincial de Sevilla, 1973.

Greer, Margaret. *María de Zayas Tells Barroque Tales of Love and the Cruelty of Men*. University Park, PA: Pennsylvania State UP, 2000.

Guevara, Antonio de. *Epístolas familiares y escogidas*. Barcelona: Biblioteca Clásica Española, 1886.

Guillén, Claudio. *Literature as System*. Princeton: Princeton UP, 1971.

Hanrahan, Thomas. *La mujer en la novela picaresca*. Tomos 1 y 2. Madrid: Porrúa Turanzas, 1967.

Hernández Ortiz, José Antonio. *La génesis artística de "La Lozana andaluza."* Madrid: Ricardo Aguilera, 1974.

Hernández-Pecoraro, Rosilie. "*Don Quixote*'s Dorotea: Portrait of a Female Subject." *Hispanófila* 135 (2002): 19–39.

Herrera Puga, Pedro. *Sociedad y delincuencia en el Siglo de Oro*. Granada: Universidad de Granada, 1971.

Heugas, Pierre. *La Célestine et sa descendance directe*. Bordeaux: Institut d'Etudes Ibériques et Ibéro-Américanes, 1973.

Hillgarth, J. N. *The Mirror of Spain, 1500–1700: The Formation of a Myth*. Ann Arbor: U of Michigan P, 2000.

Hsu, Carmen. *Courtesans in the Literature of Spanish Golden Age*. Kassel, Germany: Reichenberger, 2002.

Ife, B. W. *Reading and Fiction in Golden Age Spain*. Cambridge: Cambridge UP, 1985.

Imperiale, Louis. *La Roma clandestina de Francisco Delicado y Pietro Aretino*. New York: Peter Lang, 1997.

Jansen, Katherine Ludwig. *The Making of the Magdalen*. Princeton: Princeton UP, 1999.

Obras citadas

Janson, Horst Wolderman. *Apes and Ape Lore in the Middle Ages and the Renaissance*. London: Wardurg Institute, 1952.

Jiménez Monteserín, Miguel. "Los moralistas clásicos españoles y la prostitución." *La prostitution en Espagne de l'époque des Rois Catholiques à la II République*. Ed. Raphaël Carrasco. T. 2. Paris: Belles Lettres, 1994. 137–91.

———. *Sexo y bien común: Notas para la historia de la prostitución en la España Moderna*. Cuenca: Ayuntamiento de Cuenca, 1994.

Johnson, Carroll B. *Madness and Lust: A Psychoanalytical Approach to "Don Quixote."* Berkeley: U of California P, 1983.

Joly, Monique. "El erotismo en el *Quijote*: La voz femenina." *Études sur Don Quichotte*. Paris: Publications de la Sorbonne, 1996. 165–80.

———. "Muerte y resurrección de Altisidora." *Études sur Don Quichotte*. Paris: Publications de la Sorbonne, 1996. 195–202.

Jordan, Constance. *Renaissance Feminism: Literary Texts and Political Models*. Ithaca and London: Cornell UP, 1990.

Joset, Jacques. "De los nombres de Rampín (III)." *Actas del XIII Congreso de la Asociación Internacional de Hispanistas*. T. 1. Ed. Florencio Sevilla y Carlos Alvar. Madrid: Castalia, 1998. 351–59.

Lacarra, María Eugenia. "El fenómeno de la prostitución y sus conexiones con *La Celestina*." *Historias y ficciones: Coloquio sobre la literatura del siglo XV*. Valencia: Universitat de Valencia, 1990. 267–78.

Langle de Paz, Teresa. *¿Cuerpo o intelecto?: Una respuesta femenina al debate sobre la mujer en la España del siglo XVII*. Málaga: Universidad de Málaga, 2004.

Lazarillo de Tormes. Ed. Francisco Rico. Madrid: Cátedra, 1990.

León, Luis de. *La perfecta casada*. Ed. Mercedes Etreros. Madrid: Taurus, 1987.

López Beltrán, María Teresa. "Evolución de la prostitución en el reino de Granada a través de las ordenanzas de la mancebía de Ronda." *Realidad histórica e invención literaria en torno a la mujer*. Málaga: Diputación Provincial de Málaga, 1987. 11–23.

López de Úbeda, Francisco. *Libro de entretenimiento, de la pícara Justina, en el qual debaxo de graciosos discursos, se encierran provechoso avisos*. Bruselas, 1608. R 10.169, BNM.

———. *La pícara Justina*. Ed. Bruno Damiani. Madrid: Porrúa Turanzas, 1982.

Obras citadas

Lucía Megías, José Manuel. *Antología de libros de caballerías castellanos*. Salamanca: Centro de Estudios Cervantinos, 2001.

Luján, Pedro. *Coloquios matrimoniales del licenciado Pedro Luján*. Ed. Asunción Rallo Gruss. Madrid: Asociación de Amigos de la Real Academia, 1990.

MacKay, Angus. "The Whores of Babylon." *Prophetic Rome in the High Renaissance Period*. Ed. Marjorie Reeves. Oxford: Oxford UP, 1992. 223–32.

Maldonado de Guevara, Francisco. "*La Lozana andaluza* y el *Quijote*." *Anales Cervantinos* 11 (1972): 1–16.

Mal Lara, Juan de. *Filosofía vulgar*. Ed. Antonio Vilanova. Barcelona: García Robles, 1959.

Mancing, Howard. "The Protean Picaresque." *The Picaresque Tradition and Displacement*. Ed. Giancarlo Maiorino. Minneapolis: U of Minnesota P, 1996. 273–91.

Maqueda, Gabriel. *Invectiva en forma de discurso contra el uso de las casas públicas de las mujeres rameras, dirigida a la Católica Real Majestad del Rey Don Felipe IV, nuestro Señor. Por el Padre (...) de la Sagrada Religión de Penitencia, tercera del Seráfico Padre San Francisco, Doctor en Santa Teología y Lector jubilado por su orden y morador en el convento de San Antonio Abad de la ciudad de Granada*. Granada, 1622. R 6854, BNM.

Maravall, José A. *La literatura picaresca desde la historia social (Siglos XVI y XVII)*. Madrid: Taurus, 1986.

Mariana, Juan de. *Tratado contra los juegos públicos*. BAE 31. Madrid: Rivadeneyra, 1854.

Marqués, Antonio Fray. *Afeite y mundo mujeril*. Barcelona: Juan Flors, 1964.

Márquez Villanueva, Francisco. "Doncella soy de esta casa y Altisidora me llaman." *Trabajos y días cervantinos*. Alcalá de Henares: Centro de Estudios Cervantinos, 1995. 299–340.

———. *Orígenes y sociología del tema celestinesco*. Barcelona: Anthropos, 1993.

———. *Personajes y temas del Quijote*. Madrid: Taurus, 1975.

———. *Menosprecio de la corte y alabanza de la aldea (Valladolid, 1539) y el tema áulico en la obra de Fray Antonio de Guevara*. Santander: Servicio de Publicaciones de la Universidad de Cantabria, 1998.

———. *El mundo converso de "La Lozana andaluza."* Sevilla: Archivo Hispalense, 1973.

Obras citadas

Martínez Galindo, Gema. *Galerianas, corrigendas y presas: Nacimiento y consolidación de las cárceles de mujeres en España (1608–1913)*. Madrid: Edisofer, 2002.

Martínez Góngora, Mar. *Discurso sobre la mujer en el humanismo renacentista español: Los casos de Antonio de Guevara, Alfonso y Juan Valdés y Luis de León*. York: Spanish Literature, 1999.

Mazo Karras, Ruth. "Sex, Money and Prostitution in Medieval English Culture." *Desire and Discipline: Sex and Sexuality in the Premodern West*. Ed. J. Murray and K. Eisenbichler. Toronto: U of Toronto P, 1996. 201–16.

McGough, Laura. "Quarantining Beauty: The French Disease in Early Modern Venice." *Sins of the Flesh: Responding to Sexual Disease in Early Modern Europe*. Ed. Kevin Siena. Toronto: U of Toronto P, 2005. 211–37.

Menéndez Pelayo, Marcelino. *Orígenes de la novela*.T. 2. Madrid: Consejo Superior de Investigaciones Ciéntificas, 1962. 44–65

Mills, Sara. *Discourse*. London and New York: Routledge, 1997.

Moltmann-Wendell, Elisabeth. *The Women around Jesus*. New York: Crossroad, 1993.

Monte, Alberto del. *Itinerario de la novela picaresca española*. Trad. Enrique Sordo. Barcelona: Lumen, 1971.

Moreno Mengíbar, Andrés, y Francisco Vázquez García. *Crónica de una marginación: Historia de la prostitución en Andalucía (siglos XII–XX)*. Cádiz: Biblioteca Andaluza de Arte y Literatura, 1999.

———. *Historia de la prostitución en Andalucía*. Sevilla: Fundación José Manuel Lara, 2004.

Nadeau, Carolyn. "Recovering the Hetairae: Prostitution in *Don Quixote* I." *Women of the Prologue*. Lewisburg: Bucknell UP, 2002. 54–74.

Naphy, William. *Sex Crimes: From Renaissance to Enlightenment*. Charleston: Tempus, 2002.

Narbona Vizcaíno, Rafael. *Pueblo poder y sexo: Valencia medieval (1306–1420)*. Valencia: Diputación de Valencia, 1992.

Navarro Durán, Rosa. *Alfonso de Valdés, autor del "Lazarillo de Tormes."* Madrid: Gredos, 2003.

Noddings, Nel. *Women and Evil*. California: U of California P, 1989.

Parker, Alexander. *Literature and the Delinquent: The Picaresque Novel in Spain and Europe, 1599–1753*. Edinburgh: Edinburgh UP, 1967.

Obras citadas

Parrack, John C. "Identity, Illusion, and the Emergence of the Feminine Subject in *La Lozana andaluza*." *Women in the Discourse of Early Modern Spain*. Ed. Joan F. Cammarata. Gainesville: UP of Florida, 2003. 35–53.

Pérez de Herrera, Cristóbal. *Discurso de la reclusión y castigo de las mugeres vagabundas y delinquentes destos reynos*. BAE 270. Madrid: Atlas, 1975.

Pérez-Erdelyi, Mireya. *La pícara y la dama*. Miami: Universal, 1979.

Pérez García, Pablo. *La justicia criminal de Valencia, 1479–1707: Una magistratura urbana valenciana ante la consolidación del Absolutismo*. Valencia: Generalitat Valenciana, Conselleria de Cultura, Educació i Ciencia, 1991.

Perry, Mary Elizabeth. *Crime and Society in Early Modern Seville*. Hanover, NH: UP of New England, 1980.

———. *Gender and Disorder in Early Modern Seville*. Princeton: Princeton UP, 1990.

———. "Magdalens and Jezebels in Counter-Reformation Spain." *Culture and Control in Counter-Reformation Spain*. Ed. Anne Cruz y M. E. Perry. Minneapolis: U of Minnesota P, 1992. 124–44.

Peyton, Myron A. *Alonso Jerónimo de Salas Barbadillo*. New York: Twayne, 1973.

Profeti, María Grazia. "Mujer libre—mujer perdida: Una nueva imagen de la prostituta a fines del siglo XVI y XVII." *Images de la femme en Espagne aux XVI et XVII siècles: Des traditions aux renouvellements et à l'émergence d'images nouvelles*. Colloque international sous la direction d'Augustín Redondo. París: Presses de la Sorbonne Nouvelle, 1994. 202–05.

Quevedo y Villegas, Francisco de. *Poesía completa*. T. 2. Ed. José Manuel Blecua. Madrid: Turner, 1995.

———. *Prosa festiva y satírica*. Madrid: Aguilar, 2002.

———. *Los sueños*. Madrid: Clásicos Españoles, 1995.

———. *La vida del Buscón llamado Don Pablos*. Ed. Domingo Ynduráin. Madrid: Cátedra, 1980.

Real Academia Española. *Diccionario de la lengua española*. Madrid: Espasa Calpe, 1992.

Rebhorn, Wayne A. *The Emperor of Men's Minds: Literature and the Renaissance Discourse of Rhetoric*. Ithaca and London: Cornell UP, 1995.

Redondo, Augustín. "Del personaje de Aldonza Lorenzo al de Dulcinea del Toboso: Algunos aspectos de la invención cervantina." *Anales Cervantinos* 21 (1983): 9–22.

Obras citadas

Redondo, Augustín. "Fiestas burlescas en el palacio ducal: El episodio de Altisidora." *Actas del Tercer Congreso Internacional de Cervantistas.* Ed. Antonio Bernat Vistarini. Palma: Universitat de les Isles Balears, 1998. 51–62.

———. *Otra manera de leer el "Quijote": Historia, tradiciones culturales y literatura.* Madrid: Castalia, 1997.

Redondo Goicoechea, Alicia. "Cúanto hablan las mujeres del *Quijote.*" *El "Quijote" en clave de mujer/es.* Ed. Fanny Rubio. Madrid: Complutense, 2005. 445–59.

Rey Hazas, Antonio. "La compleja faz de una pícara: Hacia una interpretación de *La pícara Justina.*" *Revista de Literatura* 45 (1983): 87–109.

———. "Novela picaresca y novela cortesana: *La hija de Celestina* de Salas Barbadillo."*Edad de Oro* 2 (1982–83): 137–56.

———. *Picaresca femenina: La hija de Celestina, La niña de los embustes, Teresa de Manzanares.* Barcelona: Plaza y Janés, 1986.

———. "Precisiones sobre el género literario de la *Pícara Justina.*" *Cuadernos Hispano-americanos* 2 (1989): 467–70.

Ricci, Carla. *Mary Magdalene and Many Others: Women Who Follow Jesus.* Minneapolis: Fortress, 1994.

Rico, Francisco. *La novela picaresca y el punto de vista.* Barcelona: Seix Barral, 2000.

Rodríguez Cuadros, Evangelina, y María Haro Cortés. *Entre la rueca y la pluma: Novela de mujeres en el Barroco.* Madrid: Biblioteca Nueva, 1999.

Rodríguez Feo, José. "Un excéntrico: Francisco Delicado." *Orígenes* 7. 29 (1951): 5–13.

Rodríguez-Luis, Julio, y Gustavo Pellón. *Upstarts, Wanderers or Swindlers: Anatomy of the Pícaro: A Critical Anthology.* Amsterdam: Rodopi, 1986

Rojas, Fernando de. *La Celestina.* Ed. Dorothy Severin. Madrid: Catédra, 1987.

Rojas, Fernando de, Feliciano de Silva, Gaspar Gómez de Toledo, y Sancho de Muniño. *Las Celestinas.* Ed. Manuel Criado de Val. Barcelona: Planeta, 1976.

Roper, Lyndal. *Oedipus and the Devil: Witchcraft, Sexuality and Religion in Early Modern Europe.* New York: Routledge, 1994.

Rouhi, Leyla. *Mediation and Love: A Study of the Medieval Go-Between in Key Romance and Near-Eastern Texts.* Leiden: Brill, 1999.

Obras citadas

Rubio, Alfonso. *Discurso del Padre (...), Clérigo Presbítero, Capellán de las Monjas descalzas de nuestra Señora de la Merced de don Juan de Alarcón. Dirigido al Rey nuestro Señor, suplicándole que prohíba las casas públicas de las Meretrices*. s.l. [Madrid?], s.a [1622?]. 2-31494, BNM. (En el ejemplar de la BNM una nota escrita a mano en la parte superior de la página permite fecharlo).

Ruíz, Juan. *Libro de buen amor*. Ed. María Brey Mariño. Madrid: Castalia, 1995.

Sagrada Biblia. Ed. R. P. Serafín de Ausejo. Barcelona: Herder, 1997.

Salas Barbadillo, Alonso Gerónimo. *La comedia de la escuela de Celestina y el hidalgo presumido*. Madrid, 1620. R 13713, BNM.

———. *Correción de vicios: En que Boca de todas verdades toma las armas contra la malicia de los vicios, y descubre los caminos que guían a la virtud*. Madrid, 1615. R 31687, BNM.

———. *El cortesano descortés*. En *Dos novelas*. Madrid: Sociedad de Bibliófilos Españoles, 1894.

———. *La hija de Celestina y La ingeniosa Elena*. Ed. José Fradejas Lebrero. Madrid: Instituto de Estudios Madrileños, 1983.

———. *La hija de Celestina*. Lérida, 1612. R 13395, BNM.

———. *La hija de Celestina*. Zaragoza, 1612. R 13429, BNM.

Salillas, Rafael. *El delincuente español, el lenguaje (estudio filológico, psicológico y sociológico) con dos vocabularios jergales*. Madrid: Suárez, 1896.

———. *Hampa: Antropología picaresca*. Madrid: Suárez, 1898.

Sánchez Ortega, M. Helena. *La mujer y la sexualidad en el Antiguo Régimen: La perspectiva inquisitorial*. Madrid: Akal, 1992.

San Jerónimo, Magdalena de. *Razón y forma de la galera y casa real, que el rey nuestro señor manda hacer en estos reinos, para castigo de mujeres vagantes, ladronas, alcahuetas y otras semejantes*. BAE 270. Madrid: Atlas, 1975.

Sarrión Mora, Adelina. *Sexualidad y confesión: La solicitación ante el Tribunal del Santo Oficio (siglos XVI–XIX)*. Madrid: Alianza, 1994.

Sears, Theresa Ann. *A Marriage of Convenience: Ideal and Ideology in the "Novelas ejemplares."* New York: Peter Lang, 1993.

Shepard, Sanford. "Prostitutes and Pícaros in Inquisitional Spain." *Neohelicon* 3.1–3 (1975): 365–72.

Sieber, Harry. *Language and Society in "La vida de Lazarillo de Tormes."* Baltimore and London: Johns Hopkins UP, 1978.

Obras citadas

Siena, Kevin, ed. *Sins of the Flesh: Responding to Sexual Disease in Early Modern Europe.* Toronto: U of Toronto P, 2005.

Sobejano, Gonzalo. "El *Coloquio de los perros* en la picaresca y otros apuntes." *Hispanic Review* 43 (1975): 25–41.

Solomon, Michael. *The Literature of Misogyny in Medieval Spain: The Arcipreste de Talavera and the "Spill."* Cambridge: Cambridge UP, 1997.

Speculum al foder. Ed. Teresa Vicens. Barcelona: Siglo XXI, 2000.

Stallybrass, Peter. "Patriarchal Territories: The Body Enclosed." *Rewriting the Renaissance: The Discourses of Sexual Difference in Early Modern Europe.* Ed. Margaret W. Ferguson, Maureen Quilligan, and Nancy J. Vickers. Chicago: U of Chicago P, 1986. 123–42.

Stradling, R. A. *Felipe IV y el gobierno de España, 1621–1665.* Madrid: Cátedra, 1989.

Sumi, Glenn. "Tech Know." *Now Magazine* [Toronto] 21 Apr. 2005: 94–95.

Tadeo, Sara A. "De voz extremada: Cervantes' Women Characters Speak for Themselves." *Women in the Discourse of Early Modern Spain.* Ed. Joan F. Cammarata. Gainesville: UP of Florida, 2003. 183–98

Temprano, Emilio. *Vidas poco ejemplares: Viaje al mundo de las rameras, los rufianes y las celestinas (siglos XVI–XVIII).* Madrid: Ediciones del Prado, 1995.

Thompson, I. A. A. *Crown and Cortes: Government, Institutions and Representation in Early-Modern Castile.* Brookfield, VT: Variorum, 1993.

Valdés, Alfonso de. *Diálogo de las cosas ocurridas en Roma.* Ed. José Fernández Montesinos. Madrid: Espasa-Calpe, 1928.

Valbuena Prat, Angel. *La novela picaresca española.* Madrid: Aguilar, 1974.

Van Praag, Jonas A. "La pícara en la literatura." *Spanish Review* 3 (1936): 63–74.

Vázquez García, Francisco, y Andrés Moreno Mengíbar. *Poder y prostitución en Sevilla (siglos XIV al XX).* T. 1. Sevilla: Universidad de Sevilla, 1995.

Velázquez, Gerónimo. *Información teológica y jurídica, dirigida al Ilustrísimo Señor Don Francisco de Contreras, Presidente de Castilla, para que mande quitar de todo el Reino las casas públicas de las malas mujeres, particularmente desta ciudad de*

Granada. Dispuesta y ordenada por (...), natural de la ciudad de Granada y Prefecto de la Congregación del Espíritu Santo, que está fundada en el Colegio de la Compañía de Jesús de la dicha ciudad. Granada, 1622. R 31386, BNM.

Vida de la mujer fuerte, Santa María Egipciaca. En *Romancero general*, de Agustín Durán. BAE 10. Madrid: Atlas, 1945.

Vida y costumbres de la madre Andrea. Ed. Jonas A. Van Praag. *Revista de Literatura* 14 (1958): 111–69.

Vigil, Mariló. *La vida de las mujeres en los siglos XVI y XVII*. Madrid: Siglo XXI, 1986.

Vilanova, Antonio. "Cervantes y *La Lozana andaluza*." *Ínsula* 77 (1952): 5.

Villalba Pérez, Enrique. *¿Pecadoras o delincuentes? Delito y género en la corte (1580–1630)*. Madrid: Calambur, 2004.

Villalobos, P. F. *Manual de confesores*. Salamanca, 1628. 3 771331, BNM.

Vollendorf, Lisa M. "Fleshing out Feminism in Early Modern Spain: María de Zayas's Corporeal Politics." *Revista Canadiense de Estudios Hispánicos* 32.1 (1997): 87–108.

Voragine, Jacobus de. *Leyenda aurea*. Ed. Alberto Mangel. Madrid: Alianza, 2004.

Wardropper, Bruce. "La novela como retrato: El arte de Francisco Delicado." *Nueva Revista de Filología Hispánica* 7 (1953): 475–88.

Welles, Marcia. "The *Pícara*: Towards Female Autonomy, or the Vanity of Virtue." *Kentucky Romance Quarterly* 33 (1986): 63–70.

Willis, Raymond. "Mary Magdalene, Mary of Bethany, and the Unnamed Woman Sinner: Another Instance of Their Conflation in Old Spanish Literature." *Romance Philology* 24 (1970–71): 89–90.

Zafra, Enriqueta. "Teaching the Role of Prostitution in the Female Picaresque." In *Approaches to Teaching "Lazarillo de Tormes" and the Picaresque Tradition*. Ed. Anne J. Cruz. New York: Modern Language Association, forthcoming.

Zayas y Sotomayor, María de. *Desengaños amorosos*. Ed. Alicia Yllera. Madrid: Cátedra, 1983.

———. *Novelas amorosas y ejemplares*. Ed. Julián Olivares. Madrid: Cátedra, 2000.

Zimic, Stanislav. *Los cuentos y las novelas en el "Quijote."* Madrid: Iberoamericana, 1998.

Índice alfabético

afeites, 13, 55, 60, 109. *Véase también* maquillaje
Agustín, san, 11, 36, 45, 94, 179n29
alcahueta, 7, 56, 168, 174n1
alcahuetería, 181n46
Alcocer, Francisco, 13, 44, 177n21
Allaigre, Claude, 118, 125, 127, 190n6
Alpizcueta, Martín de, 13, 44, 173n2
Amadís de Gaula (Rodríguez de Montalvo), 98, 186n11
amancebamientos, 27, 36, 51
Arredondo, María Soledad, 137
arrepentidas, 10, 65, 92, 122–23
arrepentimiento, 20, 37, 64, 66, 73
Austria, Juan José de, 175n8
avisos, 63, 80, 136, 168

Barahona, Renato, 103, 112, 176n13
Bataillon, Marcel, 62, 184n14
botica, 31
Bourdieu, Pierre, 60
bruja, 49
bufón/a, 83, 109
burdel, 17, 30, 32, 36, 40, 83–84, 130, 141, 175n7, 180n37
Buscón, El (Quevedo), 21, 96, 186n8, 193n30

Carboneres, Manuel, 54
Carlos V, 119
casamiento. *Véase* matrimonio
casamiento engañoso, El (Cervantes), 107
"castigo de la miseria, El" (Zayas), 7–8, 163–66
castigos, 12, 21, 153, 163, 166
   azotes, 42, 113, 181n41
   destierros, 42

emplumar, 12, 42
encorozar, 192n25
encubada, 42, 153
garrote, 148, 153
picota, 192n24
Castillo Solórzano, Alonso, 163
Castro, Américo, 90, 185n7
Católica, Isabel la, 182n7. *Véase también* Reyes Católicos
Celestina, La (Rojas), 189n5, 194n7
Cerda, Juan de la, 13, 50, 55, 69, 131, 147, 160
Cervantes Saavedra, Miguel de, 9, 14, 87–114
Chaide, Pedro Malón de, 10, 24, 60, 64, 73, 84, 109, 140
Chaves, Cristóbal de, 112, 179n33
Cipriano, 68
coloquio de los perros, El (Cervantes), 9
comercio
   carnal, 4, 15, 24, 26, 115, 117, 123, 142, 167, 170
   prostibulario, 1, 3
   sexual, 21, 34
Compañia de Jesús, 11, 43, 47, 51
Concilio de Trento, 13, 34, 100, 176n12
Congregación del Espíritu Santo, La, 42, 47
Consejo Real, 181n45
contra natura, 46, 49
Contrarreforma, 2, 36
control
   sanitario, 29
   sexual, 115
   social, 116
   textual, 26
conversos, 122, 124, 181n39, 191n18
Cooley, Jennifer, 3, 15

Índice alfabético

Correas, Gonzalo, 78, 96
Corrección de vicios (Salas Barbadillo), 143, 195n14
cortesana, 7, 96, 100, 106, 109–10, 130–31, 155–56
   definición, 186n9
Cruz, Anne J., 3, 17, 21–22, 25, 78, 107, 121, 128, 137, 145, 187n16

Damiani, Bruno, 67, 75, 125, 189n2
Davis, Natalie, 25, 175n7
De consolatione infirmorum (Delicado), 127
Delicado, Francisco, 8, 127, 129–36
diablo, 49, 181n42
diabólico, 14, 157
doncellas, 1–2, 19, 50, 54, 88, 95, 151
Don Quijote (Cervantes), 9, 14, 87–114, 170
Douglas, Mary, 3, 25
Dunn, Peter, 5, 17, 21, 25, 91, 186n7
Durán, Agustín, 70

Egipciaca. *Véase* María Egipciaca
elocuencia, 15, 87, 104
engaños, 2, 8, 27–28, 165
Enriquez, Enrique, 23, 87–88
Erasmo, 37–38
Eva, 9, 23, 50, 77, 80, 107
extra muros, 29

Farfán, Francisco, 10, 39, 70, 174n8
Felipe II, 30, 34, 40, 81–82, 174n9, 178n26
Felipe III, 13, 34, 40, 62, 81, 178n27
Felipe IV, 2, 31, 34, 50, 85, 175n8
Ferrer, Vicente, 39, 75

Flora, 23, 87, 100, 113, 157, 196n19
fornicación simple, 47
Foucault, Michel, 4, 12, 35, 116
Friedman, Edward, 17, 21, 25, 79

galera, 13, 34, 40, 42, 113, 179n31
Granada, Fray Luis de, 76, 135
Guevara, Antonio de (obispo), 23, 60, 87, 108, 184n18
Guzmán de Alfarache (Mateo Alemán), 21, 62, 73, 78, 83–84

habitus, 60
Hanrahan, Thomas, 10, 17, 137
herejía, 47
Herrera Puga, Pedro, 11
hetaira (*hetairae*), 7, 14, 23
   definición, 175n5
hija de Celestina, La (Salas Barbadillo), 7–8, 15, 143–53, 169
Hospital General, 53
Hsu, Carmen, 3, 87, 155

Iglesia, 2, 27, 36, 46, 59, 72
Ilustre fregona, La (Cervantes), 9
Imperiale, Louis, 125
Inquisición, 179n28

jesuitas. *Véase* Compañía de Jesús
Jiménez Monteserín, Miguel, 39, 52
Johnson, Carroll, 98
joyas, 164
judíos, 11, 45–46, 48, 124
Junta de Reformación, 50
Junta Grande de Reformación, 51

Laida, 23, 87, 100, 113
Lamia, 23, 87, 100, 113
Lazarillo de Tormes, 21, 75, 106, 119, 139, 175n3, 186n8, 193n30

Índice alfabético

Legenda aurea (Jacobus de Voragine), 70
León, Fray Luis de, 89–90, 109, 160
León, Pedro (padre), 11, 43, 65
lesbianismo, 47, 95, 157
libros de caballerías, 97, 182n4
literatura de cordel, 183n9
López de Úbeda, Francisco, 8, 61, 64, 67, 73, 135
Lozana andaluza, La (Delicado), 7–8, 15, 115–36, 170
Luján, Pedro, 159, 187n13
lujo, 55, 59
lujuria, 46, 59, 65, 74, 84, 105, 169

Magdalena, María, 24, 65–74, 122, 124, 183n9
maletas, 118, 178n24. *Véase también* prostitutas
mal menor, 2, 29, 48, 52, 155
mancebía, 1, 11, 26, 29, 51, 84, 94, 100, 116, 129, 132, 137, 140, 146, 150, 173n1, 177n17
   madre de, 31, 138
   ordenanzas, 1, 19, 31, 35, 41, 43
   padre de, 1, 31–32, 46
Mancing, Howard, 137, 173n6
manuales
   de conducta, 18, 146
   de confesión, 13, 44
Manuelillo (bufón real), 85
Maqueda, Gabriel, 47, 49
maquillaje, 55, 164, 169. *Véase también* afeites
María, la Virgen, 100, 107
María de Betania, santa, 71, 183n12
María de Magdala, 71. *Véase también* Magdalena
María Egipciaca, 65–74, 119, 122, 183n9

Mariana, Juan de, 11, 45–46, 137–38, 177n22
maridos consentidores, 92, 150
Marqués, Antonio (Fray), 13, 55, 109
matrimonio, 78, 84, 90, 92, 100, 110, 114, 134, 147, 151, 153, 156, 194n10
Mazo Karras, Ruth, 6, 57, 96, 102
medicina, 127
Menéndez Pelayo, Marcelino, 127, 191n16
meretriz, meretrices, 11, 21, 48, 71–72, 157. *Véase también* prostituta
mesón, 30, 74, 76, 94
mesonera, 93, 118
mico, 82, 10
modo de adoperare el legno de India Occidentale, El (Delicado), 127
Moreno Mengíbar, Andrés, 38, 176n14, 177n17
mujer
   caída, 23
   común, 7, 62
   fuera de lugar, 4, 16, 24, 93
   honrada, 4, 34, 36, 102, 152, 156
   libre, 7, 9, 59, 89, 146, 152, 172
   mala, 144, 158
   pública, 3, 7, 30, 33, 57, 100, 154, 158–59, 162, 166, 168
municipalidad, 29–30
Murillo, Bartolomé Esteban, 183n10

Nadeau, Carolyn, 185n2
Nueva Junta de Reformación, 50

orden social, 27, 41, 93, 133

231

Índice alfabético

panopticon (panóptico), 116
Parker, Alexander, 10, 24, 63–64
pecado, 25, 39, 43, 48, 56, 66
 de fornicación, 13, 40, 43
 mortal, 36–37, 39
Pérez de Herrerra, Cristóbal, 12, 28, 41, 60, 179n32
pícara, 5, 18, 21–22, 75, 171
pícara Justina, La (López de Úbeda), 7–8, 14, 19, 30, 59–85, 184n14
pícara-prostituta, 14, 24, 57, 137, 144, 154, 167, 171, 190n11
picaresca femenina, 2, 17–18, 59, 91, 115, 117, 121, 137, 142–43, 154, 163, 166–67, 172, 173n3, 174n6
pícaro, 22–23, 73
predicadores, 59, 72
prohibición, 34
promiscuidad, 7, 88, 162, 190n11
prostíbulo, 1, 175n1. *Véase también* burdel; mancebía
prostitución, 26–58
 clandestina, 5–6, 33, 54–57, 138, 153
 discurso prostibulario, 17–57
 legal, 2, 26–54
prostituta, 5, 108. *Véase también* prostitución; mujer
puta. *Véase* prostituta

Quevedo y Villegas, Francisco, 31, 53, 60, 83, 108

ramera, 65, 75–76, 78, 82–83, 118. *Véase también* prostituta
ramo, 55
raptos, 1, 27, 54
Reyes Católicos, los, 1, 26, 31
Rey Hazas, Antonio, 17, 79, 93, 193n2
Ribera, José de, 183n10
Rico, Francisco, 91
Rinconete y Cortadillo (Cervantes), 9, 13

romera, 65, 77–78
Rubio, Alfonso, 11, 48, 174n8
rufian/es, 2, 54, 113, 117, 122, 134, 138, 141, 149, 165
Ruíz, Magdalena (graciosa), 81

Saco de Roma, 119–20, 123
Salas Barbadillo, Alonso, 8, 83, 144–53, 195n14
Sánchez Ortega, M. Helena, 182n6
San Jerónimo, Magdalena de, 13, 19, 179n32
santas penitentes, 124
Santo Oficio, 181n41. *Véase también* Inquisición
Sentimiento por ver cerrada la mancebía (Quevedo), 52
sermones, 3–4, 19, 57, 65
sífilis, 1, 29, 33, 79, 111, 127–28, 135, 141, 157, 173n1
sodomía, 47, 56, 95, 115, 173n1
Speculum al foder, 98, 126
Speculum exemplorum, 126
Speculum spiritualium, 126
Stallybrass, Peter, 93, 152

Tadeo, Sara, 107
Tais, santa, 65–74, 107
Tertuliano, 76
Tiziano, Vecellio, 183n10
Tomás, santo, 11, 36, 45, 94, 179n29
Tratado sobre las pestíferas bubas (Francisco López de Villalobos), 126
tratados. *Véase también* manuales de conducta, 35, 168
 morales, 1, 19, 65
truhan/es, 83, 184n19, 188n18

Valdés, Alfonso de, 119, 190n10
Van Praag, Jonas A., 17, 136, 192n26
Vázquez García, Francisco, 38, 176n14, 177n17

Índice alfabético

Vega, Lope de, 163
Velázquez, Gerónimo, 11, 33, 48, 75, 157, 174n8
Vida y costumbres de la madre Andrea, 7, 15, 116, 136–42, 170
violaciones, 1, 27, 56, 110
Virgin, la, 100, 107
virginidad, 17, 77–80, 169, 176n10

Wardropper, Bruce, 125, 191n14

Yáñez Fajardo, Alonso, 177n20

Zayas y Sotomayor, María, 15, 20, 143, 154–58, 171
Zimic, Stanislav, 187n15, 188n17

Sobre el autor

Enriqueta Zafra, profesora de la Universidad de Trent, Canadá, es originaria de Córdoba, España. Entre sus publicaciones de próxima aparición se encuentran el artículo "Enseñar el papel de la prostitución en la picaresca femenina" inserto en el libro *Aproximaciones a la enseñanza del "Lazarillo de Tormes" y la tradición picaresca* (artículo y libro en inglés) que forma parte de la colección *Aproximaciones a la enseñanza* realizada por la Asociación de Lenguas Modernas. También está presentemente trabajando en una edición moderna de la novela picaresca *Vida y costumbres de la madre Andrea*.

About the Author

Enriqueta Zafra, Trent University, Canada, is originally from Córdoba, Spain. She has a forthcoming article, "Teaching the Role of Prostitution in the Female Picaresque," in *Approaches to Teaching "Lazarillo de Tormes" and the Picaresque Tradition* as part of the Modern Language Association collection on *Approaches to Teaching*, and is presently working on a modern edition of the picaresque novel *Vida y costumbres de la madre Andrea*.

Prostituidas por el texto, de Enriqueta Zafra, ofrece un estudio del papel de la prostitución en la novela picaresca femenina y en *Don Quijote*. Entre estas novelas, todas de autores masculinos, se incluye a Zayas como ejemplo de autoría femenina. También se incluyen manuales de conducta que ofrecen reglas que van desde cómo ser la perfecta esposa e hija hasta consejos en el uso de maquillaje. Zafra también toma en cuenta medidas legales y tratados morales que definen los límites del pecado. Su análisis discute el juicio al que se somete el tema de la presencia de las prostitutas en la sociedad, desde el llamado "mal menor" hasta su posterior erradicación en 1623 en aras de un "bien común."

La investigación de la profesora Zafra demuestra que el discurso prostibulario áureo nos informa de algo más que de las prácticas sexuales permitidas a prostitutas y por lo tanto es parte de un discurso más amplio sobre la regulación del comportamiento de la mujer en general. Ella señala que moralistas, predicadores, y legisladores así como escritores participaron en este discurso regulador sobre la prostitución, las mujeres y el sexo. Al mismo tiempo, también observa una relación clara entre el uso de temas como la lujuria, la enfermedad, y la misoginia tanto en el discurso ficcional como el legal y de control moral cuyo principal propósito era restringir la acción de esas mujeres que se consideraban fuera de control.

Este estudio es el primero de esta magnitud que investiga el discurso prostibulario tanto en fuentes literarias como extraliterarias. Y al hacerlo y abarcar la trayectoria de la pícara-prostituta desde principios del siglo dieciséis y diecisiete, viene a cubrir un espacio necesario en los estudios literarios y de género en español.

> "El presente estudio plantea unas razones sólidas y sólidamente investigadas que aclaran las tensiones denotadas entre el género picaresco femenino y la práctica prostibularia en la España de la temprana edad moderna. La autora logra combinar exitosamente su conocimiento de la historia de la prostitución y los tratados de los moralistas con su lectura de la figura de la pícara como representante literaria de la prostituta." —Anne J. Cruz, University of Miami

www.ingramcontent.com/pod-product-compliance
Lightning Source LLC
Chambersburg PA
CBHW062148300426
44115CB00012BA/2038